미래 자본 전쟁

BATTLE for

미래 자본 전쟁

CAPITAL

> 글로벌 1000대 기업의 흥망성쇠로 보는 부의 미래 <

GROWTH

• 장석권 지음 •

nomad
지식노마드

성장이란 무엇일까? 양적으로 커지는 것만이 성장일까? 성장은 내용과 깊이 면에서도 풍부해지고 원숙해지는 것을 의미한다. 삶의 나날이 이어질수록 경험과 생각도 계속 누적되기에 우리는 늘 성장하고 성숙해간다고 믿어 왔다. 국가경제뿐 아니라 세계경제의 발전 과정도 마찬가지다. 성장이 있기에 우리는 어제보다 나은 오늘, 오늘보다 나은 내일의 세상을 그릴 수 있었다. 그런데 이 믿음은 과연 사실일까?

성장의 기반은 경제이다. 경제야말로 먹고사는 가장 원초적 문제다. 경제가 서야 사회가 서고, 사회가 서야 정치도 선다. 경제적 성장의 기초인 가치창출 활동은 그래서 신성하다. 일자리가 있어야 돈을 벌고, 돈을 벌어야 먹고사는 문제가 해결된다. 멋있는 삶은 그다음 문제다. 인간사회에서 성장의 문제는 아프리카 초원에서처럼 개체 또는 소수의 동물 집단이 생존하고 번성하는 게임과는 다르다. 무려 70억 명의 지구촌 인구가 어떻게 함께 살아갈 수 있느냐의 문제다.

그런 관점에서 산업혁명은 인간을 동물로부터 뚜렷이 구분 지은 역사적 사건이었다. 산업혁명을 통해 자본주의 시장경제라는 성장엔진이 발명됐고, 그 덕에 소수가 아닌 대중이 먹고사는 문제를 해결할 수 있었다. 자본주의의 강력한 힘과 기여가 있었기에 더 많은 사람이 인간답게 살게 됐고, 경제사회시스템도 그에 걸맞게 발전해갔다. 소도시는 대도시로, 대도시는 거대도시로 커졌고, 공장은 가게 수준에서 수천, 수만 명이 일하는 대량생산 공장으로 변모해갔다.

거대화는 집중화로, 집중화는 다시 규모의 경제를 통해 효율극대화로 이어졌다. 단위 원가가 하락하자 이윤은 극대화되었고, 이는 자본가에게 거대한 독점이윤을 가져다주었다. 독점시장에서 소비자의 선택은 통제 가능했다. 이윤을 극대화하기 위한 가격결정권이 전적으로 독점기업에게 있었다. 규모의 경제와 가격결정권의 결합이 독점이윤의 극대화로 이어지는 것은 당연했다.

규제 없는 세상에서 거대한 독점이윤은 자본의 성장을 이끈 핵심 성장 엔진이었다. 엔진의 효율성만 따진다면, 독점만큼 강력한 유인은 없다. 정치에서 가장 강력한 유인이 독재인 것처럼 말이다. 그러나 독점은 경쟁 제한, 불공정 거래, 자본의 집중 등 많은 부작용을 양산했고, 이에 우리는 독점 방지와 공정거래 규제라는 방어기제를 만들어냈다. 이렇게 자본주의는 자연스레 수정자본주의를 거쳐 보다 균형적인 시스템으로 발전해갔다. 산업혁명 이후 일어난 계급혁명과 사회주의 이념까지 수용하면서 말이다.

그러다가 20세기 후반 인터넷경제가 출현하면서, 시장의 범위가 국경을 넘어 글로벌 시장으로 확대되었다. 그때까지 단순 무역에 의존했던 상품의 수급 구조는 오프쇼어링, 아웃소싱, 오픈소싱 등을 통해 글로벌 공급사슬로 재편되어 갔다. 물론 이 단계에 이르기까지 생산구조를 떠받치고 있는 금융구조도 함께 글로벌 스케일로 확대되었다. 국가별 시장이 하나의 글로벌 시장으로 통합된 것이다. 세계화는 대유행이 되었고, 생산 활동에 필요한 자원의 최적 결합이 지구촌 스케일에서 추구되었다. 다국적 기업의 이윤 추구가 탄력을 받기 시작했다.

세계화 덕분에 세계경제는 1980년 이후 고성장 단계로 전환되었고, 적어도 2008년 세계 금융위기가 터지기 전까지 어떤 문제의식도 표면화되지 않았다. 그러다 세계 금융위기를 계기로 많은 국가가 세계화의 문제점을 인식하기 시작했고, 자본주의 시장경제의 글로벌 시장으로의 확대가 국가 간 독과점의 폐해를 낳을 수 있다는 것을 깨닫기 시작했다. 국내 시장에서의 독과점 폐해에는 잘 대응해 왔지만 통합된 글로벌 시장에서의 독과점 폐해에 대해서는 방조했다고나 할까.

돌이켜보니, 국가 간 거래에는 공정거래의 개념조차 존재하지 않았고, 분쟁 조정은 철저히 자국 이익만을 추구하는 국가 간 협약이나 강압에 의한 봉합인 경우가 대부분이었다. 대표적 불공정 행위 중 하나인 약탈적 가격predatory pricing이 국가 간 경쟁에서 가장 효과적인 전략 수단으로 구사되었고, 이에 대한 제재는 군사력, 정치력, 경제력을 포함하는 총체적 국력 겨루기에서 이겨야만 가능했다.

이 책은 '강력한 합리적 지배구조가 존재하지 않는 세계경제에서 과연 자본 기반의 성장이 지속될 수 있을까'라는 질문에서 시작되었다. 만일 성장을 영원히 지속하는 일이 불가능하다면, 지구촌 규모에서 성장의 한계는 어디까지일까? 그런데 생각해보니, 성장의 한계는 그냥 주어지는 것이 아니라 우리 하기에 달린 문제였다. 우리가 잘못된 선택을 하면 성장의 한계에 빨리 이를 것이고, 현명한 선택과 실행으로 대응한다면 성장의 수명은 더 늘어날 것이다.

도전에 나섰으나, 실제 데이터가 필요했다. 그래서 선택한 것이 글로벌 1000대 기업이다. 우리가 바라보는 세상은 혜성과 같은 모양을 띠고 있다. 상공에서 바라본 마라톤 경주의 모습처럼 말이다. 선두그룹이 늦게 달리면 꼬리가 짧다. 그러나 선두그룹이 빨리 달리면 꼬리가 길게 늘어진다. 선두와 후미 간 격차가 더 벌어지는 것이다. 변화가 빠른 세계경제에서 성장을 리드하는 것은 선두그룹이다. 나는 선두를 달리고 있는 글로벌 1000대 기업의 처절한 경쟁 속에 비밀이 있다고 생각했다.

이 책에서 내가 찾고자 하는 것은 성장을 끌고 가는 힘, 즉 성장의 동기와 원리, 그리고 이를 극대화하는 방안이다. 부의 성장은 함께 잘살기 위한 가장 기본적인 필요조건이다. 종종 공정성과 형평성을 거론하지만, 분배할 것 없는 사회에서 정의로운 배분을 얘기하는 것만큼 공허한 것은 없다. 원만한 세대교체에 필요한 최소한의 과실조차 없는 사회를 생각해 보라. 성장이 있어야 순조로운 세대교체를 위한 배분이 있고, 배분이 전제되어야 정의로운 배분을 얘기할 수 있다.

성장의 원천은 가치창출이다. 우리는 창출된 가치를 먹고산다. 소비행위의 근원이 가치이고, 생산은 이 가치를 만들어내는 활동이다. 가치야말로 인간 존엄성의 핵심이기에 가치를 창출하는 행위는 거룩한 행위다. 생산 없는 사회가 무엇으로 인간의 존엄성을 지킬 것인가. 배부른 돼지보다 배고픈 소크라테스가 낫다지만, 이는 관념적 의지일 뿐 현실은 다르다. 이제 솔직할 필요가 있다. 대중은 배부른 소크라테스를 원하는데, 배부른 돼지와 배고픈 소크라테스 중 택일을 강요하는 것은 한편의 코미디다.

이 책에서 나는 2006년부터 2019년까지 13년 동안 글로벌 1000대 기업이 어떤 변화를 거쳐 얼마나 많은 가치와 부를 생산했는지 살펴보았다. 이들 글로벌 1000대 기업이야말로 지구촌 삶을 개선시킨 실제 주인공이다. 주어진 게임 규칙 속에서 최선의 동기를 갖고 가치창출에 매진해온 그들이 없었다면 지구촌 경제는 성장을 지속할 수 없었을 것이다.

자본주의 시장경제의 핵심은 가치창출의 동기motivation에 있다. 그래서 사회주의가 '과실'을 논의한다면 자본주의는 '재배'를 논의한다. 재배는 과실을 만드는 과정이고, 재배 없이 과실은 있을 수 없다. 지구촌 경제가 최대의 수확을 얻는 재배 방법을 찾아내는 것, 이것이 이 책의 관심이자 목표였다.

분명한 수확이 있었다. 나는 '메이저리그'로 명명한 글로벌 1000대 기업의 13년간 성장과정을 추적하면서 부의 성장이 지역적으로 어떻게 편중되어 왔으며 어떤 산업섹터가 그러한 부의 성장을 이끌고 있는지 파악했고, 파악하는 과정에서 메이저리거의 흥망성쇠도 살펴봤다. 이를 통해 모든 산업섹터에서 수차례 세대교체가 일어난다는 것과, 부단히 발생하는 이 선두그룹의 교체야말로 세계경제의 성장을 이끄는 원동력임을 알 수 있었다.

여기까지 알게 되자 이렇듯 역동적인 선두교체를 주도하는 힘이 무엇인지도 궁금해졌다. 바로 부의 성장과 이동을 주도하는 힘 말이다. 마라톤 경주에서 선두그룹 선수들의 국적과 신체조건을 알고 나니 그들이 그렇게 잘 달리는 비결이 궁금해졌다고나 할까. 내가 과거에 개발하여 제안한 컨포먼스 경쟁 이론Conformance Competition Theory을 부의 성장이론으로 확대할 수 있겠다는 생각이 들었다.

결과는 기대 이상이었다. 무리를 이끄는 선두그룹의 힘은 기본적으로 그들이 보유한 근력과 정신력에 기인하지만, 이에 못지않게 그들을 바라보는 주위의 기대가 중요하다는 사실을 발견하였다. 근력이 가치창출력이라면 정신력은 혁신의지이고, 기대는 사회가 기업에게 갖는 포괄적 믿음이다. 개인, 기업, 사회, 국가를 막론하고 주체가 누구든 성장을 지속하려면 가치창출력, 혁신의지, 그리고 주위로부터의 믿음이 필요하다.

지구촌 경제의 지속성장은 이 세 가지 조건이 충족될 때만 가능하다. 어느 하나라도 깨지면 지속성장 자체가 위협을 받는다. 2008년 이후 세계경제는 이런 관점에서 점차 위기 국면으로 접어들고 있었다. 가치창출력은 무뎌지고 혁신의지는 퇴색되며, 지구촌 구성원 간 신뢰는 이기심, 기회주의, 편법, 불공정으로 무너지고 있었다. 2000년대 세계화 추진 이후 급성장한 글로벌 공급사슬의 신뢰 기반도 붕괴 조짐을 보이기 시작했다.

바로 이때 세계경제의 성장 기반을 크게 흔든 사건이 발생했다. 바로 코로나 사태다. 오랜 침수로 크게 취약해진 지반이 지진을 맞아 무너질 위기에 처한 상황이라고나 할까. 집필을 시작할 당시에는 상상도 못했던 코로나 사태의 여파가 심각하게 다가왔다. 성장의 위기가 코앞까지 왔다고 느껴졌고, 성장 독점의 시대가 곧 종말을 맞을 수도 있겠다는 생각이 들었다.

나는 지구촌의 성장 역사를 다시 들여다봤고, 그 연장선상에서 세계경제의 미래를 시나리오로 전망해 보았다. 현재 우리가 직면하고 있는 가장 큰 환경적 불확실성은 탈세계화에 따른 글로벌 공급사슬의 디커플링 decoupling과 글로벌 경제 기반을 송두리째 흔들고 있는 코로나 사태다. 이들의 전개 방향에 따라 세계경제의 지속성장 여부가 결정될 것이다.

어떤 경우든 경제사회적 피해는 클 것이고 이는 불가피해 보인다. 문제는, 피해를 얼마나 줄일 수 있느냐, 피해 이후 회복력을 얼마나 확보할 수 있느냐이다. 피해가 크고 회복력이 작다면 성장은 한계에 부닥칠 것이다. 나는 희망을 보고 싶었고, 희망이 있다고 믿었다. 피해가 작아야 회복력이 크리라 볼 수도 있지만, 오히려 큰 피해가 더 큰 회복력으로 이어질 수도 있다. 수리보다 재건에 희망을 거는 이유가 바로 여기에 있다.

책을 쓰면서 상황 변화를 주시해보기는 처음이다. 코로나 사태의 전개는 지속적으로 집필에 영향을 미쳤다. 책상이 아니라 달리는 차 안에서 밖을 보며 집필하는 느낌까지 들었다. 그저 스쳐 지나가는 풍경이려거니 했던 코로나 사태가 시선을 끄는가 싶더니, 급기야 안방까지 차지하기에 이르렀다. 집필은 물론 삶의 의미까지 다시 생각하는 계기가 됐다.

많은 분의 도움이 있었다. 역시 가장 큰 도움은 나로 하여금 이 책을 쓰도록 동기유발을 해 주신 분이다. 2008년 어느 날 모 기업인이 내게 "우리는 분명 상품을 소비하지만 진정 소비하는 것은 상품이나 서비스가 아니라 가치가 아니냐?"고 물었다. 가치는 인간 삶의 모든 것이다. 돌이켜보니, 가치의 관점에서 세상을 봐 달라는 그 주문이 바로 이 책의 출발점이었다. 그분께 고마움을 표하고 싶다.

다음으로 감사를 전하고 싶은 대상은 '코로나'다. 코로나로 사회생활이 고립된 덕에 집필에 더욱 집중할 수 있었다. 물론 계획한 가족 여행은 취소됐고 손자를 돌봐주겠다는 약속도 지킬 수 없게 됐지만 말이다. 가족, 친구, 동료에게 그렇게 지나간 시간을 용서받고 싶다. 잘 참아 준 사랑하는 아내, 두 딸 혜윤과 보윤, 그리고 주위 모든 분께 감사드린다.

마지막으로, 이 책의 출간을 적극 추진해 준 지식노마드의 김중현 대표님과 이 책의 편집자인 엄영희 씨에게 고마움을 전한다.

내 삶에 의미를 더해 준 모든 분께 감사하는 마음으로 이 책을 바친다.

2020년 6월
방배동 공부방에서
장석권

차례

5부 부의 진화, 새로운 세상을 찾아서

> 1부 <

도전에
직면한 부

1장

부의 이해

01
부의 정의와 속성

부富란 무엇인가? 부를 이해하려면 부자富者를 떠올리면 된다. 으리으리한 대저택, 멋진 스포츠카, 요트, 자가용 비행기는 그들이 가진 부를 상징한다. 부는 다른 말로 재산財産이다. 그 종류도 다양해서 현금, 수표, 주식, 채권 등 유가증권, 금은보석과 예술작품 같은 고가귀중품, 넓은 땅과 대저택 등의 부동산을 포함한다. 특허, 저작권, 입주권, 분양권, 사업권과 같은 무형의 권리도 재산의 일부다.

막대한 규모로 재산을 소유한 세계 최고 부자는 누구일까? 〈포브스〉가 발표한 2020년 1월 현재 세계 최고 부자는 아마존Amazon 창업자 제프 베조스Jeff Bezos다.[1] 그의 재산은 한화로 136조 3천억 원, 우리나라 2020년 국가 예산의 27%에 달한다.[2] 그렇다면 제프 베조스 다음으로 세계 최고 부자들은 누구인가? 〈표 1〉은 포브스가 발표한 세계 최고 부자 25명, 소위 '톱Top 25' 명단이다. 이들은 전 세계 수많은 부자 중 일부일 뿐이지만, 이 짧은 명단에서 우리는 부의 극명한 속성 몇 가지를 유추할 수 있다.

표 1. 2020년 전 세계 최고 부자 순위

순위	이름	재산(달러)	특기사항(괄호 안은 국적과 창업년도)
1	제프 베조스 Jeff Bezos	1,175억	아마존Amazon(미국, 1994) 창업자
2	베르나르 아르노 Bernard Arnault	1,120억	루이비통LVMH: Louis Vuitton Moet Hennessey(프랑스, 1854) CEO, 전문경영인
3	빌 게이츠 Bill Gates	1,088억	마이크로소프트Microsoft(미국, 1975) 창업자
4	워렌 버핏 Warren Buffett	899억	버크셔 해서웨이Berkshire Hathaway(미국, 1839) CEO, 투자의 달인/전문경영인
5	아만시오 오르테가 Amancio Ortega	779억	자라Zara(스페인, 1975)를 소유한 인디텍스Inditex 그룹 창업자
6	마크 주커버그 Mark Zuckerberg	777억	페이스북Facebook(미국, 2003) 창업자
7	래리 엘리슨 Larry Ellison	666억	오라클Oracle(미국, 1977) 창업자
8	카를로스 슬림 Carlos Slim Helu	644억	그루포 카르소Grupo Carso(멕시코, 1990) 재벌 회장/재계 거물
9	래리 페이지 Larry Page	619억	구글Google(미국, 1998) 창업자
10	세르게이 브린 Sergey Brin	596억	구글 창업자
11	무케시 암바니 Mukesh Ambani	592억	릴라이언스Reliance Industries Limited: RIL(인도, 1965)의 의장, 경영자이면서 대주주
12	스티브 발머 Steve Ballmer	581억	마이크로소프트Microsoft(미국, 1975)의 전 CEO
13	프랑수아즈 베탕쿠르 메이예 Francoise Bettencourt Meyers	564억	로레알L'Oreal(프랑스, 1919) 지주회사 이사회 의장이면서 대주주

14	마이클 블룸버그 Michael Bloomberg	560억	블룸버그Bloomberg(미국, 1981) 창업자
15	짐 월튼 Jim Walton	532억	월마트Walmart(미국, 1962) 창업자의 차남
16	앨리스 월튼 Alice Walton	529억	월마트 창업자의 딸
17	롭슨 월튼 Robson Walton	528억	월마트 창업자의 장남
18	마윈 Ma Yun, Jack Ma	438억	알리바바Alibaba(중국, 1999) 창업자
19	마화텅 Ma Huateng	431억	텐센트Tencent(중국, 1998) 창업자
20	찰스 코크 Charles Koch	430억	코크 인더스트리즈Koch Industries(미국, 1925) 회장/ CEO/창업자인 프레드 코크의 아들
21	셸던 아델슨 Sheldon Adelson	408억	라스베가스 샌즈Las Vegas Sands(미국, 1989) 창업자/ CEO
22	필 나이트 Phil Knight	402억	나이키Nike Inc.(미국, 1964) 창업자
23	데이비드 톰슨 David Thomson	394억	톰슨 로이터Thomson Reuters(캐나다, 2008) 회장/전신 톰슨Thomson company(캐나다, 1934) 창업자의 아들
24	맥킨지 베조스 MacKenzie Bezos	374억	제프 베조스의 전처
25	마이클 델 Michael Dell	319억	델컴퓨터Dell Technologies(미국, 1984) 창업자/CEO

부의 속성 1. 부는 창출되며 다양한 영역으로부터 기인한다.

〈표 1〉의 특기사항을 보면, '창업자'가 가장 많이 등장한다. 창업년도를 보면, 미국의 아마존(1994년), 마이크로소프트(1975년), 페이스북(2003년), 오라클(1977년), 구글(1998년), 블룸버그(1981년), 라스베가스 샌즈(1989년), 나이키(1964년), 델컴퓨터(1984년)의 업력은 17년에서 56년에 이른다. 이들은 최대 56년에서 최소 17년 만에 세계 최고 수준의 부를

창출했다. 비단 미국에만 국한된 얘기가 아니다. 중국의 마윈과 마화텅은 알리바바(1999년)와 텐센트(1998년)를 창업, 22년 만에 세계 최고 수준의 부자가 됐다.

그들이 어떤 소재로 부를 일궜는지 살펴보니, 역시 정보기술Information Technology이 주를 이룬다. 아마존, 마이크로소프트, 페이스북, 오라클, 구글, 델컴퓨터, 알리바바, 텐센트 등 8개 기업에서 11명이 최고 부자 톱 25에 속했다. 그 다음으로 리테일(월마트) 3명, 패션(루이비통, 자라) 2명, 복합기업(그루포 카르소, 릴라이언스) 2명, 미디어(블룸버그, 톰슨 로이터) 2명, 투자회사(버크셔 해서웨이) 1명, 건강미용(로레알) 1명, 에너지화학(코크 인더스트리즈) 1명, 카지노/호텔/컨벤션(라스베가스 샌즈) 1명, 스포츠의류(나이키) 1명 순이다.

부의 속성 2. 부는 이전, 배분된다.

부가 한 곳에 머물 수 없음은 당연하다. 부는 물과 같아서 지형이 바뀌면 흐름이 바뀐다. 부가 흘러 다니는 다양한 모습을 〈표 1〉에서 모두 살펴볼 수는 없다. 그럼에도 가족 간 부의 이전은 이 작은 명단에도 흔적을 남기고 있다. 톰슨 로이터와 월마트는 두 세대에 걸쳐 부가 이전된 경우다. 최고 부자 23위의 데이비드 톰슨이 부친인 로이 톰슨Roy Thomson으로부터 톰슨 기업Thomson Corporation을 물려받은 것이 2006년. 그 이후 2008년 로이터Reuters를 인수, 현재의 톰슨 로이터Thomson Reuters를 완성했다. 세대에 걸친 부의 이전이 부의 확장으로 전개된 경우다.[3]

같은 사례로 월마트가 있다. 샘 월튼Sam Walton이 알칸사스 주州 로저스 시市에서 월마트 할인매장을 연 것이 1962년. 그 이후 월마트는 대형 할인 매장으로서 경영혁신의 대명사로 불리며 급성장했다. 거기에 기여한 창업 자와 그 가족 간에 부의 이전과 배분이 이루어졌다. 아무리 그렇더라도 월 마트의 58년 역사를 통해 샘 월튼의 차남인 짐 월튼, 딸인 앨리스 월튼, 장 남인 롭슨 월튼이 동시에 세계 최고 부자 순위 15, 16, 17위에 오른 것을 그저 대단하다고만 해야 할까.

세계 최고 부자 톱 25에서 가족 간 부가 배분·이전된 또 다른 사례로 아마존이 있다. 부자 순위 24위에 오른 맥킨지 베조스는 제프 베조스의 전처이다. 그녀는 1993년 제프 베조스와 결혼하여 세계 최고의 부부 부자 로 등극했는데, 2019년 제프 베조스와 이혼하면서 위자료로 350억 달러 를 받았다. 2020년 현재 평가된 374억 달러의 재산 중 거의 대부분이 제 프 베조스로부터 이전된 부다. 가족 간 상속이나 이혼을 통해 부가 이전· 배분되는 일은 일상사에서 흔하다. 그러나 그 흔적이 톱 25에서 이처럼 극 명하게 드러나는 것은 매우 이례적이다.

〈표 1〉은 비즈니스 자체를 통한 부의 배분이나 이전의 흔적도 보여준다. 구글 창업자인 래리 페이지와 세르게이 브린은 공동창업과 공동경영을 통해 부자 순위 9위와 10위를 나란히 기록했다. 공동창업을 통한 부의 배 분이기에 특기할 사항은 없다. 이와 달리 마이크로소프트의 빌 게이츠와 스티브 발머는 창업자와 전문경영인의 관계로 부가 배분된 경우다. 소유 와 경영의 분리를 통한 소위 '정의로운 부의 배분'이라고나 할까.

빌 게이츠가 마이크로소프트를 창업한 후 스티브 발머를 채용한 것은

1980년. 그 후 스티브 발머는 2000년 빌 게이츠를 대신하여 마이크로소프트의 대표이사CEO 자리에 올랐다. 그가 2014년 CEO에서 퇴임하기까지 이룬 업적에 대해서는 논란이 많다. 그럼에도 불구하고 2020년 현재 그가 세계 12위의 부자에 오를 수 있었던 것은 퇴임 이후 급등한 마이크로소프트의 주가 덕분이다. 후임자에게 자리를 물려준 그의 퇴임이 주가 급등에 영향을 미친 것일까? 그게 사실이라면 퇴임도 분명 하나의 업적임에 틀림없다.[4]

부의 속성 3. 부는 자라며 성장한다.

부는 창업으로 창출되나, 창출된 부는 창업한 모습에 머물지 않는다. 계속 자라며 성장한다. 〈표 1〉에 나타난 부는 '창출된 부'이기보다는 '창출된 이후 현재까지 성장한 부'다. 부를 만드는 것도 중요하지만 부를 잘 키우는 것이 더 중요하다. 잘 키우면 성장하지만 잘못 키우면 시들어 버린다. 그렇다면 부를 키우는 수단은 무엇일까.

부를 키우는 요람heaven을 우리는 기업이라 한다. 부는 기업 속에서 키워지나, 부를 키우는 기업 역시 부를 담고 있기에 재산의 한 형태가 된다. 워렌 버핏Warren Buffett이 보유한 버크셔 해서웨이는 이른바 지주회사holding company다. 기업을 사고팔아 부를 이식하고 육성한 후 수확하는 회사이다. 창출보다는 '창출 후 보육'에 더 무게중심을 두는 기업이다. 부를 늘리는 메커니즘은 투자은행investment bank과 유사하나 투자의 관점과 기간은 상대적으로 장기적이다.

21세기에 들어서면서 부의 요람인 '기업 나무tree'는 더 빠르게, 더 크게 자라고 있다. 그렇다고 해서 기업이 모여 있는 '기업 숲forest'이 똑같이 더 빠르게, 더 크게 성장하는 것은 아니다. 때론 크고 빠르게 자라는 나무 한 그루가 주위의 작은 나무 여럿을 고사시킨다. 기업 숲의 건강성이 나빠질 수도 있다. 따라서 건강성을 담보할 수 있는 방안을 강구할 필요가 있다.

02
부의 창출 원리

디스커버리 채널을 보면 〈휠러 딜러Wheeler Dealers〉라는 프로그램이 있다. '명품 중고차를 구입하여 수리한 후 되파는 과정'이 기본 포맷이다. 마이크 브루어Mike Brewer는 중고차 구매, 수리보조 및 재판매를 담당하고, 애드 차이나Edd China는 전문 자동차 수리를 맡고 있다. 이 프로를 보는 재미는 중고차가 명품차로 재탄생하는 데 있지만, 마이크 브루어가 거래상대와 밀당하는 과정이 더 재미있다.[5]

2014년 11월 10일에 방영된 에피소드의 주인공은 시보레 콜벳Chevrolet Corvette. 방송은 마이크 브루어가 40년 넘은 1972년형 시보레 콜벳을 구입하면서 시작된다. 애드 차이나는 부품과 외주공임 440달러를 들여 이 차를 새 차처럼 복원한다. 17,000달러에 구입한 차를 단돈 440달러를 들여 22,500달러에 되팔았으니 이익은 5,060달러에 달했다.

부는 기본적으로 시장 메커니즘에 의해 창출된다. 마이크 브루어는 복원된 시보레 콜벳을 22,500달러에 팔았다. 가격 협상에서 타결된 금액이 22,500달러이니, 구매자의 지불의사willingness to pay는 분명 22,500달러보다 컸을 것이다.[6] 어떤 구매자도 지불의사보다 비싼 가격에 물건을 사지는 않는다.

구매자는 자신의 지불의사를 넘지 않으면서 최대한 싸게 사고 싶어 한다. 그래서 기꺼이 23,000달러를 지불할 용의가 있어도 일단은 아주 곤란한 표정을 짓는다. 최대한 싸게 사려는 밀당 전략이다. 시보레 콜벳의 경우 협상가 22,500달러는 이런 과정을 통해 정해진 가격일 터. 그렇다면 이

그림 1. 1972년형 시보레 콜벳의 외양

사례에서 마이크 브루어와 애드 차이나는 과연 얼마의 가치를 창출했을까?

시보레 콜벳 구매자가 마음속으로 평가한 지불의사가 23,000달러라면, 이게 바로 두 사람이 창출한 총 가치이다. 가치는 무형의 주관적 개념으로, '인간의 욕구나 관심의 대상 또는 목표'를 일컫는다. 무형이면서 관념적이기에 계량화가 매우 어렵다. 유일한 방법은 돈으로 환산하는 것이다. 구매자가 기꺼이 23,000달러까지 지불할 용의가 있다면, 이것이 구매자가 평가한 시보레 콜벳의 가치라는 말이다.

시장거래에서 창출된 가치와 거래가격 간에는 '창출된 가치＝지불의사 ≥ 거래가격'이라는 공식이 성립된다. 그 차액을 우리는 '소비자 잉여 consumer surplus'라고 한다. 23,000달러의 지불의사를 가진 시보레 콜벳 구매자가 이번 거래를 통해 얻은 소비자 잉여는 500달러이다. 누군가 "와우! 오늘 운이 좋아서, 30만 원짜리를 단돈 20만 원에 사서 매우 기뻐"라고 말한다면, 그의 지불의사는 30만 원, 거래가격은 20만 원, 그 결과 그가 느끼는 소비자 잉여는 10만 원이라는 말이다.

그렇다면 이 사례에서 마이크 브루어와 애드 차이나는 무에서 유를 창조한 것인가? 그렇지 않다. 23,000달러어치의 총 가치를 창출하기 위해 중고차 구입비 17,000달러, 부품과 외주공임 440달러를 부담했기에, 최종가격 22,500달러에서 원가에 해당하는 17,440달러를 뺀 5,060달러가 이들이 만들어낸 부가가치value-added다. 이로부터 우리는 창출된 가치(23,000달러)는 원가(17,440달러)와 부가가치(5,060달러)와 소비자 잉여(500달러)의 합임을 알 수 있다.

우선 창출된 가치는 시보레 콜벳 구매자의 지불의사이고, 부가가치는 시보레 콜벳의 복원에 참여한 두 사람이 부가한 가치이며, 원가는 복원에 투입된 원재료에 대해 외부에 지불한 금액이다. 결국 부의 창출은 가치의 창출을 통해 시작되어, 현 단계 생산과정에 참여한 사람에게는 부가가치로, 전 단계의 원재료 생산과정에 참여한 사람에게는 원가로, 최종 소비자에게는 보이지 않는 소비자 잉여로 이전·배분된다.

시보레 콜벳 사례에서 매우 이례적인 것이 하나 있는데, 그것은 바로 이 프로젝트를 주도한 두 사람의 인건비가 전혀 계상되지 않았다는 점이다. 그 결과 부가가치 5,060달러가 모두 이익으로 계상되었으나, 만일 두 사람에게 인건비 2,000달러를 지급했다면 이익은 부가가치(5,060달러)에서 인건비(2,000달러)를 차감한 3,060달러로 줄어든다. 즉 매출(22,500달러)에서 원가(17,440달러)를 뺀 부가가치(5,060달러)는 다시 인건비(2,000달러)와 이익(3,060달러)으로 배분된다. 이를 정리하면 다음과 같다.

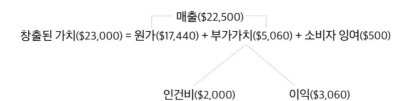

종합하면, 부의 창출은 가치의 창출을 통해 시작되나, 이 중 소비자 잉여를 제외한 부는 가치창출을 주도한 측에 매출 형태로 회수된다. 회수된 부, 즉 매출 중 가치사슬상 이전 단계 활동에 대해서는 중고차 구입비, 부품 구입비 및 외주공임 등의 형태로 공급자supplier에게 배분되고, 배분 후

남은 순수한 가치가 현 단계 활동의 부가가치가 된다. 그렇게 창출된 부가가치는 현 단계의 생산 활동에 참여한 사람에게는 인건비로, 나머지는 생산 활동의 순수한 과실인 이익으로 다시 배분된다. 이렇게 배분된 인건비와 이익은 마이크 브루어와 애드 차이나가 중고차 복원사업을 계속하게 하는 주된 인센티브로 작동한다.

03
부의 배분과 성장 메커니즘

휠러 딜러의 가치창출 과정에서 혹시 빠진 것은 없을까? 눈치 빠른 독자라면 두 사람이 운영하는 공작소 시설과 도구를 떠올렸을 것이다. 차량용 리프트는 물론 용접기, 전동 그라인더 등 각종 공작기구가 사용되었는데 이에 대한 보상은 왜 언급하지 않았는가라는 의문이 들 것이다. 이를 해소하기 위해 이제 부의 관점을 개인에서 기업으로 확대해 보자.

편의상 마이크 브루어와 애드 차이나가 운영하는 공작소를 가칭 '휠러딜러사Wheeler Dealers Company'라고 하자. 그러면 휠러딜러사가 구입해 갖고 있는 건물, 시설, 도구 등은 일종의 자산資産, asset이다. 이 자산을 구비하기 위해서는 돈이 필요한데, 기업은 투자자로부터 투자를 받거나 외부로부터 돈을 빌려 재원을 마련한다. 이른바 전자는 자본資本, capital, 후자는 부채負債, liability다.

휠러딜러사가 투자자로부터 조달한 돈이 50만 달러이고 이 돈으로 공작소를 차렸다고 하자.[7] 휠러딜러사는 시보레 콜벳 프로젝트를 수행했고, 3,060달러를 벌었다. 투자 관점에서 보면, 50만 달러를 투자해서 3,060달러의 이익을 만들어낸 것이다. 이 이익은 투자수익return으로, 투자자의 투자에 대한 보상으로 돌려주어야 할 수익, 바로 배당이다. 그런데 회사가 이익 중 일부인 1,500달러만 배당하고 나머지 1,560달러를 사내에 유보하여 재투자하기로 한다면, 이익은 다시 배당금 1,500달러와 사내유보금 1,560달러로 재배분된다. 이를 정리하면 다음과 같다.

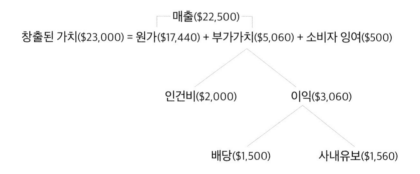

창출된 가치($23,000) = 원가($17,440) + 부가가치($5,060) + 소비자 잉여($500)

매출($22,500)

인건비($2,000)   이익($3,060)

배당($1,500)   사내유보($1,560)

　결국 스토리는 다음과 같이 정리된다. 창업자가 주식발행을 통해 외부로부터 50만 달러의 자본금을 조달한 후 휠러딜러사를 창업한다. 창업 후 자본금 전액을 공작소에 투입, 50만 달러어치의 자산을 형성한다. 이 자산은 시보레 콜벳 프로젝트에 사용되어 23,000달러의 가치를 창출한다. 이 중 소비자 잉여 500달러를 제외한 22,500달러가 매출로 회수된다. 이 매출에서 전 단계 공급자가 제공한 원재료와 공임 17,440달러를 제하면, 휠러딜러사의 부가가치 5,060달러가 남는다. 이 부가가치는 배분 단계에서 노동의 대가인 인건비에 2,000달러, 투자자본에 대한 보상인 배당에 1,500달러, 미래를 위한 사내유보에 1,560달러 재배분된다.

이로부터 우리는 창출된 부가 생산요소인 노동과 자본 간뿐만 아니라, 과거와 현재와 미래 간에도 적절히 배분되고 있음을 알 수 있다. 전 단계 공급자에게 원가 형태로 지불된 17,440달러는 과거에 대한 배분, 이번 단계의 노동과 투입자본에 대해 지불된 인건비와 배당의 합계 3,500달러는 현재에 대한 배분, 사내유보금 1,560달러는 미래에 대한 배분이다.

그런데 한번 생각해 보자. 휠러딜러사가 향후 지속적인 명품차 복원 프로젝트를 통해 훨씬 많은 돈을 벌어다줄 것으로 예상된다면 어떤 일이 일어날까? 당연히 휠러딜러사에 대한 사람들의 관심이 커질 것이고 이 기업에 투자하고 싶어 하는 투자수요는 증가할 것이다.

자본시장은 가치창출 활동을 하는 기업 자체를 사고팔 수 있는 시장이다. 그런데 기업의 규모가 워낙 커서, 우리는 기업을 주식이라는 단위로 나누어 거래한다. 만일 휠러딜러사가 창업할 때 액면가 50달러짜리 주식을 1만 주 발행해서 50만 달러의 자본을 조달하였다면, 휠러딜러사는 1만 분의 1의 조각 단위로 사고팔 수 있게 된다. 자본시장에서 거래되는 기업의 가격은 사고파는 사람 사이의 밀당에 의해 정해지므로 주식발행 시 액면가와는 전혀 다르게 형성된다. 휠러딜러사의 수익창출력을 자본시장에서 매우 높게 평가하면, 액면가 50달러의 주식이 주당 120달러가 될 수도 있다.

창업은 부를 창출하는 기업을 만드는 행위이다. 자본금 50만 달러로 창업한 휠러딜러사의 주가가 주당 120달러로 상승해서, 발행주식 1만 주 전체의 가치, 즉 시가총액market capitalization이 120만 달러가 되었다면, 휠러딜러사는 창업을 통해 총 120만 달러의 가치를 창출한 것이 된다. 시장에서 평가된 총 창출가치 120만 달러 중 50만 달러는 초기자본이고, 차액 70만 달러는 자본이득capital gain이 된다.

자본시장에서 거래되는 기업의 가치를 결정하는 요인은 매우 많고 다양하다. 기업이 실물시장에서 얼마나 가치가 높은 상품을 만들어내느냐, 가치창출 활동을 통해 부가가치를 얼마나 많이 만들어내느냐, 창출된 부가가치를 과거, 현재, 미래의 생산요소에 어떻게 잘 배분하느냐 등과 같은 기업가치 결정요인의 성과에 따라 자본시장의 평가는 달라진다. 자본시장에서 기업 간 부의 이동은 바로 이들 기업가치 결정요인에 대한 시장의 평가에 의해 좌우된다. 세계 톱 25의 부는 대부분 자본시장으로부터 형성된 부다.

프랑스 인시아드INSEAD 교수인 라하쉬J. C. Larreche는 저서《모멘텀 효과

그림 2. 기업가치 결정모형

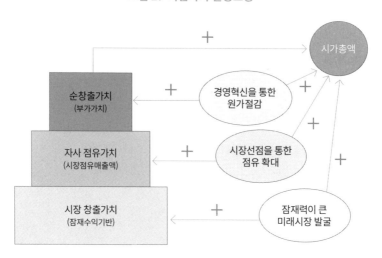

The Momentum Effect》에서 가치창출에 관한 3단계 계층모형을 제시했다.[8] 이에 의하면, 가치창출은 가장 아래에 창출가치로서 잠재수익기반, 그 위에 점유가치로서 시장점유·매출액, 최상위에 자사 부가가치의 3단계로 이루어진다. 〈그림 2〉는 자본시장이 평가한 기업가치, 즉 시가총액이 어떤 메커니즘에 의해 형성되는지를 도식화한 일명 '기업가치 결정모형'이다. 이 기업가치 결정모형이 하고 싶어 하는 얘기는 이렇다.

명제 1. 잠재수익기반이 클수록 시가총액은 커진다.

앞에서 휠러딜러사가 복원한 시보레 콜벳의 구매자가 가진 지불의사는 23,000달러였다. 이렇게 높은 지불의사를 가진 고객이 많을수록 휠러딜러사의 잠재수익기반은 커진다. 실제 휠러 딜러 프로그램에서 거래된 1969년형 재규어의 경우 중고차를 16,000달러에 구입, 5,000달러를 들여 수리·복원한 후 37,000달러에 되팔아 10,000달러의 이익을 내기도 했다.

일반적으로 희소성이 있으면서 공급 대비 시장수요가 큰 명품차일수록 복원된 차에 대한 지불의사는 커진다. 만일 휠러딜러사가 명품차 복원시장에 관한 뛰어난 통찰력을 보유하고 있다면, 휠러딜러사의 잠재수익기반은 매우 클 것이고, 이는 휠러딜러사에 대한 자본시장의 기대를 키울 것이다. 기업에 대한 자본시장의 기대가 클수록 주가/시가총액이 높아질 것임은 물론이다.

명제 2. 시장점유매출액이 클수록 시가총액은 커진다.

시보레 콜벳의 경우 매출은 거래가격 22,500달러였다. 그런데 구매자는 한 명인데 반해 동일한 모델을 공급하는 기업이 둘 이상이라면 어떻게 될까? 당연히 이들 기업은 한 명의 구매자를 놓고 가격경쟁을 할 것이고, 그 과정에서 협상가격은 22,500달러보다 낮은 가격으로 타결될 것이다. 이로부터 동일한 창출가치, 즉 지불의사가 주어진 상태에서 시장경쟁은 거래가격, 즉 매출을 떨어뜨림을 알 수 있다.

만일 경쟁시장에서 타경쟁사에 비해 휠러딜러사가 빠르게 움직여 타사보다 먼저 소비자가 원하는 모델을 제공하면 경쟁을 회피할 수 있고 높은 협상가격으로 거래에 합의할 수 있다. 이는 결과적으로 경쟁시장에서 휠러딜러사의 시장점유매출액을 키우는 데 기여하고, 이는 다시 휠러딜러사의 주가/시가총액을 높인다. 같은 지불의사가 주어져도, 소비자에 대해 독점적 지위를 가진 기업일수록 높은 가격협상력을 바탕으로 시장점유매출액을 늘릴 수 있다.

특정 기업이 독점적 지위를 가질 수 있는 방법은 많다. 시장 선점을 통해 후발자가 진입할 때까지 독점력을 보유할 수도 있고 경쟁사 대비 제품 차별화를 통해 가격비교를 회피함으로써, 또는 브랜드 파워나 신뢰구축을 바탕으로 고객과 끈끈한 유대관계를 형성함으로써 고객의 경쟁사 선택을 배재하는 식도 있다. 이로써 보다 넓은 잠재수익기반 위에 보다 큰 시장점유매출액을 실현할 수 있고, 이는 다시 주가/시가총액을 높이는 데 기여한다.

명제 3. 부가가치가 클수록 시가총액은 커진다.

가장 기초적인 원재료로부터 최종소비재에 이르기까지 가치사슬value chain의 각 단계에서 만들어지는 부가가치를 모두 합하면 최종 소비단계의 매출이 된다. 시보레 콜벳의 경우 전 단계까지의 부가가치 생산 활동에 대해 지불한 금액은 원가에 해당하는 17,440달러였고, 수리 및 복원과정을 통해 복원한 시보레 콜벳의 판매가, 즉 매출은 22,500달러였다. 그 결과 이번 단계의 부가가치는 그 차액인 5,060달러였다.

만일 마이크 브루어의 구매협상력이 뛰어나 같은 중고 시보레 콜벳을 17,000달러보다 싼 16,000달러에 구입하고, 애드 차이나의 뛰어난 수리 및 복원실력으로 부품 및 공임을 240달러로 절약할 수 있다면, 시보레 콜벳 복원의 부가가치는 5,060달러에서 6,260달러로 늘어난다. 늘어난 부가가치는 인건비를 올리거나, 배당을 올리거나, 사내유보금을 증가시키는 데 쓰여서 휠러딜러사에 대한 자본시장의 기대를 높인다. 기대의 증가가 주가/시가총액을 끌어올리는 데 기여할 것임은 자명하다.

2장

부의 성장,
새로운 도전에
직면하다

01
부의 성장 과정

18세기 말 산업혁명 이후 인류가 이룬 발전은 가히 경이롭다. 〈그림 3〉은 지난 2천 년 동안 인류가 이룬 경제성장의 모습을 보여준다. 이 그림에서 우리는 두 가지 엄연한 진실에 직면한다. 하나는 45억 년 전 지구가 탄생하고 약 30만 년 전 호모 사피엔스가 지구에 출현한 이래, 인간이 인간다운 삶의 모습을 대중적으로 갖춘 것이 겨우 200년 남짓하다는 사실이다. 다른 하나는 수십만 년이라는 오랜 정체의 굴레를 깨고 이른바 성장을 시작하자 그 성장이 하늘을 향해 일직선으로 날아오르는 새처럼 비상하고 있다는 사실이다. 〈그림 3〉이 주는 느낌만으로 보면, 우리는 지금 하늘을 향해 일직선으로 우뚝 선 바늘 끝에 서 있는 형상이다.

그렇다면 산업혁명으로 발을 뗀 성장 가도를 수직으로 끌어올린 힘은 과연 무엇일까? 그것은 바로 산업혁명과 함께 지구촌에 장착된 성장엔진, 즉 자본주의라는 경제 패러다임이다. 앞장에서 길게 설명한 개인과 기업의 부의 창출원리는 산업혁명 이후 진화 발전해 온 현대 자본주의의 원리, 바로 그것이었다. 그 중심에는 자유시장경제 체제하에서 소비자가 원하는 가치를 창출하고 부가가치를 만들어 소비의 재원으로 재투입하는 '생산엔진'과, 그 과실로 축적한 부를 자본시장을 통해 창업과 성장에 재투자하는 '금융엔진'이 있다. 이 생산엔진과 금융엔진이 서로 맞물려 돌아가면서 경제를 수직 상승시켜 온 것이다.

여기에서 한 단계 더 깊게 들어가 보자. 자본주의의 원리 속에서 성장엔진을 돌린 힘의 원천은 무엇이었을까? 1760년에서 1830년까지 전개된 1차 산업혁명의 핵심은 자본주의 경제사회의 기반 구축이었다.[9] 증기기관

그림 3. 지난 2천 년간 글로벌 GDP의 성장 추이

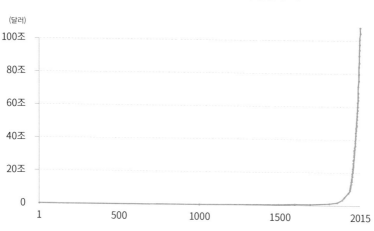

출처: World GDP – Our World in Data based on World Bank & Maddison(2017)

발명과 유럽 전역에 걸친 철도수송망 건설, 기계화된 대량생산공장 설립과 도시라는 대량소비기반 구축, 자본가와 노동자라는 새로운 계급의 탄생 등으로 요약되는 1차 산업혁명의 힘의 원천은 바로 재화와 설비의 생산, 그 자체였다. 그 결과 산업사회의 기반인 제조업이 탄생했다.

1차 산업혁명의 여파가 미국으로 넘어오면서 19세기 후반에서 20세기 초반에 걸쳐 2차 산업혁명이라는 두 번째 파고가 나타난다. 무대는 미국이었고, 이 무대에는 GEGeneral Electric, AT&TAmerican Telephone and Telegraph, 유나이티드 스틸United Steel Corp, 스탠다드 오일Standard Oil Company과 같은 걸출한 배우가 등장했다. 물론 뒤에서 이들을 키운 금융회사는 바로 제이피모건J. P. Morgan & Co.이었다. 이 시기 성장엔진을 돌린 연료는 금융자본이었고, 성장추력은 창업과 독점 이윤이었다. 3차 서비스산업으로서 전기와 통신, 금융서비스가 본격화된 것도 바로 이때였다.

20세기 후반에 이르자 세 번째 파고가 나타났다. 1980년 전후해서 이른바 3차 산업혁명이라고 불리는 퍼스널 컴퓨터와 인터넷이 등장한 것이다. 2004년 토머스 프리드먼T. L. Friedman의 저서 《세계는 평평하다》는 인터넷이 21세기 지구촌 경제에 미친 영향을 잘 설명해 주었다. 바로 오픈소싱open sourcing, 아웃소싱outsourcing, 오프쇼어링offshoring, 그리고 공급사슬supply chaining의 등장이다.[10] 3차 산업혁명의 성장엔진을 돌린 힘은 단연 정보information였다. 정보의 수요와 공급이 늘면서 소프트웨어 및 정보서비스 산업이 급성장하기 시작했다.

4차 산업혁명은 다분히 미래지향적이어서 아직까지 그 실체에 관해 논란이 분분하다. 세계경제포럼의 회장 클라우스 슈밥Klaus Schwab은 자신의 저서에서 로봇, 사물인터넷, 유전공학, 합성생물학, 인공지능 등의 기술이 융복합되면서 나타날 사이버물리시스템CyberPhysical System과 디지털 트랜스포메이션digital transformation을 그 결과물로 봤다.[11] 1차, 2차, 3차 산업혁명의 핵심 동인이 각각 에너지energy, 전기electricity, 정보information라면, 4차 산업혁명의 핵심 동인은 자율지능autonomous intelligence이다.[12]

같은 현상을 놓고도 다양한 해석이 존재하는 것은 좋은 일이다. 내가 생각하지 못한 관점을 제공할 뿐 아니라 서로 다른 생각이 합쳐져 시너지를 내기 때문이다. 〈그림 3〉의 세계경제 급성장 곡선을 보고, 앨퍼 카라카스Alper D. Karakas는 2019년 9월 〈이코노믹스 리뷰 The Economics Review〉에 기고한 글에서 매우 재미있는 얘기를 했다.[13] 1차 산업혁명에서 4차 산업혁명에 이르기까지 경제성장을 이끄는 힘은 기술혁신technological innovation인데, 오늘날의 첨단기술혁신의 영향이 과연 과거의 기술혁신의 것보다 크다고 할 수 있느냐고 물었다. 그러면서 현대기술의 상징인 아이폰iPhone보다 구시대 기술인 화장실 변기toilet의 경제성장 기여도가 훨씬 더 컸다고 했다.

그의 주장의 근거는 노스웨스턴 대학의 경제학 교수인 로버트 고든Robert Gordon의 논문이다.[14] 고든은 1300년 이후 지금까지 일인당 실질 GDP의 변화 추이로부터 일인당 GDP 성장률은 2차 산업혁명 시기에 연간 2.5%로 정점을 이룬 이래 현재까지 계속 감소하고 있으며, 장기적으로 2100년에 가면 0.2% 수준으로 주저앉을 것이라고 전망했다. 4차 산업혁명을 대변하는 현대의 아이폰보다 2차 산업혁명 시대의 산출물인 화장실 변기가 GDP 성장에 더 크게 기여했다는 앨퍼 카라카스의 주장은 바로 여기에서 나왔다.

로버트 고든과 앨퍼 카라카스의 주장은 일견 타당해 보인다. 사실 GDP 성장률은 산업혁명이 시작된 18세기 이후 점차 증가하여 20세기 초반 정점을 찍었고, 이후 현재까지 미국을 비롯한 선진국에서 점차 하락하고 있는 것이 사실이다. 그러나 이로부터 "성장 자체가 끝났다"고 주장하는 것은 성장률이라는 척도가 주는 착시에서 비롯된 오판일 가능성이 크다. 예컨대 총량 1에서 시작하여 연간 1씩 증가하는 경제지표가 있다고 하자. 그러면 매년 정액 성장하고 있음에도 불구하고, 첫 해의 성장률은 100%이지만 20년 후의 성장률은 5%로 떨어진다. 성장률로만 보면 곧 성장이 멈출 것이라고 착각하게 되는 것이다.[15]

그렇다면 지금부터는 진실에 좀 더 다가가기 위해 글로벌 GDP의 변화

그림 4. **글로벌 GDP의 성장 추이**(1900년-2024년, 명목 GDP)

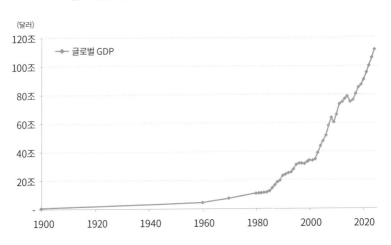

추이를 살펴보자. 〈그림 4〉는 1900년부터 2024년까지 미국달러로 환산한 글로벌 명목 GDP의 변화를 보여준다. 1980년 이전의 데이터는 〈그림 3〉의 데이터를 환산하여 추정하였고, 1980년부터 2018년까지는 IMF의 집계치, 2019년부터 2024년까지는 IMF가 2018년 시점에서 추정한 예측치이다. 어찌 보면 〈그림 4〉는 〈그림 3〉의 직벽을 확대한 것인데, 이를 보고 우리는 또 한 번 놀라지 않을 수 없다. 인류 역사상 지난 200년 동안 성취한 수직상승의 경제성장조차 사실은 대부분 1980년 이후 현재까지 약 40년 동안에 일어난 변화이기 때문이다.

〈그림 4〉를 보면, 2차 산업혁명이 한창인 1900년 전후에 GDP 성장률이 정점을 찍은 이래 현재까지 GDP 성장률이 계속 감소하고 있고, 그 결과 2100년이 되면 산업혁명 이전의 성장 정체의 시대로 되돌아갈 것이라는 카라카스와 고든의 주장이 무색해진다. 설사 두 사람의 주장이 장기적으로 맞더라도 일인당 GDP 성장률에 의존하고 있는 점은 분명 허점으로 보인다. 특히 오늘날 세계경제의 움직임을 모니터링하고 있는 IMF가 2019년 이후 2024년까지 지난 수년간의 성장세가 계속될 것으로 예측하고 있었다는 점은 이들의 주장과 정면으로 상반된다. 과연 2020년을 기점으로 IMF의 장밋빛 전망이 유효할지, 아니면 카라카스와 고든의 주장이 부당한 논거에도 불구하고 다시 살아나 설득력을 얻을지는 앞으로 진지하게 탐구할 주제이다.

02
코로나 팬데믹이 가져다 준 충격

2018년 IMF가 전망한 것처럼 글로벌 GDP는 2019년 이후 지속적으로 성장할 것인가? 이에 대해 로버트 고든 등 많은 경제학자는 일찍이 장애요인들을 지적하고 나섰다.[16] 첫째, 선진국에서 나타나고 있는 고령화 추세다. 고령화는 일인당 노동시간을 줄이고, 결국 일인당 생산성을 떨어뜨릴 것이라는 우려다. 둘째, 미국에서 나타나고 있는 고등교육 수요 감소 추세다. 교육비 상승이 고용시장을 왜곡시킬 것이라는 우려다. 셋째, 소득 불평등 심화이다. 미국에서 1993년부터 2008년 사이 평균 가계소득 성장률은 1.4%였으나 소득 하위 99%의 성장률은 0.75%에 불과했다. 상위 1%가 전체 소득의 52%를 점유했다. 넷째, 오프쇼어링의 확산이다. 저임금 기반의 오프쇼어링은 선진국 생산기반의 공동화를 초래했다. 다섯째, 에너지 소비와 환경오염 문제다. 규제가 신흥개도국의 성장을 막을 것이라는 우려다. 여섯째, 가계부채의 증가이다. 2020년 현재 전 세계 가계부채는 GDP 대비 60% 수준으로 무려 47조 달러에 달한다. 글로벌 금융위기 이후 12조 달러 증가한 수치다.[17]

이렇게 성장을 가로막는 장애요인이 차곡차곡 쌓이고 있는 중에 코로나 바이러스 사태가 터졌다. 2019년 말 중국 우한에서 시작된 코로나 바이러스는 급속도로 전 세계로 퍼져, 급기야 2020년 3월 11일 세계보건기구WHO가 팬데믹을 선언하기에 이르렀다. 당시 감염자 수는 전 세계 110여 개국에서 12만 명을 넘었다. 미국 존스홉킨스 대학 시스템사이언스 및 엔지니어링 센터 대시보드에 따르면 2020년 5월 12일 현재 전 세계 누적 확진자 수는 418만 명을 넘어섰고, 사망자 수는 28만 6,355명에 달했다. 코로나 바이러스 팬데믹으로 인한 경제적 충격에 대해서 IMF의 수석 이코노미스트는 향후 2년에 걸쳐 글로벌 GDP에서 약 9조 달러에 달하는 경제적 손실이 발생할 것으로 예상했다.[18]

코로나 팬데믹이 전 세계에 미친 영향은 비단 경제적 손실에만 국한되지 않았다. 코로나 팬데믹에 대처하는 과정에서 불가피했던 도시 봉쇄, 록다운lockdown, 직장 폐쇄, 사회적 거리두기, 경제활동 제한, 국경 봉쇄, 갖가지 격리조처 등은 감정적·정서적 저항과 함께 무의식적인 집단분노로까지 이어졌다. 그 결과 국가 간, 사회계층 간 잠재해 있던 각종 갈등까지 폭발하여 일부 국가에서는 반사회적 시위로까지 비화되었다.[19]

막연한 반사회적 저항심리가 계층 간 대립, 불특정 다수에 대한 폭력, 사회규범의 파괴로 이어졌고, 가치박탈로 인한 가치전도와 무력감 팽배는 삶의 의지를 꺾거나 경제사회의 활력을 크게 떨어뜨렸다. 이러한 코로나 증후군은 기존 체제에 대한 저항의 씨앗을 낳았고, 이 씨앗들은 장차 세계경제를 송두리째 바꿀 잠재력을 양산했다.

이 잠재력으로 가장 먼저 신뢰의 파괴를 꼽을 수 있다. 가장 가깝게 접하고 살아 온 동료와 친구와 가족이 코로나에 감염되었을 가능성만으로 의심을 받는다. 자기보호 본능이 동료와 가족과 사회에 대한 신뢰를 깨는 것이다. 이는 비단 개인에 국한되지 않았다. 기업뿐 아니라 국가 간에도 그러했다. 나를 보호하고 지켜주리라 생각했던 기대가 처참하게 무너졌다. 개인 간 우정에 금이 가듯, 우방과 동맹의 고리는 약해져 갔다. 상생협력의 세계가 각자도생의 세계로 바뀌고 있다.

둘째는 책임 전가이다. 천재지변이 닥쳤을 때 우리는 인지부조화를 줄이고자 비난할 상대를 찾는다. 코로나 사태로 막대한 손실을 입었는데, 이 고통을 해소할 상대를 찾는 것은 인지상정이다. 개인 간, 정치집단 간, 국가 간에 벌어지고 있는 책임공방으로 이른바 상부지배구조의 힘이 처참하게 무너질 위기에 있다. 지금 선진국과 중국 간 벌어지고 있는 책임공방은 향후 세계정치경제의 판도를 크게 바꿀 도화선이 되고 있다.

셋째, 부에 관한 인식의 양극화다. 돈이 누구보다 많고 부를 아무리 쌓아 놓았어도 코로나 앞에서는 무용지물이었다. 그러나 장기간에 걸친 도시 봉쇄와 경제활동 제한으로 소득의 전부를 잃은 저소득 계층에게는 단돈 천 원이 절실했다. 돈의 무용성과 돈의 소중함이 서로 다른 소득계층 간 돈에 관한 인식 격차를 더 크게 벌려 놓았다.

넷째, 부의 배분에 관한 인식 재고다. 부의 한계효용은 부의 규모가 커질수록 작아진다. 없는 자에게 천 원은 유용한 돈이지만 조 단위의 재산을 가진 자에게 천 원은 아무것도 아니다. 연봉이 3천만 원인 직원에게 동기를 불어넣는 데는 몇십만 원의 인센티브도 큰 효과를 발휘하나, 연봉이 30억 원인 최고경영자를 동기유발시키기 위해서는 억대의 인센티브가 필요하다. 코로나 사태가 부만 추종해 온 천민자본주의를 돌아보게 한다면, 이것은 우리에게 작은 희망이 된다.

다섯째, 가치전도와 가치박탈이다. 그동안 생존욕구, 안전욕구, 사회적 욕구, 성취욕구, 자아실현의 욕구를 충족하고자 매슬로우의 욕구 계단을 성실히 딛고 올라 왔건만, 외줄 염색체 수만 가닥에 불과한 코로나 바이러스로 인해 내 소중한 욕구 계단은 처참히 부서지고 말았다. 현재를 저축해 미래에 누리는 삶을 버리고, 미래를 잊고 현재를 소비하는 삶에 빠져든다.[20]

마지막으로, 성장에 관한 환상과 착각이다. 수많은 장애요인과 성장기반의 부실화에도 불구하고 우리는 막연한 성장의 신화 속에서 빠져나오려 하지 않는다. 성장이 멈춘 세상은 우리가 살아보지 못한 세상이기에 그 가능성을 전혀 인지하지 못하는 것이다. 성장의 과실을 놓고 공정한 경쟁, 공평한 분배를 외치며 계층 간, 세대 간, 거래 쌍방 간 다툰 적은 있어도 성장이 정체되면 어떤 일이 발생할지, 성장이 정체된 세상에서 어떻게 살아야 할지에 대해서는 생각해 본 적이 없다.

03
부의 성장과 배분, 그 영원한 숙제

성장이 없던 시대에는 배분의 갈등도 없었다. 오로지 함께 생존하는 일이 지상과제였다. 산업혁명 이후 자본주의의 등장과 함께 성장다운 성장이 시작되었고, 성장이 가속화되자 배분 갈등이 빚어졌다. 짐작컨대 부의 성장과 배분 문제는 합의된 답을 찾지 못한 채 영원히 함께 안고 가야 할 숙제일 것이다.

지난 40여 년 동안 이룩한 성장의 실체를 파악하기 위해 〈그림 4〉의 급성장 구간을 확대해보자. 〈그림 5〉는 1980년부터 2024년까지 지구촌 주요국의 GDP 성장 추이와 전망을 도식화한 것이다. 이를 자세히 살펴보면 눈에 띄는 사실이 있다. 바로 성장이라는 것이 국가 간 보편적 현상이 아니라는 점이다. 국가 간 성장에 독점 현상이 나타나고 있는 것이다.

〈그림 5〉에서 보듯, 기간에 따라 성장을 주도하거나 독점하고 있는 국가는 다르다. 우선 1981년부터 2019년까지 미국 GDP의 연평균 성장률을 계산하면 5.3%이다. 미국을 제외하고 GDP 성장을 한때나마 독점한, 또는 독점하고 있는 대표적 국가는 일본과 중국이다. 일본의 경우 고성장기에 해당하는 1983년부터 1995년 사이에 연평균 성장률은 13.4%였다. 사실 일본의 성장 정체는 1985년 체결된 플라자 합의로부터 시작되었고, 그때부터 일본 엔화의 평가절상이 〈그림 5〉의 급성장 커브를 만드는 데 기

그림 5. 1980년-2024년의 주요국 GDP 성장 추이/전망 (명목 GDP)

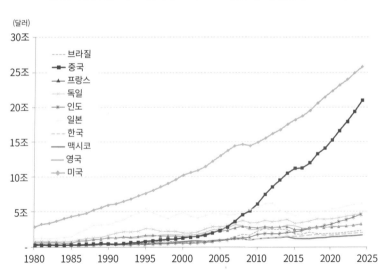

출처: IMF, World Economic Outlook Database, October 2019.

여한 측면도 있다.[21] 그렇더라도 동시대에 일본의 국력 성장이 세계경제 역사상 전례가 없었던 것은 사실이다.

일본에 이어 중국이 세계경제의 성장엔진으로 급성장에 접어든 시점은 2005년 전후. 2005년부터 2019년까지 중국의 연평균 성장률은 14.3%였다. 〈그림 5〉의 데이터로 계산한 2019년 중국의 경제성장률 추정치는 5.8%이다. 같은 기준으로 계산한 2019년 미국의 경제성장률 추정치는 4.2%이다. 국가 경제의 규모가 커지면 성장률은 점차 하락한다. 이는 성장률 지표가 가진 착시효과에서 비롯되기도 하지만 경제가 거대해지면 성장엔진의 힘이 부치는 현상을 반영한다. 이를 감안하더라도 2000년 이후 세계 공장으로서 중국의 성장 독점은 분명한 현상이다.

이런 와중에 코로나 사태가 터지자 성장 독점이라는 실체적 현상에 코로나로 비롯된 정치적·도의적·심리적 비난까지 겹치면서 중국은 정치적으로 코너에 몰리고 있다. 사실 성장 독점 자체로만 보면, 1980년 이후 현재까지 꾸준한 성장을 보이고 있는 미국도 예외는 아니다. 거대한 규모가 갖는 성장률 착시효과로 인해 미국이 고성장 국가로 보이지 않을 뿐, 〈그림 5〉에 담긴 직관적 메시지는 미국 역시 성장을 독점하고 있는 국가 중 하나라는 사실이다.

사실 일본의 급성장이 1985년 이후 꺾인 이면에는 미국을 중심으로 한 선진국 그룹의 환율 전쟁이 있었다. 이후 2008년 금융위기까지 미국의 성장을 이끈 것은 금융자본이었다. 그러나 2000년부터 시동을 걸기 시작한 미국 실리콘밸리 중심의 IT산업이 2004년 이후 성장세를 가속화하면서 2009년 주저앉은 미국의 경제성장을 다시 일으켜 세우는 신성장

엔진으로 부상했다. 미국의 성장 독점은 미국경제 자체보다는 금융산업과 IT산업이 바톤을 주고받으며 이끌고 있다고 보는 것이 타당하다.

성장 독점에 대한 가치적·도의적 판단은 무의미하다. 어찌 보면 성장 독점이야말로 자본주의의 진정한 성장엔진인지도 모른다. 현대 자본주의의 기반을 마련한 2차 산업혁명 시대의 힘의 원천이 자연독점에 의한 거대기업의 탄생이었듯이, 세계화된 지구촌 경제에서 글로벌 경제성장을 이끄는 힘이 성장 독점인지도 모른다. 그러나 한 국가 내에서 발생하는 독점의 폐해는 독과점방지법이나 공정거래규제와 같은 제도적 장치로 통제할 수 있지만, 글로벌 지배구조가 존재하지 않는 국제 교역과 글로벌 가치사슬에서는 힘과 힘이 부딪칠 뿐 합리적 통제 메커니즘이 작동할 리 만무하다.

도덕, 윤리, 가치관, 사회규범 등 경제사회의 뿌리를 건드리고 있는 코로나 사태는 지금까지 우리가 힘겹게 보완·발전시켜 온 글로벌 자본주의 시장경제의 근간을 흔들고 있다. 부, 부의 성장, 부의 배분에 관한 기존 질서가 향후 대전환을 맞을지, 아니면 역경을 이겨내고 다시 제자리를 찾을지 그 미래 향방을 탐구해 보는 긴 여정을 함께 떠나보자.

BATTLE for
CAPITAL GROWTH

2부

지구촌 부는 어떻게 성장해 왔나

3장

글로벌 산업지형의
변화와 부의 성장

01
지구촌 부의 전쟁

메이저리그는 스포츠 경기에서 최고 수준의 프로구단 사이의 경기를 지칭한다. 지구촌에서 벌어지고 있는 스포츠 리그 중 아마 가장 오래된 리그가 북미의 야구 메이저리그인 MLBMajor League Baseball일 것이다. MLB는 내셔널 리그NL: National League와 아메리칸 리그AL: American League 각각 15개 팀, 전체 30개 팀 간 벌어지는 경기다. 출범 시기를 보면 내셔널 리그가 1876년, 아메리칸 리그가 1901년이니 MLB의 역사는 100년을 훌쩍 넘어 144년에 이른다.[22]

MLB 산하에는 마이너리그와 루키리그라는 하위 리그가 있다. MLB에 등록된 14개의 마이너리그에서는 총 160개 팀이 싸우고, 3개의 루키리그에서는 80개 팀이 다툰다. 메이저리그가 상위 30개 팀 간의 경기라면, 마이너리그와 루키리그는 하위 240개 팀 간의 경기이다. 루키리그와 마이너리그는 야구선수에게 실력을 끌어올릴 기회를 제공하며, 메이저리그로 진출하는 중간 통로 역할도 한다.

한국인 야구선수 추신수의 경우를 살펴보자. 추신수는 2000년 캐나다에서 열린 '세계 청소년 야구 선수권대회'에서의 MVP 획득을 계기로 그해 8월 미국 시애틀 매리너스_{Seattle Mariners}에 입단한다. 입단 시 계약금은 135만 달러였다. 추신수는 2001년부터 시애틀 매리너스 산하 마이너리그에서 타자로 활약하며 눈에 띄는 잠재력을 보여주었다. 그럼에도 불구하고 추신수는 그로부터 4년이 지난 2005년 4월에서야 메이저리거로 승격 데뷔할 수 있었다.

우여곡절 끝에 어렵게 메이저리거로 데뷔했지만, 그는 2005년 시즌 내내 그리고 2006년 전반까지 대부분의 시간을 마이너리그에서 보냈다. 그 후 메이저리그 중 하나인 아메리칸 리그의 클리블랜드 인디언즈_{Cleveland Indians}에서 6년, 내셔널 리그의 신시내티 레즈_{Cincinnati Reds}에서 1년을 보냈고, 2014년부터는 아메리칸 리그의 텍사스 레인저스_{Texas Rangers}에서 활동 중이다. 2018년 추신수는 생애 처음으로 메이저리그 올스타 경기에 출전했다.[23]

리그가 스포츠 경기에만 있는 것은 아니다. 막대한 부를 놓고 치열하게 싸우는 기업 간 경쟁에도 메이저리그, 마이너리그, 루키리그가 있다. 이른바 주식시장에서 벌어지고 있는 기업 간 몸값 높이기 경쟁이 바로 그렇다. 전 세계에는 상장기업 시가총액이 1조 달러가 넘는 주식시장, 일명 '1조 클럽_{$1 Trillion Club}'이 16개나 된다. 〈표 2〉는 이 중에서 시가총액이 3조 달러 이상인 7개 주식시장과 한국 주식시장에 관한 기본 정보를 정리한 것이다.[24] 2018년 11월 30일 기준 한국 주식시장의 시가총액은 1조 4,630억 달러로, 글로벌 시가총액 순위 14위이다. 한국거래소KRX가 운영하는 대표적 주식시장으로는 대기업 주식이 주로 거래되는 코스피 KOSPI와 벤처기업 주식이 주로 거래되는 코스닥KOSDAQ이 있다.

프로야구에서 신예가 등장해서 돌풍을 일으키듯 주식시장에서도 종종 유망한 벤처기업이 출현해서 돌풍을 일으킨다. 1971년 창립된 나스닥 NASDAQ은 벤처기업들이 자금을 쉽게 조달할 수 있도록 하는 전산 시스템을 갖추면서 일명 루키리그로 출범하였다. 그런데 루키리그인 나스닥에

표 2. 시가총액 상위 7개 주식시장 (2018년 11월 30일 기준)

주식시장	약자	국가 및 설립년도	위치	시가총액 (달러)
뉴욕증권거래소 New York Stock Exchange	NYSE	미국(1792년)	뉴욕	22조 9,230억
나스닥 Nasdaq	NASDAQ	미국(1971년)	뉴욕	10조 8,570억
도쿄증권거래소 Tokyo Stock Exchange	TSE	일본(1878년)	도쿄	5조 6,790억
상하이증권거래소 Shanghai Stock Exchange	SSE	중국(1990년)	상하이	4조 260억
홍콩증권거래소 Hong Kong Stock Exchange	SEHK	홍콩(1891년)	홍콩	3조 9,360억
유로넥스트 Euronext	·	EU(2000년)	암스테르담 외	3조 9,270억
런던증권거래소 London Stock Exchange	·	영국(1571년)	런던	3조 7,670억
한국거래소 Korea Exchange	KRX	한국(2005년)	서울, 부산	1조 4,630억

상장된 애플, 마이크로소프트, 아마존, 구글, 페이스북, 인텔, 시스코, 넷플릭스, 엔비디아, 암젠, 퀄컴 등이 무서운 속도로 성장하면서, 나스닥은 이제 글로벌 시가총액 2위의 시장으로 성장했다. 루키리그가 스스로 성장해서 메이저리그가 되었다고나 할까.

미국에 나스닥이 있다면 한국에는 코스닥이 있다. 코스닥은 1996년 미국의 나스닥을 벤치마킹하여 장외에서 컴퓨터 통신망을 통해 불특정 다수가 거래에 참여하는 시장으로 출발하였다. 코스닥의 시가총액은 현재 코스피 대비 10분의 1 수준. 메이저리그로 성장하기에는 아직 많이 부족하다. 그러나 분명한 것은 코스닥이 본래의 설립목적에 따라 벤처기업의 상장을 지원하면서, 국내 많은 벤처기업의 데뷔 무대가 되고 있다는 사실이다.

미국 IT기업과 마찬가지로 코스닥에 상장된 회사라고 해서 언제까지 루키에 머무는 것은 아니다. 바이오 시밀러로 유명한 기업인 셀트리온 Celltrion의 경우를 살펴보자.[25] 셀트리온은 서정진 회장이 2002년 설립한 종합생명공학기업이다. 셀트리온은 창업한 지 6년이 지난 2008년 8월 코스닥에 상장되었다. 이른바 루키리그에 데뷔한 것이다. 이후 급성장을 거듭한 셀트리온은 어느덧 코스닥 시총 1위 기업으로 우뚝 선다. 이에 따라 셀트리온은 주총에서 코스피로의 이전 상장을 추진하여 2018년 2월 코스피로 완전 이전되었다. 임시주총에서 이전상장을 결정한 2017년 9월 당시 셀트리온의 시가총액은 17조 5천억 원이었다.

미국의 벤처기업들은 나스닥에 상장된 이후 급성장해 나스닥이라는 루키리그 자체를 메이저리그로 키웠다. 반면, 한국의 대표적 벤처기업들은 코스닥이라는 루키리그를 통해 메이저리그인 코스피로 진입하고 있다. 추신수가 미국의 프로야구 마이너리그를 통해 데뷔한 후 여러 차례의 시련을 겪었지만 결국 클리블랜드 인디언스, 신시내티 레즈, 그리고 텍사스 레인저스에 메이저리거로 안착한 길을 그대로 밟고 있는 것이다.

주식시장에서 회사 몸값을 놓고 싸우는 기업 간 다툼의 양상은 사실 이보다 훨씬 복잡하다. 2020년 1월 새해 벽두에 셀트리온과 관련해 언론을 달군 것은 셀트리온 그룹의 세 기업, 즉 셀트리온, 셀트리온헬스케어, 셀트리온제약의 합병에 관한 소식이었다. 서정진 회장이 2020년 1월 15일 'JP모건 헬스케어 컨퍼런스'에서 '합병 검토' 의사를 밝히면서 촉발된 이 건은 시가총액 규모에 있어서 32조 원이 넘는다.

2020년 1월 기준 코스피에서의 셀트리온 시가총액은 23조 원, 코스닥 상장기업인 셀트리온헬스케어의 시가총액은 7조 9천억 원, 역시 코스닥 상장기업인 셀트리온제약의 시가총액은 1조 5천억 원이다. 단순 합계로만 시가총액 32조 4천억 원에 이르는 이 합병이 실제로 이루어지면, 셀트리온헬스케어와 셀트리온제약은 코스피로 우회 상장되는 효과를 갖게 된다. 이 합병의 시너지를 시장이 어떻게 보느냐에 따라 합병 후 기업가치는 크게 달라질 것이다.

셀트리온 그룹 사례에서 보듯, 주식시장 안에서 평가되는 특정 기업의 시장가치는 기업가치 결정모형에 의해서만 정해지지는 않는다. 다양한 기업가치 결정요인을 보유한 기업들을 어떻게 분할 또는 합병하느냐에 따라서도 기업가치는 매우 역동적으로 변한다. 분할이나 합병을 통해 기업의 가치창출력이 증가할 것으로 기대되면 기업가치는 상승하지만, 반대로 가치창출력이 감소할 것으로 기대되면 기업가치는 하락한다. 기업 간 부의 전쟁에서 시장의 기대라는 심리적 요인이 차지하는 비중이 매우 큼을 시사하는 대목이다.

02
지구촌 메이저리그, '포브스 1000'

프로야구에 메이저리그가 있듯이 자본시장에도 메이저리그가 있다. 대표적인 예로 프라이스워터하우스쿠퍼스PwC의 '글로벌 톱 100Global Top 100', '포춘 글로벌 500Fortune Global 500', '포브스 글로벌 2000Forbes Global 2000' 등이 그것이다. 이들은 각각 기업 규모 상위 100대, 500대, 2000대 기업을 지목하고 있다. 다만 선정 기준은 각기 다르다. 포춘 글로벌 500은 매출을 기준으로 하고, PwC의 글로벌 톱 100은 시가총액을 기준으로 한다. 반면 포브스는 좀 더 복잡한 방식을 사용한다. 매출, 자산, 이익, 시가총액 각각에 대해 순위별로 2,000개 기업을 선정한 후 이 네 가지 지표의 가중평균이 높은 순서대로 최종 2,000개 기업을 발표한다.[26]

우리는 지구촌 메이저리그로서 '포브스 1000'에 주목하고자 한다. 매년 포브스가 발표하는 글로벌 2000 기업 중 시가총액이 큰 1,000개 기업을 살펴보자는 것이다. 편의상 이를 'MLCMajor League Companies', 즉 메이저리그로 명명하자. 여기에 연도를 붙이면 특정 연도에 대응되는 MLC가 된다. 예컨대 MLC2006은 2006년에 발표된 포브스 글로벌 2000 중 시가총액 순위 1000대 기업을 지칭한다.

메이저리그 기업들을 분석하는 기초 데이터는 포브스와 마찬가지로 연도별 매출, 자산, 이익, 시가총액이다. 이 중에서 시가총액의 기준 시점은 3월~5월 사이의 특정일이다. 예컨대 2011년의 경우 3월 11일 종가, 2018년의 경우 5월 11일 종가로 계산한 값이다. 그리고 연별 데이터인 매출, 자산, 이익은 회계연도에 따라 발표되는 가장 최근 12개월의 값이다. 회계연도가 1월~12월인 기업의 경우 2018년 시가총액은 2018년 5월 11일 종가, 그리고 이에 대응되는 매출, 자산, 이익은 2017 회계연도의 손익계산서, 재무상태표에 나타난 값이다.[27]

그렇다면 지구촌 메이저리그는 과연 어떤 기업들로 구성되어 있을까? 글로벌 금융위기 이전인 2006년의 메이저리그, 즉 MLC2006의 지역별

그림 6. 지역별 MLC2006 기업 수 및 시가총액 분포

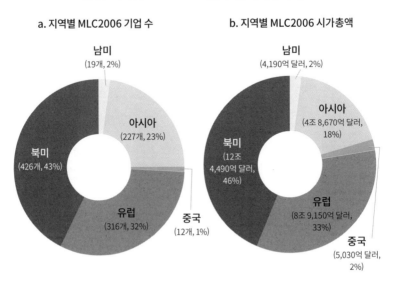

구성을 한번 살펴보자. 〈그림 6〉에 의하면, MLC2006에서 가장 큰 비중을 차지하는 지역은 역시 북미다. 1,000개 기업 중 426개가 북미 기업으로, 전체 43%를 차지하고 있다. 이어 유럽은 316개로 32%, 그 다음이 아시아 227개로 23%를 차지한다. 중국과 남미는 각각 12개, 19개로 각각 1%와 2%에 머물고 있다.[28]

부의 크기라고 할 수 있는 시가총액 면에서 보면, 북미가 12조 4천여억 달러로 46%를 차지하여 기업 수 비중 43%보다 3% 더 큰 수치를 보이고 있다. 이는 북미 메이저리그의 평균 기업가치가 유럽이나 아시아 지역에 비해 더 큼을 의미한다. 이런 관점에서 흥미로운 것은 중국이다. 중국의 기업 수 비중은 1%에 불과하나 시가총액 비중은 2%를 차지하고 있다. 기업 수에 있어서는 12개에 불과하지만, 이들 기업의 평균 시가총액은 북미보다 크다. 아시아 지역의 기업 수 비중은 23%인데 반해 시가총액 비중은 18%에 불과하다. 아시아 기업의 평균 기업가치는 비교 대상 지역 중 가장 작다.

메이저리그 기업들이 대륙별로 어떻게 분포되어 있는지, 그 비중이 어떤지는 매우 흥미로운 관전 포인트이다. 그런데 이들 기업들의 종목별 분포는 더욱 흥미롭다. 종목은 메이저리그 내에서 보다 직접적인 다툼이 일어나는 소小리그를 가리킨다. 우리가 사용하는 경제용어로 이른바 '산업섹터industrial sector'다. 〈표 3〉과 〈그림 7〉은 메이저리그 기업들이 산업섹터별로 어떻게 분포하는지, 그리고 산업섹터별로 어떤 대표적 기업들이 있는지를 보여준다.

〈표 3〉에 의하면, 총 27개 산업섹터 중에서 메이저리그 기업을 많이 보

표 3. MLC2006의 산업섹터별 기업 수 및 대표기업 예시

산업섹터	기업 수	대표적 기업 예시
항공우주 Aerospace & Defense	14	보잉Boeing, 록히드 마틴Lockheed Martin, 롤스로이스Rolls-Royce
은행 Banking	122	씨티그룹Citigroup, HSBC그룹, 뱅크오브아메리카BoA, 제이피모건 체이스JP Morgan Chase, 미쓰비시은행, 중국건설은행China Construction Bank
비즈니스 서비스/용품 Business Svc & Supplies	23	캐논Canon, 무디스Moody's, 인포시스Infosys, 교세라Kyocera, 제록스Xerox
자본재 Capital Goods	28	캐터필러Caterpillar, 화낙Fanuc, 볼보VolvoGroup, 미쓰비시중공업Mitsubishi Heavy Industries Group
화학 Chemicals	28	다우케미칼DowChemical, 바스프BASF, 바이에르Bayer, 스미모토화학Sumimoto Chemical
복합기업 Conglomerates	18	제너럴일렉트릭GE, 지멘스Siemens, 3M, 필립스Philips, 하니웰Honeywell, 히타치Hitachi
건설 Construction	26	시멕스Cemex, 생고방Saint-Gobain, 라파즈Lafarge, 뱅시Vinci, 마스코Masco
내구소비재 Consumer Durables	33	토요타Toyota, 다임러Daimler, 혼다Honda, 닛산Nissan, BMW, 폭스바겐Volkswagen, 르노Renault, 현대차Hyundai Motor, 포드Ford
금융서비스 Diversified Financials	77	버크셔 해서웨이Berkshire Hathaway, 메릴린치Merrill Lynch, 모건스탠리Morgan Stanley, 골드만 삭스Goldman Sachs, 도이치방크Deutsche Bank Group, 노무라Nomura
제약/바이오 Drugs & Biotechnology	33	화이자Pfizer, 존슨앤존슨Johnson&Johnson, 로쉬그룹RocheGroup, 노바티스Novartis, 암젠Amgen, 머크Merck
푸드마켓 Food Markets	16	테스코Tesco, 까르푸Carrefour, 메트로 AGMetro AG, 크로거Kroger, 세이프웨이Safeway
식음료/담배 Food, Drink & Tobacco	40	네슬레Nestle, 코카콜라Coca-Cola, 펩시PepsiCo, 켈로그Kellogg, 재팬 타바코Japan Tobacco
의료장비/서비스 Healthcare Equip & Svcs	32	유나이티드헬스 그룹UnitedHealth Group, 메드트로닉Medtronic, 웰포인트WellPoint
호텔/레스토랑/레저 Hotels, Restaurants & Leisure	16	맥도날드McDonald's, 스타벅스Starbucks, 라스베가스 샌즈 Las Vegas Sands, 메리어트Marriott International
생활용품 Household & Personal Products	25	프록터앤갬블Procter & Gamble, 로레알R'Oreal Group, 나이키NIKE, 콜게이트 파몰리브Colgate-Palmolive, 킴벌리 클라크Kimberly-Clark, 아디다스Adidas, 크리스챤 디올Christian Dior

보험 Insurance	47	AIG, 알리안츠Allianz, 푸르덴셜Prudential Financial, 메트라이프MetLife
소재철강 Materials	42	BHP 그룹BHP Group, 리오틴토Rio Tinto, 앵글로아메리칸Anglo American, 중국신화에너지China Shenhua Energy, 신일본제철NipponSteel, 포스코Posco
미디어 Media	38	타임워너Time Warner, 컴캐스트Comcast, 뉴스코프News Corp, 월트디즈니Walt Disney, 비방디Vivendi Universal, 바이어컴Viacom, 톰슨Thomson Corp, 엘스비어Reed Elsevier, 맥그로힐McGraw-Hill
석유/가스 Oil & Gas Operations	73	엑슨모빌ExxonMobil, 비피BP, 가스프롬Gazprom, 페트로차이나PetroChina, 쉐브론Chevron
소매유통 Retailing	36	월마트Wal-Mart Stores, 홈디포Home Depot, 이베이Ebay, 타겟Target, 월그린Walgreen, 베스트바이Best Buy, 코스트코Costco Wholesale, 아마존Amazon.com
반도체 Semiconductors	25	인텔Intel, 삼성전자Samsung Electronics, 텍사스 인스트루먼트Texas Instruments, TSMCTiwan Semiconductor, 브로드컴Broadcom, 어플라이드 머티어리얼즈Applied Materials, 하이닉스반도체Hynix Semiconductor
소프트웨어/서비스 Software & Services	20	마이크로소프트Microsoft, 구글Google, 오라클Oracle, SAP, 야후Yahoo, 소프트뱅크Softbank, 어도비시스템즈Adobe Systems
하드웨어/장비 Technology Hardware & Equip	38	아이비엠IBM, 시스코 시스템즈Cisco Systems, 휴렛패커드Hewlett Packard Enterprise, 노키아Nokia, 퀄컴Qualcomm, 델Dell, 애플Apple, 모토로라Motorola, 소니Sony, RIMResearch in Motion
정보통신서비스 Telecommunications Services	48	보다폰Vodafone, AT&T, 차이나 모바일China Mobile, 버라이즌Verizon Communications, 텔레포니카Telefonica, 스프린트 넥스텔Sprint Nextel, 도이치텔레콤Deutsche Telekom, NTT
무역상사 Trading Companies	6	미쓰비시Mitsubishi, 미쓰이Mitsui, 스미토모Sumitomo, 울슬리Wolseley, 이토추Itochu
물류수송 Transportation	29	유피에스UPS, 페덱스FedEx, 도이치 포스트Deutsche Post, 동일본여객철도(JR 동일본)East Japan Railway, 사우스웨스트 항공Southwest Airlines, 싱가포르 항공Singapore Airlines
수도전기가스 Utilities	67	프랑스전력공사Electricite de France, 에넬ENEL, 사우디전력청Saudi Electicity, 엑셀론Exelon, 도쿄전력Tokyo Electric Power, 한국전력공사Korea Electric Power

그림 7. MLC2006의 산업섹터별 기업 분포

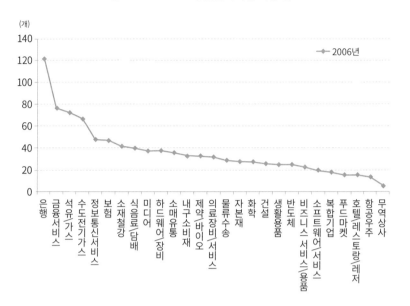

유한 산업섹터는 1위 은행 122개, 2위 금융서비스 77개, 3위 석유/가스 73개, 그리고 4위 수도전기가스 67개임을 알 수 있다. 이 시기는 2008년 금융위기 이전으로, 이른바 은행과 금융서비스를 중심으로 한 광의의 금융산업과 에너지 및 공공서비스 섹터의 비중이 큰 시기였다. 아직 IT, 정보통신 및 미디어 산업이 이른바 스마트폰 세대로 넘어가기 전이고, 지역적으로 중국이 세계의 공장으로 부상하기 전이다. 이런 관점에서 2006년은 지구촌 부의 이동을 조망하는 기준 시점, 즉 벤치마크로 적합한 시기이다. 2006년을 부의 성장 기준점으로 삼은 이유도 바로 여기에 있다.

03
글로벌 산업지형의 변화와 부의 이동

글로벌 산업지형은 지구촌 부의 이동을 지배하는 메커니즘이다. 이른바 글로벌 가치사슬, 즉 GVCGlobal Value Chain의 구조와 가치사슬별 기업경쟁력 분포가 여기에 해당한다. 지형이 바뀌면 물의 흐름이 바뀌듯, 산업지형이 바뀌면 지구촌 부의 이동 양상이 달라진다. 그러나 산업지형을 구성하는 요인이 비단 가치사슬 구조에만 있는 것이 아니어서 산업지형을 직접 규명하기란 결코 쉽지 않다. 우리가 종종 산업지형 자체의 변화보다 이 변화가 초래한 현상에 더 주목하는 이유도 여기에 있다. 그러면 지금부터 2006년에서 2019년 사이에 글로벌 산업지형에 어떤 변화가 일어났는지 몇 가지 관찰을 통해 살펴보자.

관찰 1. 지구촌 메이저리거를 배출한 국가 수에 있어서 아시아와 남미대륙은 증가, 유럽대륙은 뚜렷한 감소세를 보이고 있다.

2006년에서 2019년 사이에 메이저리그 기업들의 국적 다양성은 대륙별로 명암이 갈렸다. 아프리카는 0개국에서 1개국, 아시아는 14개국에서 17개국, 남미는 3개국에서 6개국으로 증가한 반면 유럽은 24개국에서 18개국으로 감소했다. 동기간 동안 메이저리거를 배출한 국가 수는 총 44개국에서 45개국으로 거의 변화가 없었다.

관찰 2. 대륙별 메이저리그 기업 수는 아시아, 북미, 남미에서 소폭 감소, 유럽에서 대폭 감소를 보인 반면 중국은 대폭 증가하였다.

2006년에서 2019년 사이에 지역별 메이저리그 기업 수의 변화를 보면 〈그림 8〉과 같다. 아시아, 북미, 남미는 각각 227개, 426개, 19개에서 소폭 감소한 반면 유럽은 316개에서 240개로 대폭 감소, 중국은 12개에서 111개로 대폭 증가하였다.

관찰 3. 메이저리그 기업의 시가총액은 전체적으로 84% 성장하였다. 대륙별로는 북미와 중국은 대폭 상승, 아시아는 소폭 증가, 유럽과 남미는 보합세를 보이고 있다.

그림 8. 메이저리그 기업 수의 증감 현황

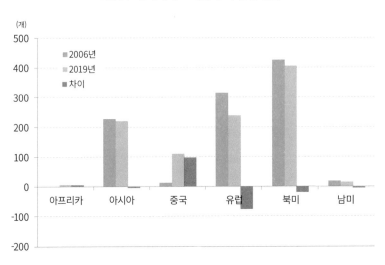

2006년에서 2019년 사이에 메이저리그 시가총액은 27조 1,530억 달러에서 49조 9,470억 달러로 84% 증가하였다. 이를 지역별로 나누어 보면 〈그림 9〉와 같다. 총량에 있어서 성장이 가장 두드러진 곳은 북미와 중국이다. 반면 유럽은 정체, 아시아는 소폭 상승, 남미는 소폭 상승하더니 다시 감소세로 돌아섰다. 2006년 대비 2019년 상승률로 보면, 아시아 56%, 유럽 16%, 남미 50%인 반면 북미는 106%, 중국은 1009%를 기록하고 있다. 시가총액 점유율 면에서는 아시아 3% 감소, 유럽 12% 감소인 반면 북미 5% 증가, 중국 9% 증가를 보이고 있다. 그 결과 북미는 51.3%, 중국은 11.2%를 차지하고 있다.

종합하면, 2006년에서 2019년까지 부의 성장은 주로 북미와 중국에 집중되었다. 전체 부에서 이 두 대륙이 차지하는 비중은 48%에서 62%로

그림 9. 지역별 메이저리그 시가총액의 변화 추세

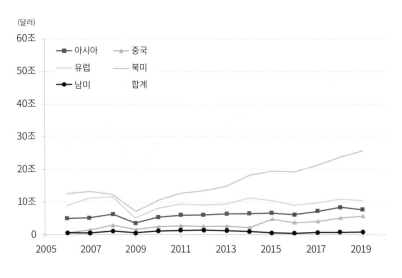

크게 상승한 반면 유럽 대륙의 비중은 33%에서 21%로 하락했다. 부의 성장 독점 현상이 나타난 것이다. 구성비에 있어서 지구촌 부의 15%, 금액으로는 7조 3,800억 달러가 유럽과 아시아로부터 북미와 중국으로 이동했다. 이는 달러당 1,200원을 가정하여 한화로 환산했을 때 약 8,856조 원에 달하는 금액이다. 이렇듯 2006년에서 2019년 사이에 대륙 간 부의 이동 패턴은 아주 분명하고 뚜렷하다. 대륙 간 부의 이동의 저변에 어떤 국가 간 경쟁 양상과 산업지형의 변화가 작동하고 있는지 궁금하다.

4장

중국의 부상과
성장 독점

01
중국의 부상

3장에서 우리는 지난 13년간 지구촌의 부가 아시아와 유럽에서 중국과 북미로 이동했음을 살펴보았다. 그 규모는 약 8,900조 원에 달했다. 그렇다면 이러한 대륙 간 부의 이동은 국가별로는 어떤 양상을 보이고 있을까? 〈그림 10〉은 한국, 중국, 독일, 미국, 일본, 인도, 프랑스, 영국, 브라질, 총 9개 주요 국가에 대해서 메이저리그 기업 수가 2006년에서 2019년 사이에 어떻게 변했는지를 보여준다.

관찰 1. 2006년에서 2019년 사이에 메이저리그 기업 수에 있어서 주요 9개국 중 최하위였던 중국이 미국에 이어 2위로 급부상했다.

2006년 기준 메이저리그 기업 수는 1위 미국 388개, 2위 일본 124개, 3위 영국 65개, 4위 프랑스 45개 등이었다. 한국은 17개로 주요 9개국 중 6위를 기록했다. 그런데 2019년까지 미국은 373개로 감소했음에도 1위를 유지하고 있는 반면 일본은 81개로 3위, 영국은 43개로 4위로 하락했다. 2006년 12개에 불과하던 중국의 메이저리그 기업 수가 같은 기간 동안 111개로 증가, 최하위에서 2위로 급상승하였다.

주요 9개국의 이러한 메이저리그 기업 수 변화는 13년이라는 비교적 짧은 기간 동안 일어난 괄목할 만한 현상이다. 다만 메이저리그 기업 수의 변화를 국가경쟁력 변화로 바로 해석하는 것은 주의할 필요가 있다. 대표적 예가 독일이다. 메이저리그 기업 수에서 독일은 2006년에 37개로 5위, 2019년에 29개로 6위를 기록하여 영국과 프랑스보다 낮은 순위를 차지하고 있다. 그러나 실제로 독일은 대기업 집중도가 상대적으로 높지 않고,

그림 10. 주요 9개국의 메이저리그 기업 수의 변화

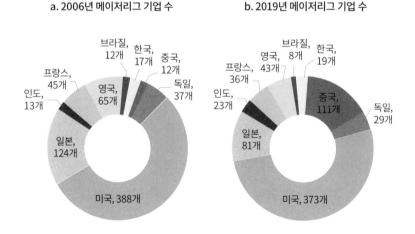

a. 2006년 메이저리그 기업 수   b. 2019년 메이저리그 기업 수

강한 중견·중소기업 비중이 높기로 유명하다. 또한 증시 상장을 하지 않는 기업의 비중 또한 작지 않은 것으로 알려져 있다. 메이저리그와 함께 아주 탄탄한 마이너리그를 가지고 있다고나 할까. 이러한 산업구조상의 특성이 메이저리그 기업 수에서 저평가되는 요인으로 작용하고 있는 것이다.

관찰 2. 메이저리그 시가총액 면에서 2006년 5,032억 달러였던 중국은 2019년 5조 5,791억 달러로 11.1배 상승, 주요 9개국 중 메이저리그 시가 총액 순위 6위에서 2위로 부상하였다.

2006년에서 2019년 사이 국가별 메이저리그 시가총액의 변화 추이는 〈그림 11〉과 같다. 동기간 중 메이저리그 시가총액 총량은 84% 성장, 배율로는 1.84배 성장하였다. 국가별 성장배율을 보면, 한국 1.93, 중국 11.09, 미국 2.09, 인도 4.04로 평균 배율 1.84를 상회한 반면 독일 1.35, 일본 0.99, 프랑스 1.23, 영국 0.92, 브라질 1.37로 평균 배율 1.84를 하회했다.

〈그림 12〉는 각 국가의 성장배율을 평균 성장배율로 나눈 값, 즉 '상대성장속도'를 도식화한 것이다. 이에 따르면, 전 세계 메이저리그 시가총액의 평균 성장배율 1.84보다 중국은 6배, 인도 2.2배, 미국 1.14배, 한국은 1.05배 더 빠르게 성장한 반면 독일 0.73배, 일본 0.54배, 프랑스 0.67배, 영국은 0.5배 더 느리게 성장했다. 지구촌 부를 놓고 벌어지는 경쟁에서 멈추지 않는 것만으로는 부족하다. 남보다 늦게 달리면 뒤처질 수밖에 없다. 상대보다 더 빨리 달려야 선두로 나갈 수 있다는 얘기다.

이렇듯 국가별 메이저리그 시가총액의 성장속도 차이는 결국 국가별

그림 11. 주요 9개국의 메이저리그 시가총액 변화 추이

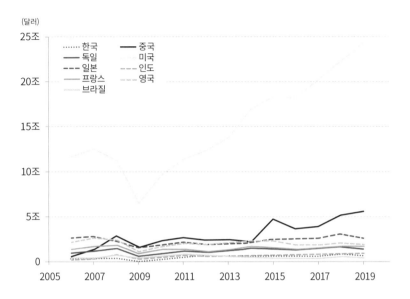

그림 12. 주요 9개국의 상대성장속도

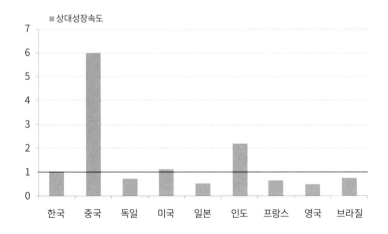

비중 변화로 이어졌고, 2019년에 가서는 그 명암이 크게 갈렸다. 메이저리그 시가총액 총량에서 각국이 차지하는 비중을 살펴보면 〈표 4〉와 같다. 눈에 띄는 긍정적 변화로는 중국이 1.9%에서 11.2%로 껑충 뛴 점, 미국이 43.0%에서 48.9%로 비중을 크게 늘린 점, 인도가 0.8%에서 1.8%로 의미있는 비중 증가를 보인 점을 들 수 있다. 반면 부정적 변화로는 일본과 영국이 각각 9.6%에서 5.2%로, 7.8%에서 3.9%로 크게 하락한 점을 들 수 있다.

관찰 3. 2006년에서 2019년 사이 중국은 메이저리그 기업 수를 크게 늘린 반면 미국은 메이저리그 기업 규모를 크게 늘렸다.

앞의 〈그림 11〉에서 보듯이 미국과 중국의 메이저리그 시가총액은 2006년에서 2019년 사이 급성장하였다. 그런데 동기간 동안 중국의 메이저리그 기업 수는 12개에서 111개로 크게 증가한 반면 미국의 메이저리그 기업 수는 388개에서 373개로 오히려 감소했다. 그 결과 중국 메이저리그 기업의 평균 시가총액은 419억 달러에서 503억 달러로 증가하는

표 4. 국가별 메이저리그 시가총액 비중 변화

	한국	중국	독일	미국	일본	인도	프랑스	영국	브라질
2006년	1.2%	1.9%	3.6%	43.0%	9.6%	0.8%	5.0%	7.8%	1.1%
2019년	1.3%	11.2%	2.6%	48.9%	5.2%	1.8%	3.3%	3.9%	0.8%
변화	0.1%	9.3%	-1.0%	5.9%	-4.4%	1.0%	-1.6%	-3.9%	-0.3%

데 그친 반면 미국 메이저리그 기업의 평균 시가총액은 301억 달러에서 654억 달러로 두 배 이상 크게 증가하였다. 중국이 숫자를 늘리는 데 치중했다면, 미국은 규모를 키우는 데 치중한 것이다.

02
중국의 주성장 산업과 간판기업들

불과 13년 만에 메이저리그 시가총액을 11.1배나 증가시킨 중국은 도대체 어떤 기업을 메이저리거로 키웠을까? 그리고 그들의 산업별 분포는 어떠한가? 기존 산업이 덩치를 키운 것인지, 새로운 산업을 메이저리그에 진입시킨 것인지? 새로운 산업, 새로운 기업을 메이저리그에 진입시켰다면 주도적 역할을 한 산업과 기업은 무엇인지? 중국의 급부상을 둘러싸고 궁금한 것이 한둘이 아니다. 〈표 5〉를 참고하여 특징적인 변화를 중심으로 살펴보기로 하자.

관찰 4. 2006년에서 2019년 사이 중국 기업의 메이저리그 진출은 전방위에 걸쳐 일어났다.

2006년 중국의 메이저리그 기업은 6개 산업섹터에 걸쳐 총 12개에 불과했다. 그러던 것이 2019년에 가서 27개 산업섹터 중 21개에 걸쳐 총 111개 기업으로 증가하였다. 무려 15개 산업섹터에서 메이저리그에의 신규 진입이 일어난 것이다. 이는 중국의 급부상이 특정 산업섹터에 한정되기보다는 거의 모든 산업섹터로 확장되어 왔음을 의미한다. 비교우위에 의해 특정 분야에서 국제경쟁력을 갖는 다른 국가와는 달리, 중국은 대륙국가로서 큰 내수시장과 큰 교역 규모에 기반, 전 분야에 걸쳐 급성장하였음을 반영하고 있는 것이다.

관찰 5. 2019년 중국 메이저리그 기업들이 포진한 주력 산업섹터는 기업 수에 있어서는 은행, 금융서비스, 건설, 식음료/담배, 자본재, 하드웨어/장비인 반면 시가총액에 있어서는 은행, 소프트웨어/서비스, 비즈니스 서비스/용품, 보험, 식음료/담배로 나타났다.

2019년 중국 메이저리그 기업을 많이 배출한 산업섹터를 보면, 1위 은행 18개사, 2위 금융서비스 14개사, 3위 건설 9개사, 4위 식음료/담배 8개사, 5위 자본재와 하드웨어/장비 각각 7개사였다. 시가총액 면에서는 1위 은행 1조 4,591억 달러, 2위 소프트웨어/서비스 6,494억 달러, 3위 비즈니스 서비스/용품 5,282억 달러, 4위 보험 4,619억 달러, 5위 식음료/담배 3,932억 달러를 기록했다.

기업 수에서 5위 안에 들지 않았으나 시가총액 면에서 5위 안에 든 산업섹터는 소프트웨어/서비스, 비즈니스 서비스/용품이다. 두 산업섹터는 최근 정보기술의 발전과 함께 급성장하고 있는 첨단 선진형 산업섹터라는 점에서 주목할 대상이다.

표 5. 중국 기업의 메이저리그 진입과 성장 추이

산업섹터	기업 수		시가총액(달러)	
	2006년	2019년	2006년	2019년
은행 Banking	3	18	1,420억	1조 4,591억
비즈니스 서비스/용품 Business Service & Supplies	0	3	0	5,282억
자본재 Capital Goods	0	7	0	1,387억
화학 Chemicals	0	1	0	220억
건설 Construction	0	9	0	2,254억
내구소비재 Consumer Durables	0	3	0	935억
금융서비스 Diversified Financials	0	14	0	3,632억
제약/바이오 Drugs & Biotechnology	0	2	0	560억
식음료/담배 Food, Drink & Tobacco	0	8	0	3,932억
의료장비/서비스 Healthcare Equip & Services	0	1	0	230억
호텔/레스토랑/레저 Hotels, Restaurants & Leisure	0	2	0	374억
생활용품 Household & Personal Products	0	4	0	1,415억
보험 Insurance	2	5	450억	4,619억
소재철강 Materials	3	5	483억	1,251억
석유/가스 Oil & Gas Operations	2	2	2,293억	3,043억
소매유통 Retailing	0	3	0	902억

소프트웨어/서비스 Software & Services	0	6	0	6,494억
하드웨어/장비 Technology Hardware & Equip	0	7	0	1,684억
정보통신서비스 Telecommunications Services	1	2	297억	919억
물류수송 Transportation	0	5	0	962억
수도전기가스 Utilities	1	4	89억	1,105억
합계	12	111	5,032억	5조 5,791억

관찰 6. 시가총액 면에서 2006년 주력 산업섹터 중 은행, 보험, 수도전기가스 섹터는 2019년까지 평균적인 성장세를 유지한 반면 소재철강, 석유/가스, 정보통신서비스 섹터는 상대적으로 퇴조세를 보이고 있다.

2006년 대비 2019년의 산업섹터별 시가총액의 성장배율은 은행 10.3, 보험 10.3, 수도전기가스는 12.5로 중국의 성장배율 평균 11.1과 유사하나, 소재철강은 2.6, 석유/가스는 1.3, 정보통신서비스는 3.1을 기록하여 평균 성장배율에 크게 밑돌고 있다. 결과적으로 2006년에서 2019년 사이에 소재철강, 석유/가스, 정보통신서비스는 퇴조세이고 은행, 보험, 수도전기가스는 보합세, 그리고 21개 산업섹터 중 나머지 15개 산업섹터는 새롭게 메이저리그에 진입, 급성장세를 보이고 있는 것이다.

관찰 7. 메이저리그에 진입하여 급성장한 산업섹터는 시가총액 순으로 소프트웨어/서비스, 비즈니스 서비스/용품, 식음료/담배, 금융서비스, 건설,

하드웨어/장비, 생활용품, 자본재 등이다.

메이저리그에 신규 진입한 중국 기업은 어떤 산업의 어떤 기업들일까? 시가총액 면에서 가장 큰 규모로 메이저리그 진입을 이룬 섹터는 소프트웨어/서비스 섹터이다. 이 섹터에서는 텐센트Tencent, 바이두Baidu, 메이투안 디엔핑Meituan Dianping, 네트이즈NetEase, 360 시큐리티 테크놀로지360 Security Technology, 아이치이iQIYI 등 6개 기업이 메이저리거로 진입, 6,494억 달러에 달하는 부를 창출했다. 그 다음 규모의 섹터는 비즈니스 서비스/용품 섹터로 알리바바Alibaba, 씨트립Ctrip.com International, 중국국제여행사China International Travel Service, 세 기업이 5,282억 달러의 시가총액을 만들어냈다.

이와 함께 주목할 만한 신규 진입 산업섹터로는 식음료/담배와 금융서비스 섹터를 들 수 있다. 진입 기업 수도 각기 8개, 14개로 괄목할 만한 수준이다. 구이저우 마오타이Kweichow Moutai, 의빈 우량예Wuliangye Yibin, 해천미업Foshan Haitian Flavouring and Food, 웬즈 푸드스터프 그룹Wens Foodstuff Group, 이리실업그룹Inner Mongolia Yili 등이 식음료/담배 섹터에서 두각을 나타낸 상위 5개사이다. 반케China Vanke, 차이나 에버그란데 그룹China Evergrande Group, 중신증권Citic Securities, 컨트리 가든 홀딩스Country Garden Holdings, 차이나 머천트 그룹China Merchants Shekou Industrial Zone Holdings 등은 금융서비스 섹터의 시가총액 상위 5개사이다.

이외 관심이 가는 섹터로 건설, 하드웨어/장비, 생활용품, 자본재 섹터를 들 수 있다. 우선 건설 섹터에서 중국건설그룹 유한공사China State

Construction Engineering, 안휘 콘치 시멘트Anhui Conch Cement, 중국교통건설 China Communications Construction, 중국중철China Railway Group, 수낙 차이나 홀 딩스Sunac China Holdings가 메이저리그에 이름을 올렸다. 하드웨어/장비 섹 터에서는 하이크비전Hikvision, 샤오미Xiaomi, BOEBOE Technology Group, 중 흥통신ZTE, 럭스셰어정밀Luxshare Precision Industry 등이 있는데 이 중 샤오 미, BOE, 중흥통신 등은 한국에도 잘 알려진 기업이다.

생활용품 섹터에는 그리가전Gree Electric Appliances, 메이디그룹Midea Group, 안타 스포츠Anta Sports Products, 칭다오 하이얼Qingdao Haier이 이름을 올렸다. 마지막으로 자본재 섹터에서는 중국중처CRRC, 중국선박중공업 China Shipbuilding Industry Corporation, CNPC 캐피탈CNPC Capital, 삼일중공Sany Heavy Industry, 국전남서NARI Technology Development가 포함되었다.

〈표 6〉은 2019년의 21개 산업섹터별 메이저리거, 총 111개 기업의 전체 명단을 보여준다. 정확한 기업 명칭을 위해 영문으로 표기하였다.

표 6. 2019년 중국의 산업섹터별 메이저리그 기업

산업섹터	기업 수	주요 메이저리그 기업 (5위 이내)
은행 Banking	18	ICBC, China Construction Bank, Agricultural Bank of China, Bank of China, China Merchants Bank, Bank of Communications, Industrial Bank, Shanghai Pudong Development, Postal Savings Bank of China(PSBC), China Citic Bank, China Minsheng Banking, China Everbright Bank, Guotai Junan Securities, Bank of Shanghai, Bank of Beijing, Huaxia Bank, Shenwan Hongyuan Group, Bank of Ningbo
비즈니스 서비스/용품 Business Svc & Supplies	3	Alibaba, Ctrip.com International, China International Travel Service

자본재 Capital Goods	7	CRRC, China Shipbuilding Industry Corporation, CNPC Capital, Sany Heavy Industry, NARI Technology Development, Weichai Power, Hengli Petrochemical
화학 Chemicals	1	Wanhua Chemical Group
건설 Construction	9	China State Construction Engineering, Anhui Conch Cement, China Communications Construction, China Railway Group, Sunac China Holdings, S.F. Holding, China Railway Construction, China Fortune Land Development, Power Construction Corporation of China
내구소비재 Consumer Durables	3	SAIC Motor, BYD, Guangzhou Automobile Group
금융서비스 Diversified Financials	14	China Vanke, China Evergrande Group, Citic Securities, Country Garden Holdings, China Merchants Shekou Industrial Zone Holdings, Poly Developments & Holdings Group, Huatai Securities, Haitong Securities, Longfor Group Holdings, GF Securities, China Merchants Securities, Guosen Securities, China Galaxy Securities, Greenland Holdings Group
제약/바이오 Drugs & Biotechnology	2	Jiangsu Hengrui Medicine, Yunnan Baiyao Group
식음료/담배 Food, Drink & Tobacco	8	Kweichow Moutai, Wuliangye Yibin, Foshan Haitian Flavouring and Food, Wens Foodstuff Group, Inner Mongolia Yili, Jiangsu Yanghe Brewery, Muyuan Foodstuff, Luzhou Lao Jiao
의료장비/서비스 Healthcare Equip & Svcs	1	Shenzhen Mindray Bio-Medical Electronics
호텔/레스토랑/레저 Hotels, Restaurants & Leisure	2	Haidilao International Holding, Yum China Holdings
생활용품 Household & Personal Products	4	Gree Electric Appliances, Midea Group, Anta Sports Products, Qingdao Haier

보험 Insurance	5	Ping An Insurance Group, China Life Insurance, People's Insurance, China Pacific Insurance, New China Life Insurance
소재철강 Materials	5	China Shenhua Energy, Baoshan Iron & Steel, China Molybdenum, Fosun International, Shaanxi Coal Industry
석유/가스 Oil & Gas Operations	2	PetroChina, Sinopec
소매유통 Retailing	3	JD.com, Pinduoduo, Suning.com
소프트웨어/서비스 Software & Services	6	Tencent Holdings, Baidu, Meituan Dianping, NetEase, 360 Security Technology, iQIYI
하드웨어/장비 Technology Hardware & Equip	7	Hikvision, Xiaomi, BOE Technology Group, ZTE, Luxshare Precision Industry, Focus Media Information Technology, Sunny Optical Technology Group
정보통신서비스 Tele communications Services	2	China Tower Corp., China Telecom
물류수송 Transportation	5	Shanghai International Port, Daqin Railway, Shanghai International Airport, China Eastern Airlines, China Southern Airlines
수도전기가스 Utilities	4	China Yangtze Power, Contemporary Amperex Technology, China National Nuclear Power, Huaneng Power International

03
중국의 국가성장전략, '중국제조 2025'

세계경제 속에서 중국경제, 특히 중국 제조업 성장을 놓고 중국정부가 추진한 국가성장전략인 '중국제조 2025China Manufacturing 2025'를 빠뜨릴 수 없다.[29] 앞의 〈그림 5〉를 보면(50쪽 참조), 중국경제의 고도성장은 이미

2005년에 시작되었으나 중국위안화 평가절하를 계기로 2015년 이후 중국은 급성장 단계로 접어든다. 중국정부가 '중국제조 2025'를 발표한 것은 2015년 5월. 그 내용은 첫째 중국이 처한 현실에 대해 정확한 진단을 하고, 둘째 제조업 성장의 분명한 목표 섹터를 10개 설정하며, 셋째 계량적 성과목표와 구체적 실천전략을 세밀하게 짜고 실행에 옮긴다는 것이다.

제조업 성장을 이끌 목표 섹터 10개는 새로운 IT_{Information Technology}, 수치제어공작기계_{Numerical control tools}, 항공우주장비_{Aerospace equipment}, 첨단조선_{Hightech ships}, 고속철도_{Railway equipment}, 친환경에너지_{Energy saving}, 신소재_{New material}, 의료장비_{Medical devices}, 농업기계_{Agricultural machinery}, 전력장비_{Power equipment}이다. 이들의 육성과 함께 2025년까지 국산화 목표를 설정하였는데, 산업용 로봇 70%, 재생에너지장비 80%, 스마트폰 칩 40%가 그것이다.

추진전략은 시장경제 메커니즘보다는 정부지원과 보조, 대규모 기금, 직간접적 정책지원을 전략적으로 구사하는 것이었고, 그 핵심에 글로벌 인수합병_{M&A}과 연구개발 기금_{R&D Funding}의 활용이 있었다. 내용적으로는 해외첨단기술의 조속한 수입과 이전이 단기적 목표였고, 그 성과는 '중국제조 2025'를 대외적으로 발표한 2015년 이전부터 나타났다. 실제로 아시아태평양 지역에서 중국의 인수합병 점유율은 2005년 7%에서 2015년 50%로 급등했고, 2013년에서 2015년 사이에 인더스트리 4.0과 관련된 특허등록 건수는 2,500여 건으로, 미국의 1,065건과 독일의 441건을 크게 상회하였다.

인수합병의 규모를 보면, 2016년에 성사된 인수합병 건만 2,490억 달러를 기록했다. 여기에는 HNA 그룹의 인그램 마이크로Ingram Micro Inc 인수(63억 달러), 하이얼 그룹의 GE 가전부문 인수(54억 달러), 캠차이나ChemChina의 크라우스마페이 그룹KraussMaffey Group 인수(10억 달러)와 신전타Syngenta AG 인수 추진(430억 달러) 등이 포함되었다. 중국정부가 '중국제조 2025'를 지원하기 위해 조성한 펀드 규모는 231억 달러로, 독일의 2억 1,300만 달러, 미국의 7천만 달러와는 비교도 되지 않을 만큼 컸다.

2015년 이후 표면화된 이른바 '중국몽'과 '중국굴기' 저변에 '중국제조 2025'가 자리 잡고 있음은 부인할 수 없다. 〈그림 5〉(50쪽)의 급성장세로만 보면, 2030년 전후해서 중국의 GDP 규모는 미국의 GDP 규모를 추월할 것처럼 보인다. 게다가 부의 척도인 시가총액의 관점에서도 2019년 현재 시가총액 순위 7위에 알리바바, 8위에 텐센트, 13위에 ICBC 은행, 28위에 중국건설은행이 자리 잡고 있다. 중국의 급성장과 G2로의 급부상을 바라보는 세계의 시선이 글로벌 비즈니스 파트너에서 잠재적 지배자에 대한 경계심으로 바뀌고 있음은 부인할 수 없다.

성장 독점에 대한 경계심은 실제 데이터를 보면 더욱 분명해진다. 2015년 현재 전 세계 자동차의 28%, 조선의 41%, 컴퓨터의 80%, 이동전화의 90%, 칼라TV의 60%, 냉장고의 50%, 에어컨의 80%, 전력의 24%, 철강의 50%가 중국에 의해 생산되고 있다.[30] 이런 규모의 생산 독점은 2005년 이후 중국의 성장 독점에 대한 인식과 함께 점차 전 세계가 풀어가야 할 중장기 과제로 부상하고 있다.

5장

신성장 산업의 등장과
산업구조 변화

01
산업섹터 간 부의 이동

대륙 및 국가 간 부의 이동과 함께 산업섹터 간 부의 이동은 장차 지구촌 부의 향방을 가늠하는 데 매우 중요한 정보이며 관점이다. 우리는 지난 13년 동안 대륙 간 부의 성장이 주로 유럽, 아시아에서 중국, 북미로 이전되어 왔음을 보았다. 또한 주요 9개국에 대한 분석을 통해서는 독일, 일본, 프랑스, 영국 같은 선진국으로부터 중국과 인도와 같은 개도국으로 상당한 부가 이전되고 있음을 확인했다. 이와 함께 중국의 급성장을 목도하면서, 중국기업의 메이저리그 진입이 27개 산업섹터 중 21개 섹터에 걸쳐 전방위로 이루어지고 있음을 알 수 있었다.

이제 남은 것은 전 세계적으로 산업섹터 간 부의 성장이 기업 수나 시가총액 면에서 어떤 방향으로 진행됐는지, 이렇게 진행된 산업섹터 간 부의 이동과 성장을 어떤 현상으로 규정지을 수 있는지에 관한 의문이다.

관찰 1. 1,000개로 한정된 메이저리그에 진입이 가장 활발히 일어난 섹터는 소프트웨어/서비스 섹터이고, 퇴출이 가장 크게 일어난 섹터는 미디어 섹터이다.

〈그림 13〉은 2006년과 2019년의 27개 산업섹터별 메이저리그 기업 수의 변화를 보여준다. 좌측일수록 줄어든 기업 수가 많은 산업섹터를, 우측일수록 늘어난 기업 수가 많은 산업섹터를 나타낸다. 메이저리그 기업 수가 줄어든 산업섹터로는 미디어가 가장 감소폭이 컸고, 수도전기가스, 정

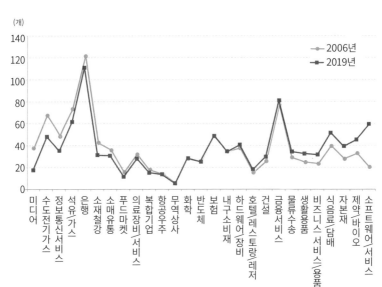

그림 13. 2006년, 2019년의 산업섹터별 메이저리그 기업 수 비교

보통신서비스, 석유/가스, 은행, 소재철강, 소매유통, 푸드마켓, 의료장비/
서비스, 복합기업 섹터 순으로 감소세가 나타났다.

항공우주, 무역상사, 화학, 반도체, 보험, 내구소비재, 하드웨어/장비, 호
텔/레스토랑/레저, 건설, 금융서비스 섹터는 메이저리그 기업 수에서 거
의 보합세이다. 메이저리그 기업 수가 뚜렷이 증가한 섹터는 소프트웨어/
서비스를 필두로 제약/바이오, 자본재, 식음료/담배, 비즈니스 서비스/용
품, 생활용품, 물류수송 섹터 순이다.

**관찰 2. 메이저리그 내 부의 이동은 성장속도가 더딘 섹터에서 성장속도
가 빠른 섹터로 무게중심이 이동하는 형태로 진행된다. 이를 견인하고 있**

그림 14. 2006년, 2019년의 산업섹터별 메이저리그 시가총액 비교

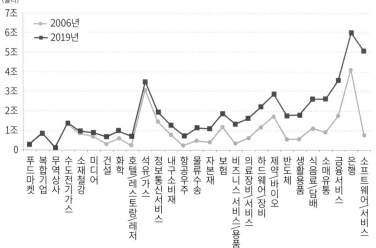

는 산업섹터는 정보와의 관련성이 높은 섹터, 즉 소프트웨어/서비스, 은행, 금융서비스, 소매유통 섹터 등으로 나타나고 있다.

사실 산업섹터 간 무게중심의 이동은 메이저리그 기업 수보다는 메이저리그 시가총액의 변화를 통해 보는 것이 보다 정확하다. 〈그림 14〉는 산업섹터별 메이저리그 시가총액이 2006년에서 2019년 사이에 얼마나 증가했는지를 보여준다. 오른쪽에 위치할수록 증가폭이 큰 산업섹터이다. 역시 시가총액 면에서 가장 큰 증가폭을 보인 섹터는 소프트웨어/서비스 섹터였다. 그 다음으로 은행, 금융서비스, 소매유통, 식음료/담배, 생활용품, 반도체, 제약/바이오, 하드웨어/장비, 의료장비/서비스, 비즈니스 서비스/용품 등의 순서였다.

관찰 3. 부의 이동은 절대적 부의 증가와 감소를 놓고 다투는 게임이 아니다. 나도 달리고 있다고 안심하면 안 된다. 순위가 처지면 결국 메이저리그에서 탈락하게 되는 상대적 게임이다.

모든 섹터에서 시가총액이 증가하고 있기 때문에 메이저리그 내에서 부를 놓고 다투는 게임은 제로섬 게임이 아니다. 포지티브섬 게임이다. 따라서 메이저리그에서의 부의 이동은 제로섬 게임에서의 부의 이동과는 다르다. 정확하게는 부가 성장 정체 또는 성장 둔화된 산업섹터에서 성장이 가속화된 산업섹터로 이동하기에 포지티브섬 게임에서 부의 무게중심이 이동하는 현상으로 봐야 한다. 모두 함께 달리는 경기에서 순위 변동이 절대속도보다 상대속도에 의해 결정되듯이, 메이저리그에서의 부의 이동은 순위 변동에 의한 무게중심 이동임을 명심할 필요가 있다.[31]

02
토끼와 거북이가 벌이는 선두경쟁

〈그림 14〉에서는 2006년부터 2019년 사이에 시가총액의 증가 규모가 큰 산업섹터를 순위별로 살펴보았다. 그런데 메이저리그에서의 부의 이동이 갖는 의미를 감안할 때, 절대액수의 증가 못지않게 상대성장속도를 살펴보는 것이 중요하다. 2006년에서 2019년까지 메이저리그의 시가총액

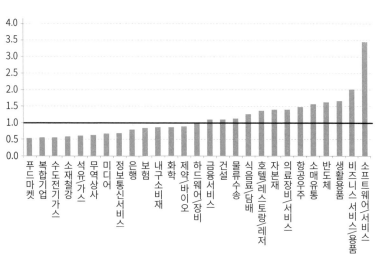

그림 15. 27개 산업섹터별 상대성장속도

은 27조 1,530억 달러에서 49조 9,470억 달러로 1.84배 증가하였다. 그렇다면 시총 총액의 성장배율 대비 개별 산업섹터의 시총 성장배율은 상대적으로 어떠할까? 〈그림 15〉는 27개 산업섹터의 시총 성장배율을 메이저리그 전체 시총 성장배율로 나눈 값, 즉 상대성장속도를 보여준다.

관찰 4. 성장속도를 놓고 겨루는 글로벌 부의 쟁탈전에서, 일명 '토끼' 그룹을 형성하고 있는 섹터는 소프트웨어/서비스와 비즈니스 서비스/용품 섹터 등이다. 반면, 일명 '거북이' 그룹을 형성하고 있는 섹터는 푸드마켓, 복합기업, 수도전기가스 섹터 등이다.

지난 13년 동안 시총의 상대성장속도가 가장 빠른 섹터는 역시 소프트웨어/서비스이다. 이 섹터의 상대성장속도는 3.44로서 시총 총액의 성장속도보다 3.44배 빠르게 성장하고 있음을 말하고 있다. 그 다음으로 빠른 상대성장속도를 보이는 섹터는 비즈니스 서비스/용품 섹터이다. 이 섹터의 상대성장속도는 2.00으로 이 섹터가 평균 대비 두 배 빠르게 성장하고 있다는 뜻이다. 그 뒤를 이어 생활용품, 반도체, 소매유통, 항공우주, 의료장비/서비스, 자본재, 호텔/레스토랑/레저 섹터 등이 차이를 두고 부상하고 있다.

이와 대조적으로 상대성장속도가 가장 더딘 섹터는 푸드마켓 섹터로 0.54를 기록하고 있다. 개략적으로 메이저리그 기업이 한걸음 갈 때, 이 섹터는 반걸음 간다는 뜻이다. 거의 같은 수준에 있는 섹터로, 복합기업과 수도전기가스 섹터를 들 수 있다. 이들 섹터 역시 처지가 대동소이하다. 이

보다는 조금 낮지만, 여전히 상대순위가 처지고 있는 섹터로 소재철강, 석유/가스, 무역상사, 미디어, 정보통신서비스 섹터 등을 들 수 있다.

이러한 산업섹터의 부침이 의미하는 바는 무엇일까? 이는 부상하는 섹터에서는 시가총액이 빠르게 성장하거나 메이저리그 기업의 진입이 늘고 있는 반면, 정체되고 있는 섹터에서는 시가총액이 감소하거나 메이저리그에서 아예 탈락하는 기업이 늘고 있음을 의미한다. 이러한 구조 변화를 정확하게 진단하기 위해 섹터별 메이저리그 기업 수와 시총의 상대성장속도를 2차원 평면상에 도식화하면 〈그림 16〉과 같다.

그림 16. 메이저리그 기업 수와 시총의 상대성장속도

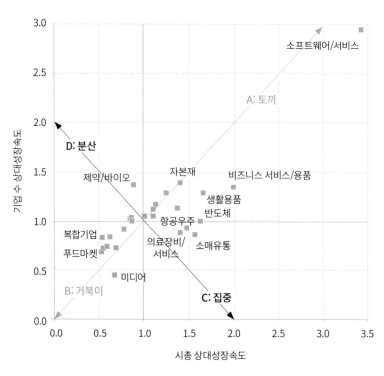

관찰 5. 지구촌 메이저리그에서의 부의 이동 양상은 산업섹터별로 구조적 차이를 보이고 있다. 산업구조 변화의 양상은 (토끼, 거북이), (집중, 분산) 의 조합에 따라 네 가지로 나뉜다.

〈그림 16〉에서 시총 상대성장속도, 기업 수 상대성장속도 (1.0, 1.0)을 기점으로 우상향은 시총과 기업 수의 상대성장속도가 1보다 큰 구간이다. 이 구간에 위치한 섹터는 상대적 순위 경쟁에서 앞서가는 섹터를 나타낸다. 이 구간의 명칭을 'A: 토끼'라고 한 이유도 여기에 있다. 이 구간에서 큰 격차를 보이며 단독 선두를 달리고 있는 섹터는 소프트웨어/서비스이며, 그 뒤를 비즈니스 서비스/용품, 생활용품, 자본재가 달리고 있다.

흥미로운 것은 비즈니스 서비스/용품 섹터와 자본재 섹터의 차이이다. 두 섹터의 기업 수 상대성장속도는 비슷하지만 시총의 상대성장속도는 비즈니스 서비스/용품 섹터가 상대적으로 크다. 이는 같은 'A: 토끼' 그룹에 있다 하더라도, 자본재 섹터보다 비즈니스 서비스/용품 섹터 기업들의 평균 시총이 더 빠르게 성장하고 있음을 의미한다. 바로 상대적 시장집중도를 더 키워가고 있다는 뜻도 된다.

(1.0, 1.0)을 기점으로 우하향 구간을 'C: 집중'으로 명명한 이유도 바로 여기에 있다. 이 영역은 기업 수 상대성장속도가 1보다 작은 반면, 시총의 상대성장속도가 1보다 크기에 상대적 시장집중도가 뚜렷이 커지는 섹터이다. 이 구간에 속하는 대표적 섹터로 반도체, 소매유통, 항공우주, 의료장비/서비스가 있다.

(1.0, 1.0)을 기점으로 좌하향 구간은 'B: 거북이'다. 기업 수나 시총, 모

든 면에서 1보다 작은 상대성장속도를 보이고 있어 상대적 순위 경쟁에서 밀리고 있는 섹터이다. 대표적 섹터로 푸드마켓, 복합기업, 미디어를 들 수 있다. 단, 같은 'B: 거북이' 그룹에 있더라도 푸드마켓과 미디어 섹터 간에는 차이가 있다. 〈그림 16〉을 보면, 'A: 토끼'와 'B: 거북이'를 잇는 선을 기점으로 미디어는 오른편에, 푸드마켓은 왼편에 위치한다. 미디어 섹터에서는 기업 수가 감소하고 있음에도 개별 메이저리그 기업의 시총은 커져 상대적 시장집중도가 커지는 반면, 푸드마켓은 기업 수와 시총이 함께 줄어드는 모습을 보이고 있다. 같은 좌하향 구간에 있지만 구조적 차이가 있는 것이다.

마지막으로 (1.0, 1.0)을 기점으로 좌상향 구간 역시 흥미로운 구간이다. 기업 수는 늘고 있는데, 시총의 상대성장속도는 더뎌 평균 시총의 감소가 예상된다. 이 구간을 'D: 분산'으로 명명한 이유가 여기에 있다. 이 구간에 속하는 대표적 섹터이면서 유일한 섹터가 바로 제약/바이오이다. 이 섹터에서는 기업 수는 늘고 있는데, 그에 걸맞게 시총이 늘지 않아 실질적으로는 섹터 내 기업들의 평균 시총이 줄어드는 분산화가 진행되고 있다.

03
산업섹터 간 물갈이 경쟁

메이저리그 기업 수에 큰 변동이 없다고 해서 그 섹터가 안정적인 섹터인 것은 아니다. 예컨대 2006년에서 2019년 사이에 항공우주, 무역상사,

화학, 반도체, 보험, 내구소비재, 하드웨어/장비 섹터는 메이저리그 기업 수의 변화가 거의 없었다. 그런데 이들 섹터 내에서 구성원의 교체는 지속적으로 일어나고 있다. 이른바 '물갈이'다.

관찰 6. 메이저리그에서는 기업의 지속적인 진입과 퇴출이 진행된다. 그 결과 어느 산업섹터에서도 크던 작던 물갈이는 계속되고 있다.

그림 17. 2006년~2019년간 진입/퇴출기업 수 비율

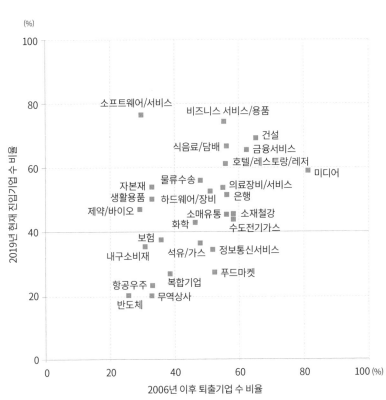

〈그림 17〉은 각 섹터별 진입기업 수 비율과 퇴출기업 수 비율을 이차원 평면에 보여주고 있다. 우선 x축은 2006년을 기준으로 2019년까지 퇴출된 기업 수를 2006년의 기업 수로 나눈 값, 즉 퇴출기업 수 비율을 나타낸다. 반면 y축은 2019년을 기준으로 2006년 이후 진입한 기업 수를 2019년 기업 수로 나눈 값, 즉 진입기업 수 비율을 나타낸다. 따라서 2006년과 2019년 사이에 총 기업 수에 있어서 큰 변화가 없어 보이는 산업섹터라 하더라도 실제 내부에서는 예상과 달리 매우 역동적인 진입과 퇴출이 일어나고 있음을 알 수 있다.

기업 수의 변동이 작은 항공우주, 무역상사, 화학, 반도체, 보험, 내구소비재, 하드웨어/장비 섹터 중 반도체 섹터는 진입률 20%, 퇴출률 26%로 가장 안정적인 산업 특성을 보이고 있다. 반면 하드웨어/장비 섹터는 진입률 53%, 퇴출률 51%로 가장 활발한 물갈이가 진행되고 있다. 〈그림 17〉은 이 양극단 사이에서 화학, 보험, 내구소비재, 항공우주, 무역상사 섹터의 물갈이가 활발하게 진행되고 있음을 보여준다.

관찰 7. 메이저리그에서 일어나고 있는 지속적 물갈이의 결과 소프트웨어/서비스, 자본재, 비즈니스 서비스/용품, 제약/바이오, 생활용품 섹터에서는 지속적 유입이 진행되고 있는 반면, 미디어, 푸드마켓, 정보통신서비스 섹터에서는 지속적 퇴출이 일어나고 있다.

〈그림 18〉은 〈그림 17〉을 변형하여 x축에서는 섹터 내 기업의 교체율, 즉 진입기업 수 비율 + 퇴출기업 수 비율을, y축에서는 섹터 내 순 진입률,

즉 진입기업 수 비율 – 퇴출기업 수 비율을 볼 수 있도록 다시 그린 것이다. 〈그림 18〉에서 x축상 우측에 위치할수록 섹터 내 기업들이 많이 바뀌는 역동적 섹터를 나타내고, 좌측에 위치할수록 섹터 내 기업들이 잘 안 바뀌는 안정적인 섹터를 나타낸다. 반면 y축의 값은 순 진입률로 값이 0보다 큰 섹터는 순 진입이 플러스인 섹터를, 0보다 작은 섹터는 순 진입이 마이너스인 섹터를 나타낸다.

분석 결과에 따르면, 2006년부터 2019년까지 가장 역동적인 기업 교

그림 18. 2006년~2019년간 진입/퇴출 양태 비교

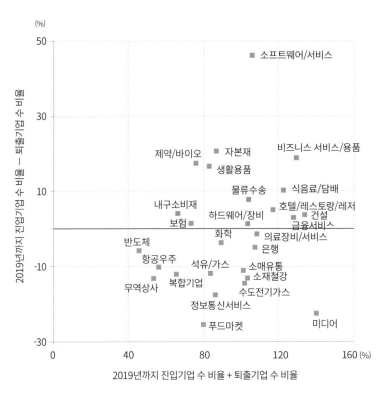

체가 일어난 섹터는 미디어 섹터이다. 동기간 동안 82%의 기업이 퇴출됐고 59%의 기업이 진입했다. 거의 대부분의 기업이 물갈이되었다는 뜻이다. 다만 높은 퇴출률 대비 진입률이 다소 낮아서, 절대적 기업 수는 38개에서 17개로 대폭 감소하였다. 건설 섹터는 65%의 기업이 퇴출됐고 69%의 기업이 진입하여 전체 기업 수는 26개에서 29개로 소폭 증가했지만, 과반수의 기업이 바뀌었다. 비즈니스 서비스/용품 섹터 역시 매우 역동적으로 기업 교체가 일어난 섹터이다. 56%의 기업이 퇴출됐고 74%의 기업이 진입했다. 그 결과 총 기업 수는 18개에서 31개로 대폭 증가했다.

관찰 8. 메이저리그 내 기업의 구성이 가장 안 바뀌는, 즉 가장 안정적인 산업섹터는 반도체 섹터이다.

〈그림 18〉에서 가장 좌측에 위치한 섹터, 즉 진입률과 퇴출률의 합계가 가장 작은 섹터는 반도체 섹터이다. 이 섹터는 2006년 27개의 메이저리거가 있었으나, 7개 기업이 퇴출되어 26%의 퇴출률을 보였고, 이후 2019년까지 5개의 기업이 메이저리그에 합류, 2019년 기준 진입률 20%를 보이고 있다. 진입률과 퇴출률의 합계 46%는 27개 섹터 중에서 가장 낮은 수치이다. 이는 반도체 산업이 가지고 있는 규모의 경제와 높은 수준의 기술 요구가 매우 큰 진입장벽으로 작용하고 있음을 의미하는 것이다. 더욱이 2006년에서 2019년 사이에 반도체 섹터의 시총이 5,923억 달러에서 1조 7,717억 달러로 약 세 배 성장한 점을 감안하면, 높은 진입장벽은 반도체 섹터의 산업집중도를 크게 높이고 있음을 알 수 있다.

04
산업구조 변화의 유형과 성과

지금까지 우리는 2006년부터 2019년 사이에 일어난 산업섹터 간 부의 이동을 '토끼' 산업/'거북이' 산업, 그리고 역동적인 산업/안정적인 산업의 관점에서 비교해 보았다. 그러면 이러한 산업섹터별 변화의 길에는 일정한 패턴이 존재할까, 존재한다면 그것은 무엇일까? 〈표 7〉은 이러한 목적으로 산업구조 변화의 유형을 9가지로 나누고, 어느 산업섹터가 어느 유형에 속하는지를 분류해 본 것이다.

분류 기준은 다음과 같다. 첫째, 메이저리그 전체의 시총 성장배율인 1.84 대비 높은 성장률을 보이는 섹터는 '고성장', 성장배율이 1.2~

표 7. 산업구조 변화의 9가지 유형

	저성장	중성장	고성장
구조 개편	소재철강(1.09), 복합기업(1.00), 석유/가스(1.13), 수도전기가스(1.02), 푸드마켓(0.99)	정보통신서비스(1.28), 미디어(1.25), 화학(1.61), 은행(1.45)	식음료/담배(2.31), 물류수송(2.09), 건설(2.05), 하드웨어/장비(1.86), 소매유통(2.89), 의료장비/서비스(2.60), 호텔/레스토랑/레저(2.53), 금융서비스(2.02)
지속	무역상사(1.16)	제약/바이오(1.64), 내구소비재(1.59), 보험(1.56)	생활용품(3.06), 반도체(2.99), 항공우주(2.72), 자본재(2.58)
신규	·	·	소프트웨어/서비스(6.32), 비즈니스 서비스/용품(3.69)

1.84인 섹터는 '중성장', 성장배율이 1.2 이하인 섹터는 '저성장'으로 분류하였다. 둘째, 퇴출기업 수 비율에 있어 45% 이상이면 '구조개편', 45%보다 작으면 '지속', 퇴출기업 수 비율과 상관없이 진입기업 수 비율이 70%를 상회하면 '신규'로 분류하였다. 이렇게 산업섹터들을 구조 변화 유형별로 분류한 결과, 다음과 같은 결과를 얻을 수 있었다.

관찰 9. (구조개편/저성장 산업군): 구조개편 후 저성장 산업군에 속하는 산업섹터는 시총 성장배율 순으로 석유/가스, 소재철강, 수도전기가스, 복합기업, 푸드마켓 섹터이다.

이 산업군은 퇴출기업 수 비율이 39%~59%에 달하면서 시총의 성장배율이 평균값인 1.84에 훨씬 못 미치는 0.99~1.13 수준에 머물고 있는 산업섹터의 집합이다. 이 중 성장이 가장 부진한 섹터는 푸드마켓 섹터로 시총의 절대값 자체가 유일하게 줄어들었다.

관찰 10. (구조개편/중성장 산업군): 구조개편 후 중성장 산업군에 속하는 산업섹터는 시총 성장배율 순으로 화학, 은행, 정보통신서비스, 미디어 섹터이다.

구조개편/중성장 산업군에 속하는 산업섹터는 퇴출기업 수 비율이 47%~82%에 달하면서 시총 성장배율은 1.28~1.61에 달하는 산업섹터이다. 미디어 섹터의 경우 퇴출기업 수 비율이 82%로, 이 그룹에 속한 섹터들 가운데 가장 컸다. 미디어 섹터가 기업 수로 보면 38개에서 17개로 반토막 이하로 떨어졌음에도 시총이 1.25배 성장한 것은 M&A 같은 대형화가 진행된 결과로 보인다.

2008년 말 글로벌 금융위기를 겪으면서 은행 섹터는 124개 중 70개가 메이저리그에서 퇴출되었고, 2019년까지 57개가 신규 진입하였다. 이러한 대대적 구조개편을 겪으면서 은행 섹터의 시총은 메이저리그 평균인 1.84에는 못 미쳤지만, 1.45를 기록해 상당 수준 회복하는 데 성공했다. 정보통신서비스는 시장의 기대와 달리 48개 중 25개가 퇴출되고 12개가 신규 진입하여 2019년 35개로 축소되었다. 이러한 기업 수 감소 때문에 시총의 성장배율은 평균 1.84에 크게 못 미치는 1.28에 머물렀다.

관찰 11. (구조개편/고성장 산업군): 구조개편 후 고성장 산업군에 속하는 산업섹터는 시총 성장배율 순으로 소매유통, 의료장비/서비스, 호텔/레스토랑/레저, 식음료/담배, 물류수송, 건설, 금융서비스, 하드웨어/장비 섹터이다.

구조개편/고성장 산업군에 속한 산업섹터는 퇴출기업 수 비율이 48%~65%에 달하면서 시총 성장배율은 1.86~2.89에 달하는 산업섹터이다. 섹터 내 기업의 과반수 이상이 퇴출되는 구조개편을 겪었지만 시총은 메이저리그 평균 성장배율 1.84를 상회하는 성장세를 보이고 있는 산업섹터들이다. 이 그룹에 속한 산업섹터 중 구조개편과 함께 가장 큰 성장세를 보이는 섹터는 단연 소매유통 섹터이다.

관찰 12. (지속/저성장 산업군): 지속/저성장 산업군에 속하는 산업섹터는 무역상사 섹터이다.

무역상사 섹터는 2006년 현재 6개 기업, 그리고 2019년 현재 5개 기업으로 구성된 가장 소규모의 산업섹터이다. 그 결과 시총 규모도 27개 산업섹터 중 최하위이고, 지난 13년간 시총의 성장배율도 1.16에 머물고 있다. 이는 이 섹터가 현상유지는 하고 있으나 조만간 구조조정 압력에 직면할 가능성이 점차 커질 것임을 시사한다.

관찰 13. (지속/중성장 산업군): 지속/중성장 산업군에 속하는 산업섹터는 시총 성장배율 순으로 제약/바이오, 내구소비재, 보험 섹터이다.

이 산업군은 퇴출기업 수 비율이 29%~36%에 달하면서 시총의 성장배율은 1.56~1.64를 보이는 산업섹터의 집합이다. 섹터 내 기업 수 변화가 그리 크지 않은 상태에서 성장세는 평균 수준에 조금 못 미치는 산업섹터이다. 이 산업군에 속하면서 우리의 관심을 끄는 섹터로 제약/바이오와 내구소비재 섹터가 있다. 제약/바이오는 미래 성장산업의 후보로 주목을 받는 섹터이고, 내구소비재는 전 세계 자동차기업의 다수가 속해 있는 산업섹터이다.

제약/바이오 섹터는 기업 수로 볼 때 2006년 34개에서 2019년 45개로 많이 늘어난 반면 시총 성장배율은 기대에 못 미치는 1.64에 머물고 있다. 이는 제약/바이오 섹터 내 메이저리그 기업들의 특허 만료가 도래하는 상황에서 메이저리그에 신규 진입한 기업들의 성장세가 기대만큼 빠르게 늘지 못하는 현실을 반영하고 있다. 내구소비재 섹터는 총 기업 수에서 큰 변화가 없음에도 성장세가 1.59에 머물고 있는 것은 자동차산업이 현재 구조개편의 압력에 직면하고 있음을 반영하고 있는 것이다.

관찰 14. (지속/고성장 산업군): 지속/고성장 산업군에 속하는 산업섹터는 시총 성장배율 순으로 생활용품, 반도체, 항공우주, 자본재 섹터이다.

이 산업군은 퇴출기업 수 비율이 26%~33%로 비교적 안정적인 산업 구조를 유지하고 있는 산업군이다. 이 산업군에서 성장배율이 3.06으로 가장 높은 성장세를 보이고 있는 섹터는 생활용품이고 상대적으로 낮은 성장세를 보인 섹터는 자본재이다. 관심대상인 반도체 섹터는 2006년에서 2019년 사이 기업 수가 27개에서 25개로 줄었음에도 불구하고 시총의 성장배율은 약 세 배에 달하고 있다. 자본재와 생활용품 섹터의 시총 상승이 메이저리그 기업 수의 증가에 힘입은 점과 비교하면 반도체 섹터의 시총 성장은 매우 괄목할 만한 성장세라고 할 수 있다.

관찰 15. (신규/고성장 산업군): 신규/고성장 산업군에 속하는 산업섹터는 소프트웨어/서비스 섹터와 비즈니스 서비스/용품 섹터이다.

27개 산업섹터 중 지난 13년 동안 가장 괄목할 만한 성장 패턴을 보인 섹터는 소프트웨어/서비스 섹터와 비즈니스 서비스/용품 섹터이다.

2006년에서 2019년 사이에 비즈니스 서비스/용품 섹터의 기업 수는 18개에서 31개로, 소프트웨어/서비스 섹터의 기업 수는 20개에서 59개로 대폭 증가하였다. 그 결과 두 섹터의 시가총액은 각각 3.69배, 6.32배 성장하였다. 비즈니스 서비스/용품 섹터의 경우 2019년 시총의 80%가 신규 진입한 기업에서 창출된 반면, 소프트웨어/서비스 섹터는 44%가 신규 진입한 기업에서 창출되었다. 이는 2006년에 이미 시장에 존재했던 소프트웨어/서비스 섹터 기업의 성장기여도가 비즈니스 서비스/용품 섹터 기업에 비해 상대적으로 매우 큼을 반영하는 것이다.

6장

메이저리그 기업의
흥망성쇠

01
루키, 메이저리거, 마이너리거의 구분

글로벌 톱 1000 메이저리그 기업들이 벌이는 부의 전쟁은 인간사의 흥망성쇠를 연상시킨다. 어느 날 갑자기 급부상하여 메이저리그에 편입한 이후 승승장구하는 루키가 있는가 하면, 힘들게 진입한 메이저리그에서 탈락해 다시 마이너리그로 떨어지는 메이저리거도 있다. 메이저리그에서의 게임 규칙은 게임종목별로, 전쟁터에 따라 계속 바뀌고 수정된다. 이런 메이저리그에 진입하는 것도 어렵지만 진입 후 메이저리그에 남아 계속 버티는 것은 더 어렵다.

〈그림 19〉는 2006년 시총 순위 대비 2019년 시총 순위를 도식화한 것으로 정보통신서비스 섹터의 루키, 메이저리거, 마이너리거를 예시적으로 보여주고 있다. 좌측 상단의 기업들은 2006년에는 명단에 없었으

나 2019년까지 메이저리그에 들어온 루키이고, 최우측 경계상의 기업은
2006년에는 메이저리그에 있었으나 2019년까지 메이저리그에서 탈락하
여 마이너리그로 떨어진 기업들이다.

정보통신서비스 섹터 기업들의 흥망성쇠는 매우 역동적이다. 2006년
48개 메이저리거를 보유했던 섹터이지만, 그 사이 무려 25개 기업이 퇴출
되고 12개 루키가 진입했다. 2019년 현재 이 섹터에서 메이저리거로 가장
탄탄히 자리를 지키고 있는 기업은 버라이즌Verizon Communications, AT&T,
차이나 모바일China Mobile이다. 지역성이 강한 정보통신서비스의 특성상

그림 19. 루키, 메이저리거, 마이너리거의 구분

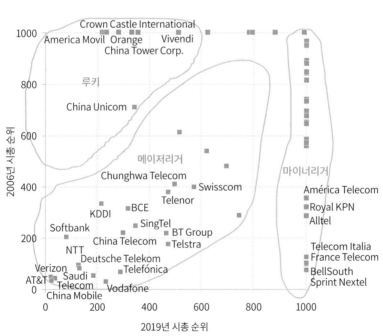

차이나 모바일이 선두그룹을 형성하고 있는 것은 중국통신시장의 규모 때문이다.

미국과 중국 외 시장을 살펴보면, 일본의 NTT, 소프트뱅크Softbank, KDDI, 독일의 도이치텔레콤Deutsche Telekom, 사우디아라비아의 사우디텔 레콤Saudi Telecom, 영국의 보다폰Vodafone, 프랑스의 오렌지Orange, 스페인의 텔레포니카Telefónica, 캐나다의 ECE, 싱가포르의 싱텔SingTel 등이 메이저 리거로 시장을 지배하고 있다.

정보통신서비스 섹터에서 가장 관심을 끄는 루키로, 크라운 캐슬Crown Castle과 차이나 타워China Tower Corp가 있다. 크라운 캐슬은 4만 개 이상의 이동전화 기지국 타워와 7만 마일 이상의 광케이블을 임대하는 정보통 신 인프라 사업자이다. 크라운 캐슬이 근년 들어 빠르게 성장한 배경에는 이동통신시장이 5G로 진화하면서 더 많은 소형 기지국과 더 큰 용량의 광케이블이 필요해지는 상황이 자리 잡고 있다.[32] 같은 비즈니스 모델의 차이나 타워는 중국의 3개 통신기업인 차이나 모바일China Mobile, 차이나 유니콤China Unicom, 차이나 텔레콤China Telecom의 통신 인프라 설비 부문 을 합쳐서 만든 기업이다.[33] 설립년도가 2014년임에도 2019년 시총 순위 239위를 기록하고 있으니, 초고속 승진한 루키인 셈이다.

이와 대조적으로 한때 영화를 누리다가 지금은 마이너리그로 떨어진 기업도 있다. 스프린트 넥스텔Sprint Nextel, 벨사우스BellSouth, 프랑스텔레 콤France Telecom, 텔레콤이탈리아Telecom Italia, 알리텔Alitel, 로얄 KPNRoyal KPN, 아메리카텔레콤America Telecom이 그들이다. 한국기업으로 KT는 2006년까지 시총 순위 673위를 기록하면서 메이저리거로 활동했으나

2019년 현재 마이너리거에 머물고 있다.

그렇다면 정보통신서비스와 융합 추세에 있는 미디어 섹터는 어떨까? 〈그림 20〉은 미디어 섹터 내 구조개편의 모습을 보여준다. 이 섹터는 2006년 38개 메이저리거로 출발했으나, 이 중 무려 31개가 마이너리그로 퇴출되었다. 정보통신 기업에 인수된 기업은 역사 속으로 사라졌고, 인터넷 미디어 세상에서 콘텐츠 차별화를 꾀한 소수의 기업만 살아남았다.

2019년까지 메이저리그에서 퇴출된 기업으로는 타임워너Time Warner, 뉴스코프News Corp, 비방디 유니버설Vivendi Universal, 비아콤Viacom, 리버티미디어Liberty Media, 다이렉트TVDirectv, 엘스비어Reed Elsevier, 맥그로힐

그림 20. 미디어 섹터의 루키, 메이저리거, 마이너리거

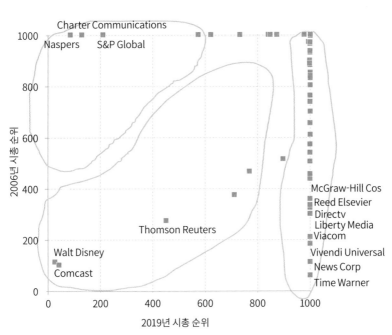

McGraw-Hill 등이 있다. 타임워너는 2016년 AT&T에게 인수되었고, 뉴스코프는 2013년 새로운 뉴스코프를 분사한 이후 2019년 월트디즈니에 인수되었다.

글로벌 인수합병의 폭풍에도 굳건히 버티고 있는 메이저리거로 컴캐스트Comcast, 월트디즈니Walt Disney, 톰슨 로이터Thomson Reuters가 있다. 또한 이 험한 섹터에 새롭게 진입한 루키로는 내스퍼스Naspers, 차터커뮤니케이션즈Charter Communications, S&P 글로벌S&P Global이 있다. 미디어 섹터 기업의 흥망성쇠를 보면서 '아무리 척박한 땅에서도 차별화와 전문화로 무장한 기업은 새싹을 틔울 수 있다'는 교훈을 얻는다.

역동적인 구조개편 과정을 통해 고성장을 구가하고 있는 하드웨어/장비 섹터는 조금 다른 스타일의 생존전략을 갖고 있다. 차별화를 통한 방어적 생존이 아니라 기술혁신 기반의 신시장 개척을 통해서 공격적 생존전략을 모색해가는 것이다. 〈그림 21〉은 하드웨어/장비 섹터의 혁신기업을 보여준다.

이 섹터에서 가장 혁신적인 기업을 꼽는다면 단연 애플을 들 수 있다. 2006년부터 2019년까지 13년 동안 애플은 시가총액을 580억 달러에서 9,610억 달러로 16배 이상 끌어 올려 2019년 현재 시총 1위를 기록 중이다. 시스코 시스템즈Cisco Systems 역시 1,250억 달러에서 2,480억 달러로 시총을 약 두 배 가량 상승시켜 순위를 28위에서 21위로 일곱 계단 끌어올렸다. 이 섹터 주요 메이저리거 중 일본의 비중은 매우 커서 소니Sony, 무라타제작소Murata Manufacturing, 히타치Hitachi, 호야Hoya, 교세라Kyocera, 파나소닉Panasonic, 후지필름Fujifilm Holdings 등의 기업이 메이저리그에 이름을 올렸다.

그 외 대만의 홍하이정밀Hon Hai Precision, 핀란드의 노키아Nokia, 스웨
덴의 에릭슨Ericsson이 있으나, 노키아와 에릭슨은 미국의 델테크놀로지,
HP, 코닝과 마찬가지로 주도력을 상당히 잃은 상태이다. 치열한 경쟁 속
에서 많은 메이저리거가 한때의 영광을 뒤로 한 채 마이너리그로 떨어졌
는데, 모토로라Motorola, 이엠씨EMC, 아카텔Alcatel, 샤프Sharp, 선마이크로
시스템즈Sun Microsystems, 리서치인모션Research in Motion, 노텔네트웍스Nortel
Networks가 대표적 예이다.

하드웨어/장비 섹터는 루키에 의한 메이저리거 교체가 빠르게 이루

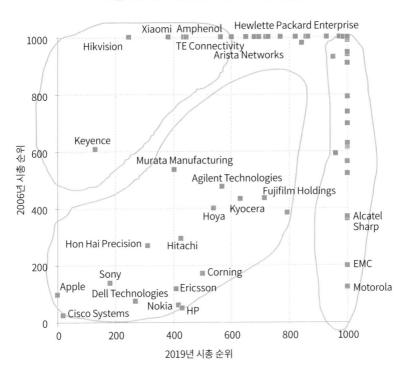

그림 21. 하드웨어/장비 섹터의 혁신기업들

어지는 섹터 중 하나다. CCTV 카메라로 잘 알려진 하이크비전Hikvision, 스마트폰 및 전자기기를 생산하는 샤오미Xiaomi, 세계 최대의 LCD 및 OLED 디스플레이 생산업체인 BOEBOE Technology Group, 스마트폰과 통신장비 및 네트워크 솔루션을 공급하는 중흥통신ZTE은 대표적 중국 루키이다.

이와 함께 통신/광케이블 생산업체인 미국의 암페놀Amphenol, 네트워크 스위치와 SDNSoftware Defined Network 솔루션을 공급하는 아리스타 네트웍스Arista Networks, HP로부터 분사한 기업용 IT 전문기업 HP 엔터프라이즈Hewlett Packard Enterprise, 산업용 IoT 센서를 공급하는 스위스의 TE 커넥티비티TE Connectivity가 관심이 가는 유망주이다. 한국기업으로는 삼성 SDISamsung SDI가 2019년 메이저리그에 진입하였다.

혁신성은 높으나 시장진입 장벽 역시 매우 높아, 루키보다는 기존 메이저리거의 경쟁력이 돋보이는 산업섹터가 있다. 바로 제약/바이오 섹터와 반도체 섹터이다. 〈그림 22〉는 제약/바이오 섹터의 루키, 메이저리거, 마이너리거를 보여준다. 제약/바이오 섹터에서는 간혹 루키가 최상위권으로 진입하기도 하지만, 그보다 훨씬 많은 메이저리거가 최상위권에서 탄탄하게 자리를 잡고 있다.

이 섹터의 터줏대감으로는 화이자Pfizer, 로쉐Roche Holding, 노바티스 Novatis, 애보트 래버러토리스Abbott Laboratories, 일라이릴리Eli Lilly, 암젠 Amgen, 사노피Sanofi, 아스트라제네카AstraZeneca, 글락소스미스클라인 GlaxoSmithKline, 브리스톨 마이어스Bristol-Myers Squibb, 다케다 제약Takeda Pharmaceutical 등이 있다. 한편 루키는 아니더라도 급성장하는 기업으로 생

명공학기업 질리드 사이언시즈Gilead Sciences, 노보 노르디스크Novo Nordisk,

머크Merck, 바이오젠Biogen, 엘러간Allergan, 셀진Celgene이 관심을 끈다.

루키로는 수많은 인수합병을 거쳐 몸집을 빠르게 키우고 있는 머크앤

코Merck & Co, 애보트 래버러토리스Abbott Laboratories에서 분사된 애브비

AbbVie, 약국 체인인 CVS 헬스CVS Health, 호주의 생명공학기업 CSL, 미국

의 조에티스Zoetis, 월그린 부츠얼라이언스Walgreens Boots Alliance 등이 있고

이들은 향후 많은 성장 가능성을 보유하고 있는 기업이다.

〈그림 23〉의 반도체 섹터 역시 터줏대감들이 상위 메이저리거 자

그림 22. 제약/바이오 섹터의 루키, 메이저리거, 마이너리거

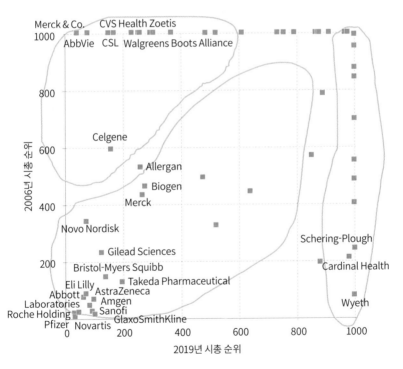

리에서 버티고 있는 섹터이다. 대표적인 터줏대감을 꼽자면 삼성전자 Samsung Electronics와 인텔Intel을 들 수 있고, TSMCTaiwan Semiconductor, 퀄컴 Qualcomm, 텍사스 인스트루먼트Texas Instruments 역시 이 분야의 올드보이다. 이외에도 브로드컴Broadcom, 엔비디아NVIDIA, ASMLASML Holding을 위시하여, 다국적 반도체소자 생산기업인 아날로그 디바이스Analog Divices, 반도체 장비 및 재료 분야의 강자인 어플라이드 머티어리얼즈Applied Materials, 오랫동안 인텔의 대항마로 자리잡은 AMDAdvanced Micro Devices, 그리고 반도체, 패널디스플레이, 태양전지 장비업체인 일본의 도쿄 일렉트

그림 23. 반도체 섹터의 루키, 메이저리거, 마이너리거

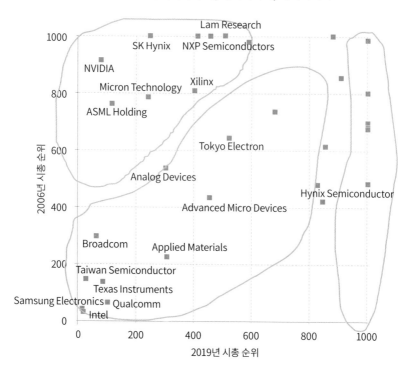

론Tokyo Electron도 전통의 메이저리거이다.

부상하는 루키로는 자동차용 반도체 분야 선두업체인 NXP 반도체 NXP Semiconductor, 웨이퍼 제조장비 공급 및 서비스를 하는 램 리서치Lam Research가 있다. 램 리서치는 2019년 11월 용인시에 반도체연구개발센터를 건립하는 업무협약을 체결하여 한국 언론의 주목을 받았다. 그외 루키를 꼽자면 GPUGraphics Processing Unit를 창안한 엔비디아, 네덜란드의 반도체 장비회사 ASML, 다양한 메모리반도체를 생산하는 마이크론 테크놀로지Micron Technology, 비메모리반도체 FPGAField Programmable Gate Array 시장의 강자 자일링스Xilinx가 있다.

뛰어난 혁신기술을 갖고 시장에 진입하여 예외적인 고성장을 이끌고 있는 대표적 섹터는 바로 소프트웨어/서비스 섹터이다. 지난 13년 동안 이 섹터에서는 6개 기업이 퇴출된 반면 무려 45개 루키가 새롭게 진입, 2019년 현재 59개의 메이저리거가 활동 중이다. 〈그림 24〉는 이 섹터의 주요 메이저리거들을 보여준다.

우선 전통적 메이저리거로는 2019년 시총 2위인 마이크로소프트 Microsoft, 4위인 알파벳Alphabet, 43위 오라클Oracle, 59위 SAP, 60위 어도비 Adobe, 69위 IBM, 76위 타타 컨설턴시Tata Consultancy Services, 80위 엑센추어Accenture, 156위 인투이트Intuit, 272위 인포시스Infosys, 356위 오토데스크Autodesk, 412위 파이서브Fiserv, 553위 와이프로Wipro가 있다.

루키로는 페이스북Facebook과 텐센트Tencent Holdings, 세일즈포스닷컴 Salesforce.com이 100위권 내 자리하고 있다. 이외 클라우드 컴퓨팅의 VM웨어VMware, 중국의 검색포탈 바이두Baidu, 엘스비어Reed Elsevier를 사업적으로 재편한 렐엑스RELX, 디지털 워크플로우 전문기업인 서비스나우ServiceNow, 글로벌 클라우드 기반의 인적자원 솔루션업체인 워크데이Workday, DTDigital Transformation와 IT서비스 전문기업인 코그니전트Cognizant, 중국의 온오프 연계 상거래업체 메이투안 디엔핑Meituan Dianping, PLMProduct Lifecycle Management 솔루션 및 플랫폼업체 다소시스템즈Dassault Systems, 전 세계 25개국에 205개 데이터센터를 보유한 에퀴닉스Equinix, 검색포탈과 이메일, 전자상거래를 서비스하는 중국의 IT기업 네트이즈NetEase, 결제 서비스업체인 월드페이Worldpay 등이 순위 400위 안에서 급

그림 24. 소프트웨어/서비스 섹터의 루키, 메이저리거, 마이너리거

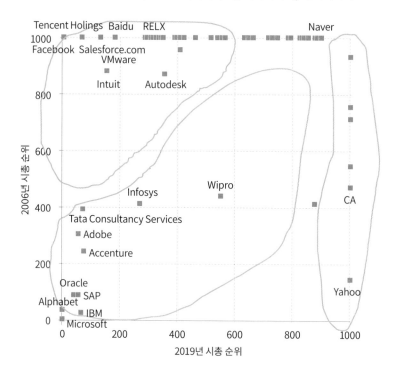

성장을 이끌고 있다.

지금까지 우리는 27개 산업섹터 가운데 산업생태계의 흥망성쇠를 극명하게 보여주는 정보통신서비스, 미디어, 하드웨어/장비, 제약/바이오, 반도체, 소프트웨어/서비스 섹터의 변화 모습을 살펴보았다. 어떤 산업섹터든지 산업생태계의 진화과정은 나름의 스토리를 갖고 있으며, 그 스토리에 담긴 생존 원리는 우리에게 매우 소중한 시사점을 던져 준다. 27개 각 산업섹터별 이야기는 뒤에 별장으로 정리한 내용을 읽어 보기 바란다.

앞으로 여러 산업섹터에 걸쳐 살펴 볼 루키, 메이저리거, 마이너리거는 특출난 변화를 보이거나 별다른 사연을 지닌 기업들이다. 우선 루키만 해도 2006년 메이저리그 밖에 있었으나 2019년 시총 100위 안으로 진입한 이른바 '수퍼 루키'다. 메이저리거 또한 2006년에 시총 100위 안에 있었고 2019년에도 여전히 시총 100위 안에 머무르고 있는 '수퍼 메이저리거'다. 마이너리거는 2006년 시총 100위 안에 있었으나 2019년 메이저리그에서 탈락한, 이른바 '퇴출된 수퍼 메이저리거' 또는 '한때 잘나간 마이너리거'다. 이제부터 이들의 얘기를 통해 루키, 메이저리거, 마이너리거의 생존 스토리를 들여다보자.

02
수퍼 루키의 도전과 급성장

루키라도 모두 같은 루키가 아니다. 2006년 당시 마이너리그에 있다가

2019년까지 메이저리그로 복귀한 경우도 있고, 2006년 당시 신생기업이었으나 2019년까지 메이저리그 100위 안으로 급성장한 경우도 있다. 전자가 '부활한 메이저리거'라면 후자는 '수퍼 루키'이다. 한때 세상을 풍미하다가 나락으로 떨어졌지만 다시 화려하게 메이저리거로 복귀한 골퍼 타이거우즈는 '부활한 메이저리거'의 대명사다. 반면 20대 초반에 미국 PGA 신인왕에 이어 혼다 클래식에서 우승한 임성재는 '수퍼 루키'쯤 된다.

〈표 8〉은 2019년 기준 시총 100위 내 루키 명단을 보여준다. 이들의 업력은 멀게는 1915년부터 가깝게는 2015년 분사한 기업까지 다양하다. 우선 페이스북, 알리바바, 에이비인베브, 넷플릭스, 페이팔, 세일즈포스닷컴, 애브비, 써모피셔는 '수퍼 루키'다. 업력이 최대 20년 남짓부터 최소 7년 밖에 안됨에도 글로벌 시총 100위 내 진입한 기업들이다. 그야말로 수퍼 중에 수퍼인 셈이다.

이들의 성장 스토리는 잘 알려져 있어 재론할 필요는 없으나, 상대적으로 에이비인베브, 애브비, 써모피셔는 상대적으로 덜 알려져 있다. 에이비인베브AB InBev는 인베브InBev가 앤하우저 부시AnheuserBusch를 인수하면서 2008년 설립한 벨기에 기업으로, 전 세계 150개국 630여 개의 맥주 브랜드를 보유하고 있다. 2015년 사브밀러SABMiller를 인수했는데, 그 전에 이미 소비재 분야에서 초고속 성장 기업으로 잘 알려져 있었다.[34]

애브비AbbVie는 2013년 설립된 신생 바이오제약 회사이다. 애보트 래버러토리스Abbott Lab.에서 스핀오프된 기업으로 연구 중심의 제약사이다. 2013년 1월 뉴욕증시에 상장되었고, 2019년 시총 순위는 78위다. 애브비의 급성장은 2014년 이뮤벤ImmuVen, 2015년 파마사이클릭스Pharmacyclics,

표 8. 2019년 현재 메이저리그 100위 내 루키 명단

기업명	국적	산업섹터	매출액 (달러)	시가총액 (달러)	시총 순위 (2019년)
페이스북 facebook	미국	소프트웨어/서비스	558억	5,120억	6
알리바바 Alibaba	중국	비즈니스 서비스/용품	519억	4,808억	7
텐센트 홀딩스 Tencent Holings	중국	소프트웨어/서비스	472억	4,721억	8
비자Visa	미국	금융서비스	213억	3,519억	11
ICBC	중국	은행	1,759억	3,051억	13
마스터카드 Mastercard	미국	금융서비스	150억	2,471억	22
중국농업은행 Agricultural Bank of China	중국	은행	1,375억	1,970억	40
머크 Merch&Co.	미국	제약/바이오	423억	1,891억	42
구이저우 마오타이 Kweichow Moutai	중국	식음료/담배	100억	1,771억	45
에이비인베브 AnheuserBusch InBev	벨기에	식음료/담배	546억	1,757억	47
넷플릭스 Netflix	미국	소매유통	158억	1,573억	51
중국은행 Bank of China	중국	은행	1,267억	1,430억	57
필립모리스 인터내셔널 Philip Morris International	미국	식음료/담배	295억	1,315억	61
페이팔 PayPal	미국	금융서비스	155억	1,258억	67
AIA 그룹 AIA Group	홍콩	보험	395억	1,222억	71
세일즈포스닷컴 Salesforce.com	미국	소프트웨어/서비스	133억	1,209억	72
애브비 AbbVie	미국	제약/바이오	328억	1,147억	78

내스퍼스 Naspers	남아프 리카	미디어	69억	1,113억	84
시노펙 Sinopec	중국	석유/가스	3,997억	1,056억	88
에어버스 AIRBUS	네덜란드	항공우주	752억	1,049억	89
써모피셔 Thermo Fisher Scientific	미국	의료장비/서비스	244억	1,039억	90

2016년 스템센트릭스Stemcentrx, 2019년 알러갠Allergan 인수 등 제약/바이오 분야에서의 공격적 M&A에 힘입은 바 크다. 2020년 3월 이스라엘 정부의 요청에 따라 코로나 바이러스에 약효가 있는 약물에 대한 특허를 공여하기도 하였다.[35]

써모피셔Thermo Fisher Scientific는 제약/바이오 분야 실험진단 장비, 시약, 소모품은 물론 소프트웨어 및 서비스를 제공하는 기업이다. 2006년 써모 일렉트론Thermo Electron과 피셔 사이언티픽Fisher Scientific이 합병, 90억 달러의 매출을 내는 기업으로 출발하였고, 2013년에서 2019년까지 최소 12건에 걸쳐 알려진 금액만 287억 달러를 넘는 M&A를 추진했다. 이러한 공격적 M&A로 써모피셔는 2018년 현재 직원 수 7만 명, 연매출 240억 달러 규모의 기업으로 성장했다. 써모피셔는 2020년 3월 코로나 바이러스 진단테스트에 대한 미국 FDA의 긴급사용 승인을 받은 바 있다. 같은 달 써모피셔는 키아젠Qiagen이라는 진단분자생물학 기업을 101억 달러에 인수한다고 발표했다.[36]

이른바 '부활한 메이저리거'로는 비자, 마스터카드, 내스퍼스, 머크, 필립모리스, AIA그룹, ICBC은행, 중국농업은행, 에어버스, 중국은행, 시노

펙이 있다. 이 중 업력이 가장 오래된 기업으로 남아프리카의 미디어기업 내스퍼스Naspers가 있다. 내스퍼스는 다국적 인터넷그룹으로 인터넷, 엔터테인먼트, 게임, 전자상거래 등의 사업을 하고 있다. 내스퍼스의 경우 2019년 매출이 69억 달러임에도 불구하고 시총이 1,113억 달러에 달해 시총 순위 84위를 차지한 배경에는 내스퍼스가 보유한 중국 텐센트 지분 31%가 큰 역할을 하고 있다.[37]

그 외 특기할 루키로 구이저우 마오타이Kweichow Moutai가 있다. 1999년에 설립된 이 기업은 '루키'하면 떠오르는 첨단기술과는 다소 거리가 있다. 마오타이 주酒를 생산하는 주류업체 구이저우 마오타이는 2018년 매출 100억 달러에 2019년 시가총액 1,770억 달러로 시총 순위 45위를 기록했다. 이 기업이 가진 기술로 가짜 마오타이를 방지하는 기술이 언급되는 것을 보면, 마오타이에 대한 막대한 시장수요가 구이저우 마오타이를 수퍼 루키로 만든 일등공신이라 해야 할 것이다.

03
수퍼 메이저리거의 파워와 독점력

수퍼 메이저리거란 2006년 시총 순위 100대 기업에 들면서 동시에 2019년 시총 순위 100위 이내를 유지하고 있는 메이저리거를 말한다. 말이 쉬워 시총 100위 안이지, 치열한 비즈니스 세계에서 13년 동안이나 100위 내 제자리를 지켰다는 것은 실로 대단한 실력임에 분명하다. 이들은 대개 업력이 길어 업력이 짧은 루키보다는 시장에 훨씬 잘 알려져 있다. 〈표 9〉는 이들 수퍼 메이저리거의 명단이다. 2006년 기준 시총 100위 내 기업 중 과반인 52개 기업이 13년이 지난 2019년까지 시총 100위 내 순위를 유지하고 있다.

수퍼 메이저리거의 산업섹터별 분포를 보면, 화학 섹터 1개, 하드웨어/장비 2개, 제약/바이오 8개, 정보통신서비스 3개, 의료장비/서비스 3개, 은행 6개, 항공우주 1개, 식음료/담배 4개, 소프트웨어/서비스 5개, 소재철강 2개, 소매유통 2개, 석유/가스 6개, 생활용품 2개, 복합기업 1개, 보험 1개, 반도체 2개, 물류수송 1개, 내구소비재 1개, 금융서비스 1개이다. 분포상으로 보면, 제약/바이오, 은행, 소프트웨어/서비스, 석유/가스 섹터가 메이저 산업섹터로서 수퍼 메이저리거를 가장 많이 배출하고 있다.

52개나 되는 기업이 메이저리그 선두 순위를 유지한 것도 대단한데, 그중 26개 기업은 지난 13년간 갖가지 외부충격에도 불구하고 순위를 오히려 상승시켰다. 98위에서 1위로의 극적 상승은 애플이 만들어냈고, 이어 보잉 61계단, 오라클 45계단, 구글 알파벳 32계단, SAP 31계단, 유니레버 28계단, 버라이즌 26계단, 홈디포 26계단, 유나이티드헬스 그룹 25계단, 삼성전자 24계단, 유나이티드 테크놀로지 23계단 상승이라는 대기록을 만들어 냈다.

20계단 이상의 점프는 아니더라도 일라이릴리와 버크셔 해서웨이 18계단, 네슬레 17계단, 애보트 래버러토리스 15계단, AT&T/제이피모건/중국건설은행 12계단, 인텔 9계단, 시스코와 존슨앤존슨 7계단, 차이나 모바일과 코카콜라 6계단, 메드트로닉 4계단, 웰스파고와 마이크로

표 9. 2019년 현재 시총 순위 100위 내 수퍼 메이저리거 명단

기업명	국적	산업섹터	매출액 (달러)	시가총액 (달러)	2006년 순위	2019년 순위
애플 Apple	미국	하드웨어/장비	2,617억	9,613억	98	1
마이크로소프트 Microsoft	미국	소프트웨어/ 서비스	1,182억	9,465억	3	2
알파벳 Alphabet	미국	소프트웨어/ 서비스	1,370억	8,632억	36	4
버크셔 해서웨이 Berkshire Hathaway	미국	금융서비스	2,478억	5,164억	23	5
제이피모건 체이스 JPMorgan Chase	미국	은행	1,329억	3,685억	21	9
존슨앤존슨 Johnson&Johnson	미국	의료장비/서비스	816억	3,662억	17	10
액슨모빌 ExxonMobil	미국	석유/가스	2,792억	3,434억	1	12
월마트 Walmart	미국	소매유통	5,144억	2,961억	10	14
뱅크오브아메리카 BOA: Bank of America	미국	은행	1,119억	2,873억	13	15
네슬레 Nestle	스위스	식음료/담배	934억	2,813억	33	16
삼성전자 Samsung Electronics	한국	반도체	2,215억	2,724억	41	17
프록터앤갬블 Procter&Gamble	미국	생활용품	669억	2,653억	7	18
로얄더치쉘 Royal Dutch Shell	네덜란드	석유/가스	3,826억	2,649억	6	19
인텔 Intel	미국	반도체	708억	2,631억	29	20
시스코 시스템즈 Cisco Systems	미국	하드웨어/장비	508억	2,483억	28	21
버라이즌 Verizon Communications	미국	정보통신서비스	1,309억	2,397억	49	23
AT&T	미국	정보통신서비스	1,708억	2,333억	37	25

쉐브론 Chevron	미국	석유/가스	1,587억	2,283억	25	26
홈디포 Home Depot	미국	소매유통	1,082억	2,268억	53	27
중국건설은행 China Construction Bank	중국	은행	1,503억	2,250억	40	28
로쉬 Roche Holding	스위스	제약/바이오	581억	2,220억	24	31
화이자 Pfizer	미국	제약/바이오	536억	2,186억	9	33
웰스파고 Wells Fargo	미국	은행	1,015억	2,417억	35	34
보잉 Boeing	미국	항공우주	1,011억	2,145억	96	35
유나이티드헬스 그룹 UnitedHealth Group	미국	의료장비/서비스	2,314억	2,128억	61	36
코카콜라 Coca-Cola	미국	식음료/담배	317억	2,030억	43	37
페트로차이나 PetroChina	중국	석유/가스	3,228억	1,987억	16	38
차이나 모바일 China Mobile	홍콩	정보통신서비스	1,118억	1,976억	45	39
오라클 Oracle	미국	소프트웨어/서비스	396억	1,863억	88	43
펩시 PepsiCo	미국	식음료/담배	650억	1,782억	44	44
토요타 Toyota Motor	일본	내구소비재	2,721억	1,766억	14	46
노바티스 Novartis	스위스	제약/바이오	519억	1,756억	27	48
HSBC HSBC Holdings	영국	은행	643억	1,755억	8	49
씨티그룹 Citigroup	미국	은행	1,000억	1,611억	4	50
유니레버 Unilever	네덜란드	생활용품	601억	1,536억	80	52
토탈 Total	프랑스	석유/가스	1,842억	1,495억	18	54

비피 BP	영국	석유/가스	2,991억	1,495억	5	54
BHP 그룹 BHP Group	호주	소재철강	426억	1,383억	34	58
SAP	독일	소프트웨어/ 서비스	291억	1,349억	90	59
애보트 래버러토리스 Abbott Laboratories	미국	제약/바이오	307억	1,298억	78	63
아이비엠 IBM	미국	소프트웨어/ 서비스	787억	1,249억	26	69
일라이릴리 Eli Lilly	미국	제약/바이오	246억	1,193억	91	73
유나이티드 테크놀로지 United Technologies	미국	복합기업	665억	1,181억	97	74
메드트로닉 Medtronic	아일랜드	의료장비/서비스	306억	1,130억	86	82
암젠 Amgen	미국	제약/바이오	238억	1,093억	50	85
알리안츠 Allianz	독일	보험	1,188억	1,023억	85	92
사노피 Sanofi	프랑스	제약/바이오	407억	1,020억	30	93
알트리아 그룹 Altria Group	미국	식음료/담배	196억	1,018억	19	94
SABIC Saudi Basic Industries Corp.	사우디 아라비아	화학	451억	1,000억	11	95
리오틴토 Rio Tinto	영국	소재철강	405억	1,000억	70	95
아스트라제네카 AstraZeneca	영국	제약/바이오	239억	992억	71	97
UPS United Parcel Service	미국	물류수송	719억	983억	57	98

소프트 1계단 상승 역시 결코 쉬운 일이 아니다. 역시 대단한 기록이다. 이외에도 시총 순위는 하락했으나 파괴적 기술의 부단한 공격에도 경쟁

력을 유지하는 기업으로 뱅크오브아메리카Bank of America, 월마트Walmart, 로쉬Roche Holding, 엑손모빌ExxonMobile, 프록터앤갬블Procter & Gamble, 로얄더치쉘Royal Dutch Shell이 있다. 이들은 2006년과 2019년 모두 시총 순위 20위 내를 지켜낸 수퍼 메이저리거다.

2006년과 2019년 모두 최고의 시총 순위를 견고하게 지켜낸 기업이 있다. 바로 마이크로소프트다. 마이크로소프트는 2006년 시총 순위 3위에서 2019년 시총 순위 2위를 기록했다. 2006년과 2019년 두 시점 사이에 시총 순위 톱 5를 유지하고 있는 기업으로는 유일할 것이다. 그렇다면 이렇게 대단한 기록의 이면에는 무엇이 있을까? 혹자는 클라우드 비즈니스로의 전환을 얘기하나 경제학적 관점에서 보면 1등 공신은 역시 PC OS시장에서 마이크로소프트가 보유한 대체 불가의 독점력이다.

국가 단위의 성장 독점이 자본주의의 긴 역사 속에서 영국, 미국, 일본, 중국으로 옮겨 왔다면, 산업 단위에서는 20세기 후반 이후 금융 섹터와 IT 섹터가 성장 독점의 시대를 열었다. 기업 단위에서 세계시장을 대상으로 강한 독점력을 보유한 대표적 기업이 바로 마이크로소프트다. 2020년 기준 세계 톱 25 부자 순위에서 마이크로소프트의 창업자 빌게이츠와 CEO 스티브 발머가 각각 3위, 12위에 오를 수 있었던 배경에는 마이크로소프트의 이런 강한 독점력이 있었다.

04
'퇴출된 수퍼 메이저리거'와 '한때 잘나간 마이너리거'

메이저리그에서의 경쟁이 아무리 치열하다고 해도, 2006년 시총 순위 100위 내 있던 수퍼 메이저리거가 13년 만에 시총 순위 1000위 밖으로 밀려나는 것은 상상하기 어렵다. 그만한 사정과 이유가 있었을 것이라는 얘기다. 여러분은 잘나가던 메이저리거가 경쟁에서 밀려 퇴출되는 이유가 무엇이라고 생각하는가? 경쟁력 하락이 주된 이유라면, 경쟁력 하락을

표 10. 2019년 메이저리그 명단에서 사라진 2006년 수퍼 메이저리거 명단

기업명	국적	산업섹터	매출액 (달러)	시가총액 (달러)	2006년 순위
와코비아 Wachovia	미국	은행	359억	884억	54
에이치비오에스 HBOS	영국	은행	517억	713억	73
메릴린치 Merrill Lynch	미국	금융서비스	478억	707억	75
도이치방크 Deutsche Bank Group	독일	금융서비스	298억	578억	99
와이어스 Wyeth	미국	제약/바이오	188억	669억	81
타임워너 Time Warner	미국	미디어	437억	794억	60
스프린트 넥스텔 Sprint Nextel	미국	정보통신서비스	347억	710억	74
EDF Electricité de France	프랑스	수도전기가스	637억	949억	46

가져온 근본적인 이유는 무엇일까? 〈표 10〉은 2006년까지는 시총 순위 100위 내 메이저리거였으나, 13년 사이에 메이저리그 명단에서 사라진 일명 '퇴출된 수퍼 메이저리거'를 보여준다.

〈표 10〉에 나타난 기업들의 면면을 보면, 한때 세상을 풍미했던 수퍼 메이저리거의 기억이 떠오른다. 명단을 보니 금융 분야에서 이름만 들어도 알만한 와코비아, HBOS, 메릴린치, 도이치방크가 있고, 미디어 및 정보통신 분야에서 타임워너와 스프린트 넥스텔이 보인다. 상대적으로 덜 알려진 와이어스와 EDF가 있으나 이들 역시 한때 명성을 날리던 기업이다.

이렇게 쟁쟁하던 수퍼 메이저리거가 왜 2019년에는 메이저리그 명단에서 사라졌을까? 스스로의 경쟁력 하락이 원인일까, 아니면 불가피한 외부충격 때문이었을까? 와코비아Wachovia는 2008년까지 미국에서 자산 순위 4위 안에 드는 금융회사였다. 미국 내 21개 주에 금융센터, 해외에 40개 이상의 사무소를 운영하고 있었다. 그러던 중 2007년 서브프라임 모기지 사태 여파로 세계 금융위기가 계속되자 정부의 강제에 의해 웰스파고Wells Fargo에 합병된다. 2011년까지 명맥을 겨우 이어가던 노스캐롤라이나 와코비아 지점이 웰스파고 브랜드로 바뀌면서 와코비아는 영원히 역사 속으로 사라졌다.[38]

HBOS는 영국의 은행이자 보험회사였다. 로이즈뱅킹그룹Lloyds Banking Group의 자회사이며 스코틀랜드 은행, HBOS 호주 및 HBOS 보험 및 투자그룹의 지주회사 역할도 했다. 금융시장의 경쟁촉진 정책의 일환으로 HBOS는 영국 소매금융시장에 다섯 번째 경쟁자로 진입했으나, 2009년 1월 세계 금융위기의 소용돌이를 견디지 못하고 모기업에 의해 로이즈

TSB에 인수합병되고 말았다.[39]

메릴린치Merrill Lynch는 원래 뱅크오브아메리카의 한 사업본부였다. 주로 투자와 자산운용을 하는 사업체였고, 2009년까지 뉴욕주식시장에 상장되어 있었다. 그러다가 세계 금융위기가 정점에 이른 2008년 9월 모기업인 뱅크오브아메리카에 합병하기로 결정됐고 2013년까지 합병 과정이 진행되었다. 합병 이후에도 브랜드는 한동안 유지되다가 2019년에 린치Lynch라는 이름은 떼고 메릴Merrill의 브랜드로 변경되었다. 메릴린치의 합병이 결정된 주에 리만 브라더스Lehman Brothers는 파산했다.[40]

도이치방크Deutche Bank Group는 1870년에 설립된 독일은행으로 한때 세계 최대 규모를 자랑했다. 2016년 그리스에 대한 구제금융의 일환으로 그리스 국채를 대량 매입, 신용도 하락과 뱅크런을 겪었다. 이후 계속 어려움을 겪다가 2019년 7월 직원 2만 명을 감원했고 약 740억 유로의 자산을 매각했다. 세계 금융위기 이후 투자은행에 대한 규제에 제대로 대처하지 못한 것, 최대주주인 하이난 항공이 보유지분을 매각한 것을 가장 큰 위기요인으로 꼽는다. 중국, 러시아 등에서 현지사업을 따내거나 중국의 기업공개시장에 참여하면서 각종 비리와 탈법을 저질렀고, 결국 2019년 3분기에 8억 3천만 유로의 손실을 기록하기에 이르렀다.[41]

와코비아, HBOS, 메릴린치, 도이치방크는 2007년 이후 서브프라임 모기지 사태로 촉발된 세계 금융위기와 2015년의 그리스 국가부도사태가 없었다면, 현재도 메이저리거로서의 명맥을 유지했을 것이다. 금융시장에서 죽고 사는 것은 제조업계의 경영혁신이나 원가절감 같은 경쟁력 변화 차원의 문제가 아니다. 보유자산과 투자자산에 내재된 위험을 제때

제대로 관리하지 못하면, 작은 외부충격에도 회사 전체가 한순간 쓰러지고 만다. 이 네 기업은 '한때 잘나간 마이너리거'라기보다는 영원히 '퇴출된 수퍼 메이저리거'에 가깝다.

타임워너Time Warner는 글로벌 미디어기업으로 2001년 AOLAmerican Online, Inc과의 합병을 통해 세계 1위의 미디어엔터테인먼트 기업으로 올라섰다. 당시 AOL과 타임워너의 합병은 세계 최대의 합병 딜이었다. 형식은 거품이 잔뜩 낀 AOL이 타임워너를 인수하는 형태였고, 이는 당시 인터넷 세상과 미디어 세상의 결합 바람을 타고 시장을 크게 흔들었다. 워낙 큰 두 대기업간 합병이라 독과점 이슈가 불거졌지만 연방거래위원회와 연방통신위원회는 합병을 승인했다.

AOL 타임워너의 합병은 이른바 컨버전스 세상을 여는 하나의 상징적 사건이었으나 현실에서 합병의 효과는 정반대로 나타났다. 수익성과 매출이 크게 감소한 것이다. 결국 2009년 타임워너와 AOL은 기업분할을 통해 다시 결별의 길로 나섰고, 분리된 타임워너는 2018년 AT&T에 의해 인수되었다. 워너미디어Warner Media로 개명한 타임워너의 비즈니스는 HBOHome Box Office Inc, 워너브라더스픽처스, 터너브로드캐스팅시스템으로 나뉘어져 있다.[42]

스프린트 넥스텔Sprint Nextel은 스프린트가 2005년 360억 달러에 넥스텔을 인수하여 합병한 기업이다. 시장에서는 두 회사의 합병이 AOL 타임워너 합병만큼 나쁘지는 않았어도 형편없는 거래였다고 평가하고 있다. 2013년 소프트뱅크가 이 회사를 인수하여 스프린트 코퍼레이션Sprint Corporation으로 개명했고, 2008년 자산 297억 달러를 손실 처리함으로써 인수한 넥스텔 기업가치의 80%를 허공에 날렸다. 2013년 소프트뱅크에 의해 인수될 때 소프트뱅크가 보유한 정보통신 관련 사업과의 시너지 존재 여부가 쟁점으로 떠올랐다.[43]

와이어스Wyeth는 미국의 연구중심 제약회사다. 진통제 애드빌과 종합 비타민 센트룸으로 널리 알려져 있다. 1926년 설립된 아메리칸홈프로덕츠가 1860년에 세워진 와이어스와 통합되면서 와이어스로 개명됐다. 2000년 제약업체 워너램버트를 합병하기로 한 상황에서 갑자기 인수전에 뛰어든 화이자Pfizer에게 패했고, 급기야는 자신조차 2009년 과거 인수전의 적수였던 화이자에게 전격 인수됐다. 2011년 현재 와이어스는 화이자의 자회사로 남아 있다.[44]

타임워너와 스프린트 넥스텔의 경우는 외부충격보다는 인수합병 이후 내부 사업재조정 과정에서 나타난 내부 반발 내지 갈등으로 통합시너지는 차치하고 오히려 통합 손실이 발생한 경우이다. 이에 반해 와이어스는 생존을 위한 인수합병 시도 자체가 무산됨으로써 점차 경쟁력을 잃고 스스로 인수합병의 먹잇감이 된 경우다. 기업 간 인수합병은 대개 장밋빛으로 그려지나 때론 인수합병 자체가 독이 되기도 한다. 자중지란에 의한 불행한 퇴출이라고나 할까.

마지막으로 EDF는 프랑스 정부 소유의 전력회사로 2009년 현재 세계 최대 전력생산업체 중 하나였다. 2011년에 EU 전력의 22%를 담당했고, 생산의 64.3%를 원자력발전이 맡았다. 총 58개나 되는 원자로를 운영하던 중 2017년 프랑스 정부의 구조조정 방침에 따라 아레바Areva의 원전비즈니스까지 인수했다. 이 와중에 프랑스 환경부 규제에 의해 2025년까지 최대 17개 원자로를 닫아야 하는 상황으로 몰렸다.[45] EDF 같이 정부 지분이 큰 기업은 거대한 규모에도 불구하고 정부규제에 의해 기업가치가 크게 훼손된다. EDF의 경우 '퇴출된 메이저리거'라기보다는 '퇴출이 예정된 메이저리거'였던 셈이다.

그리고 보니, 〈표 10〉에 나타난 8개의 수퍼 메이저리거 중에는 '한때 잘나간 마이너리거'는 없다. 8개 기업 모두 '퇴출된 수퍼 메이저리거'였다. 이는 2006년 시총 순위 100위 내 기업만을 대상으로 했기 때문이며, 그 이하의 기업들을 살펴보면 '한때 잘나간 마이너리거' 사례가 많다. 이에 대해서는 27개 산업섹터별로 루키, 메이저리거, 마이너리거를 소개한 뒤의 별장을 참고하기 바란다.

BATTLE for
CAPITAL GROWTH

3부

부의 창출과
성장의 원리는
무엇인가

—— 7장 ——
부는 기대에 따라 움직인다

01
기업가치의 기대인식

우리는 지금까지 2006년부터 2019년 사이에 어떤 기업이 메이저리그에 새롭게 진입했고, 어떤 기업이 제자리를 굳건히 지키고 있으며, 또 어떤 기업이 제자리에서 밀려나 마이너리그로 떨어졌는지 살펴보았다. 물론 그 순위는 자본시장이 평가한 기업가치, 즉 시가총액에 의해 정해졌다. 그렇다면 이들 기업의 운명을 좌우하는 자본시장의 평가는 과연 어떻게 이루어지는 것일까? 시가총액의 등락이 바로 자본시장에서의 부의 이동이므로 그 저변의 보이지 않는 힘이 무엇인지 궁금하지 않을 수 없다.

1장에서 소개한 기업가치 결정모형은 '기업의 가치가 세 가지 요인, 즉 기업의 잠재수익기반, 시장점유매출액, 자사 부가가치에 의해 좌우된다'고 했다. 예컨대 휠러딜러사의 기업가치를 높이려면, 첫째 클래식카나 수퍼카처럼 잠재력이 큰 미래가치 시장을 발굴하고, 둘째 다른 중고차 튜닝 업체가 시장에 진입하기 전에 미래시장을 선점하여 시장점유율을 높이며, 셋째 중고차 튜닝과정에서의 생산효율화 및 혁신기술을 통해 원가혁신을 실현해야 한다. 이렇게 본원적 가치창출 활동으로 형성되는 기업가치는 기업의 '본질적 가치'에 해당된다.

그렇다면 자본시장이 평가한 기업가치는 이 본질적 가치와 어떻게 다를까? 시보레 콜벳 사례에서 구매자가 평가한 시보레 콜벳의 본질적 가치는 23,000달러였다. 그런데 이 구매자가 마이크 브루어와의 협상을 통해 실제로 구입한 가격은 22,500달러로 본질적 가치와 달랐다. 마찬가지로 기업의 본질적 가치와 자본시장에서의 거래가격 역시 서로 다르다. 기업의 본질적 가치는 다분히 주관적이고 관념적인 어떤 값인데 반해 자본시장이 평가한 기업가치는 팔고자 하는 쪽과 사고자 하는 쪽의 협상에 의해 합의된 실제 값이다. 파는 측이나 사는 측 모두 본질적 가치를 높게 평가하면 주가가 올라가서 시가총액이 커지고, 낮게 평가하면 시가총액이 작아진다.

결국 메이저리그에서의 부의 이동은 기업의 본질적 가치에 대한 자본시장의 기대를 놓고 벌이는 싸움이다. 이 싸움에서 승패는 본질적 가치보다는 본질적 가치에 대한 자본시장의 대중적 기대에 의해 결정된다. 이러한 인식은 부의 이동이 '실체'가 아니라 '실체에 대한 기대'에 바탕을 두고 있다는 일종의 '기대 인식'임을 아는 것이며 향후 전개할 논의의 가장 중요한 전제이다.

경영학에서 기대 인식은 오랜 역사적 뿌리를 갖고 있다. 1964년 예일

대학의 빅터 브룸Victor Vroom은 조직구성원의 동기유발을 설명하는 기대이론Expectancy Theory을 제안했다. 이 이론은 조직구성원의 노력은 성과로 연결되고, 성과는 보상을 가져오며, 보상은 개인 목표와 연결되어 있기에, 결국 노력→성과→보상→개인 목표→노력의 선순환 고리가 완성된다는 주장을 담고 있다. 이 이론은 이후 수많은 후속 연구와 실증분석을 통해 인간의 조직행동을 설명하는 강력한 이론으로 자리 잡았다.[46]

필자가 2005년 발표한 '컨포먼스 경쟁 이론Conformance Competition Theory'은 기업의 전략적 성과를 규명하기 위해 개발한 하나의 기대이론이다.[47] 이 이론은 기본적으로 기업의 경쟁우위가 기업이 보유한 세 가지 핵심역량, 즉 제품 컨포먼스Product Conformance, 공정 컨포먼스Process Conformance, 비즈니스 컨포먼스Business Conformance의 조합에 의해 좌우된다는 주장이다. 컨포먼스 경쟁 이론을 하나의 기대이론으로 볼 수 있는 이유는 이 세 가지 컨포먼스conformance가 비록 영역은 다르지만 모두 '시장의 기대를 충족시키는 역량'을 나타내기 때문이다.

컨포먼스 경쟁 이론은 원래 전략 탐구를 목적으로 한 이론이다. 하지만 이 이론은 자본시장에서의 부의 이동을 설명하는 이론으로도 확장될 수 있다. 그러면 이제부터 컨포먼스 경쟁 이론의 확장 버전인 이른바 '컨포먼스 이론Conformance Theory'을 소개하고 이에 입각해서 메이저리그에서의 부의 이동 현상을 원리적으로, 그리고 실증적으로 탐구해 보자.

02
컨포먼스 이론: 기업가치에 대한 기대이론

컨포먼스 이론의 핵심개념은 '컨포먼스conformance'이다. 컨포먼스의 사전적 의미는 '부합' 또는 '일치'인데, 컨포먼스 이론에서는 이를 '어떤 사회적 요건이나 기대에 부합하는 정도'로 정의한다. 기업을 '자본시장에서 자본을 조달하여 자산을 구축한 후 이로부터 상품이나 서비스를 효율적으로 생산 판매하여 매출과 이익을 발생시키는 주체'로 정의하면, 컨포먼스의 영역은 제품, 공정, 비즈니스 세 가지로 나누어 볼 수 있다.

제품 컨포먼스Product Conformance

제품에 대한 소비시장의 기대는 '흥미롭고 유용하며 품질이 우수하면서 값이 적당한 그 어떤 것'이다. 이 기대는 추상적이고 머릿속에만 존재하는 무형의 관념이기에 형상화하기는 매우 어렵다. 뭔가 먹고 싶은데 그것이 무엇인지 모를 때 우리는 상상 속에서 먹을 음식의 맛에 대해 기대를 하지만, 실제로 먹어보기 전까지는 그것이 내가 원한 맛인지 아닌지 모른다. 그래서 우리는 직접 음식을 먹어 보고 나서야 '그래! 내가 원하던 맛이야!'라고 하거나 '내가 찾던 맛이 아닌데'라고 한다.

이러한 판단이 반복되면서 제품에 대한 소비자의 기대는 현시화되고 점차 시장에서의 매출로 누적된다. 충족된 기대는 반복 구매라는 행위로 이어지기 때문이다. 결국 추상적인 관념이나 욕구에 불과했던 기대는 구매행위를 통해 계량이 가능한 값으로 환산된다. 그런 관점에서 제품이나 서비스의 매출은 소비자의 기대 또는 욕구의 크기를 반영한다.

예를 들어 20세기 중반의 클래식카를 주로 튜닝하는 A사와 20세기 후반의 머슬카를 튜닝하는 B사가 있다고 하자. 그런데 2019년 한 해 동안 A사는 180억 원의 매출을 올린 반면 B사는 360억 원의 매출을 올렸다면, 이것이 의미하는 바는 무엇일까? 튜닝카 시장에서 B사의 제품 컨포먼스가 A사보다 우월하다고 할 수 있지 않을까? 두 배로 많은 매출을 올렸다는 것은 (튜닝카의 대당 가격 × 판매 대수)가 두 배로 많다는 것이니, 같은 판매 대수에 대해 튜닝 머슬카의 대당 가격이 두 배 비싸거나, 아니면 같은 가격에 판매 대수가 두 배로 많다는 것을 의미한다. 양에 있어서나 질에 있어서 소비자 만족 수준이 높기에 이룰 수 있는 성과이다.

결국 제품 컨포먼스는 '소비시장의 기대에 부응하는 정도'를 말하며 소비시장에서는 매출로 정량화된다. 매출 규모가 크다는 것은 소비시장의 요구나 기대가 크다는 뜻이고, 특정 기업이 큰 매출을 올렸다는 것은 해당 기업이 우수한 제품 컨포먼스를 가졌다는 의미이다. 사업영역을 정하고 비즈니스 모델을 선택하는 것은 기업의 의사결정인 만큼, 제품 컨포먼스가 우수한 기업은 시장 세그먼트를 잘 선택하고 그 시장에서 소비자가 원하는 제품이나 서비스를 잘 제공함으로써 높은 매출을 만들어낸다.

공정 컨포먼스 Process Conformance

공정 컨포먼스는 소비자가 원하는 같은 제품, 같은 서비스를 얼마나 효율적으로 생산하여 제공하느냐와 관련이 있다. 기업 활동은 기본적으로 제품이나 서비스 생산을 통해 매출을 일으키고, 거기에 투입되는 비용을 최소화하여 가능한 한 많은 이익을 만들어내는 데 목표가 있다. 따라서 공정 컨포먼스는 이 목표 달성에 대한 시장의 기대인 셈이다. 이익은 차치하고 오히려 손실만 내는 기업이 있다면 그런 기업은 생명력이 길 수 없다.

자본시장이 시장에서 거래되는 기업에 대해 갖는 최소한의 기대는 '이익을 창출하는 것'이다. 이익을 창출하지 못하는 기업에 대해 자본시장은 잠시 참을 수는 있으나 오래 참지는 못한다. 해당 기업에 대한 투자가 투자자의 손실로 직결되기 때문이다. 그런데 자본시장이 기업에 대해 이익을 기대한다고 해서 무조건 많은 이익만을 바라는 것은 아니다. 지나친 이익을 추구하다가 제품이나 서비스의 품질 손상을 가져오면, 중장기적으로 시장 기반, 즉 매출 기반이 무너질 수도 있기 때문이다.

기업의 생산 프로세스에 대한 자본시장의 기대는 비단 원가절감에만 있는 것은 아니다. 수시로 바뀌는 소비자의 시장 요구에 맞게 생산 기반이 유연한 구조를 갖추어야 하는데, 그렇지 못하면 장기적으로 큰 규모의 자본손실capital loss로 이어질 수 있다. 21세기에 들어와 많은 산업섹터가 유연생산구조Flexible Manufacturing System와 플랫폼 생산구조로 생산 기반을 업그레이드 하고 있는 것은 바로 공정 컨포먼스를 높이려는 노력의 일환이다.

최근 많은 전문가가 4차 산업혁명 시대의 도래와 함께 생산 기반을 인더스트리 4.0 토대 위 스마트공장으로 전환해야 한다고 주장하는 근거도 기본적으로 이것이 기업의 공정 컨포먼스를 높이리라는 신념에 있다.

비즈니스 컨포먼스Business Conformance

자본시장에서 기업에 대한 기대는 기본적으로 기업의 가치와 관련이 있다. 값어치가 올라갈 기업에 투자하면 돈을 벌고, 그렇지 않을 기업에 투자하면 돈을 잃는다. 결국 자본시장이 기업에 대해 갖는 기대는 높은 투자수익률이다. 기업이 자본시장의 기대에 잘 부응하면 해당 기업의 비즈니스 컨포먼스는 높은 것이고 기대에 부응하지 못하면 비즈니스 컨포먼스가 낮은 것이다.

사실 주식투자의 투자수익률은 투자한 기업의 매출성장률과 영업이익률에 의해 영향을 받으므로, 특정 기업의 비즈니스 컨포먼스는 하위 개념으로 제품 컨포먼스와 공정 컨포먼스를 포함한다. 제품 컨포먼스가 매출과 연결되고 공정 컨포먼스가 이익과 연결된다면, 비즈니스 컨포먼스는 바로 시가총액과 연결된다. 자본시장은 이들 세 가지 컨포먼스 역량으로 정해지는 기업의 '본질적 가치'에 대한 시장의 기대를 놓고 벌이는 일종의 쩐의 전쟁터인 셈이다.

비즈니스 컨포먼스 관점에서 보면, 시가총액의 변동성은 '비즈니스의 본질적 가치'와 '시장 기대에 따른 자본수급'에 기인한다. '비즈니스의 본질적 가치'는 소비시장의 변화나 비즈니스 모델의 변화, 경영혁신 등에 의해 달라지며, 중장기적 변동이다. 이들은 장기적 혁신전략의 결과에서 비롯되고 효과도 중장기적으로 나타나기에 최소한 수개월에서 연 단위로 변하는 안정적 변인이다.

자본시장에서 비즈니스의 본질적 가치를 평가할 때 크게 두 가지 기대를 갖는다. 하나는 재무적 성과에 대한 기대이고, 다른 하나는 혁신성과에 대한 기대이다. 재무적 성과에 대한 기대는 예컨대, 작년에 매출이 크게 늘었고 영업이익도 늘었으며 대규모 시설투자도 했으니 올해는 경영성과가 정량적으로 크게 개선될 것이라는 식의 기대이다. 혁신성과에 대한 기대는 회사가 신사업을 시작했거나 대대적 구조조정을 했거나 다른 기업과의 전략적 제휴나 인수합병을 진행했을 때 갖는 기대로, 정량적 추정이 어려운 비재무적 기대이다.

한편 '시장 기대에 따른 자본수급'은 본질적 가치와 상관 없이 자본시장에서의 투기적 거래행위에서 비롯되며, 월, 주, 일, 시간 단위로 수시로 변한다. 예컨대 시장에 투기자본이 풍부해서 자본시장으로 돈이 쏠린다거나, 갑자기 주식투자 열풍이 불어서 자본시장 참여자 수가 크게 늘었다거나, 한국경제의 전반적 상황이 좋아져서 해외자금이 대거 주식시장에 들어오는 등 자본시장 투입자금의 수요공급 변화에 의한 변동성을 말한다. 이 변인은 우리가 통제하거나 예측하기 어려운 외생변수이다.

이제까지의 논의를 요약하면, 비즈니스 컨포먼스는 기업의 본질적 가치를 좌우하는 최상위 기대로, 재무적 성과에 대한 기대와 혁신성과에 대한 기대로 구성된다. 기업이 자사의 가치를 높이려면 비즈니스 컨포먼스를 잘 이해해야 하고 이를 높이려는 노력을 경주해야 한다.

컨포먼스 이론 Conformance Theory

컨포먼스 이론은 본질적 가치로서의 기업가치가 세 가지 컨포먼스에 의해 결정된다는 주장이다. 이를 수식으로 표현하면 다음과 같다.

기업가치 = 창출가치 × 비즈니스 컨포먼스

이 수식에서 기업가치는 시가총액에 대응되며, 일종의 모수$_{parameter}$이다. 개념적으로 정의할 수는 있으나, 실제 값이 얼마인지는 모른 채 추정만 가능한 대상이다. 자본시장에서 시가총액은 주가에 따라 수시로 변하므로 현실적으로 기업가치는 우리가 관찰한 시가총액으로부터 추정할 수 있을 뿐이다. 예컨대 중장기적 관점에서 본다면, 연중 시가총액의 평균치를 기업가치에 대한 추정치로 사용할 수 있다.

창출가치는 기업가치의 가장 기본적인 바탕으로서 매출에 대응된다. 매출이 왜 창출가치인가에 대해서는 1장에서 자세히 설명한 바 있다. 매출이 없다는 것은 창출가치가 없다는 것이고, 창출가치가 없는 기업은 기업으로서 존재가치가 없다. 왜냐하면 기업의 본질적 존재 의의가 가치를 창출하는 데 있기 때문이다. 창출가치, 즉 매출이 있어야 부가가치도, 영업이익도 있으며, 사내 유보의 축적을 통한 자본 증가도 가능하다.

컨포먼스 이론상 비즈니스 컨포먼스는 단위 창출가치의 미래유망성에 대한 자본시장의 기대를 반영한다. 다시 말해, 비즈니스 컨포먼스는 단위 창출가치에 대해 정의된 정규값$_{normalized\ value}$으로서, 창출가치의 규모에 대해 독립적이다. 비즈니스 컨포먼스가 창출가치, 즉 매출의 규모에 대해 독립적이라는 것은 큰 기업이든 작은 기업이든 상관없이 비즈니스 컨포먼스를 상호 비교할 수 있다는 것을 의미한다.

03
컨포먼스 이론의 타당성 검증

이론은 개념 간 연결 구조이기에 다분히 관념적이다. 따라서 이론의 타당성을 입증하기 위해서는 개념에 대한 조작적 정의operational definition와 이를 측정할 척도measure가 필요하다. 우리는 그동안 논의를 통해 기업가치는 시가총액으로, 창출가치는 매출로 추정할 수 있음을 안다. 따라서 컨포먼스 이론을 검증할 식은 기업가치를 시가총액으로, 창출가치를 매출로 치환함으로써 얻을 수 있다.

시가총액 = 매출 × 비즈니스 컨포먼스

위의 식으로부터 우리는 PSR(Price Sales Ratio=시가총액/매출)이 바로 우리가 정의한 비즈니스 컨포먼스의 훌륭한 척도가 됨을 알 수 있다. 그런데 컨포먼스 이론에서 비즈니스 컨포먼스는 재무적 성과에 대한 기대와 혁신성과에 대한 기대로 구성되므로, 컨포먼스 이론을 검증하기 위한 연구모델은 다음과 같이 기술할 수 있다.

PSR = f(매출성장률, 영업이익률, 자산이익률) + g(혁신성과) + ε

이 중 매출성장률, 영업이익률, 자산이익률은 재무적 성과이기에 f(·)는 재무적 성과에 대한 기대를 반영하고, g(·)는 혁신성과에 대한 기대를 반영한다. 내용면에서 재무적 성과와 혁신성과는 모두 비즈니스 컨포먼스를 구성하는 제품 컨포먼스와 공정 컨포먼스에 의해 좌우된다. 예컨대 재무적 성과의 경우 매출성장률은 제품 컨포먼스를 반영하고, 영업이익률과 자산이익률은 공정 컨포먼스를 반영한다. 마지막 ε는 무작위 오차로, PSR의 변동 중에서 재무적 기대와 혁신기대를 제외한 나머지 모든 요인의 영향으로 설명할 수 없는 오차이다.

〈표 11〉은 회기분석을 통해 컨포먼스 이론을 실증적으로 검증한 결과를 보여준다. 회기식은 각 산업섹터별로 도출되었으며, 관측데이터는 2006년부터 2019년까지의 연도별 데이터를 사용했다. 특정년도 t에 대해 매출성장률은 두 회계연도 (t-1, t) 사이의 성장률을, 영업이익률과 자산이익률은 회계연도 t의 이익률을 사용하였다. 산업섹터마다 조사대상 기업 수가 다르기 때문에 관측 수는 최소 67개에서 최대 1,288개였다.

〈표 11〉에서 종속변수는 PSR이고 독립변수는 매출, 매출성장률, 영업이익률, 자산이익률이다. 표에 나타난 각 수치들은 회귀식의 독립변수별 계수값이며, 음영 처리된 부분은 통계적으로 유의하지 않음을 의미한다. 따라서 그 나머지 변수는 PSR의 변화를 설명하는 데 통계적으로 충분한 설명력이 있다는 의미이다. 컨포먼스 이론의 유효성을 가늠해 볼 수 있는 결정계수Coefficient of Determination는 0.16에서 0.76 사이에 분포했다. 이는 재무적 기대만으로 PSR의 변이를 최소 16%에서 최대 76%까지 설명할 수 있었다는 얘기다. 전체 27개 산업섹터 중 매출성장률, 영업이익률, 자산이익률 모두 설명력이 없다고 판정된 섹터는 하나도 없었다. 27개 산업섹터 모두에서 컨포먼스 이론의 유효성이 실증적으로 검증된 것이다.

표 11. 컨포먼스 이론의 실증분석 결과

산업섹터	매출	매출성장률	영업이익률	자산이익률	결정계수	관측 수
건설 Construction	-0.010	-1.13	7.48	8.17	0.76	251
복합기업 Conglomerates	-0.002	-0.22	5.64	2.52	0.72	245
화학 Chemicals	-0.020	-0.45	14.54	-4.75	0.72	365
비즈니스 서비스/용품 Business Svc & Supplies	-0.016	0.78	19.15	-3.59	0.69	215
자본재 Capital Goods	-0.035	-0.05	24.88	-16.70	0.68	379
수도전기가스 Utilities	-0.012	0.23	13.36	-13.82	0.62	642
푸드마켓 Food Markets	-0.005	0.12	8.21	-0.48	0.55	153
물류수송 Transportation	-0.026	-0.03	14.59	-8.67	0.52	337
생활용품 Household & Personal Products	-0.012	-0.59	17.70	2.73	0.52	319
하드웨어/장비 Technology Hardware & Equip	-0.011	0.88	14.90	-4.44	0.49	372
항공우주 Aerospace & Defense	-0.008	-0.24	15.99	-12.41	0.47	157
식음료/담배 Food, Drink & Tobacco	-0.024	1.21	10.42	9.40	0.47	563
의료장비/서비스 Healthcare Equip & Svcs	-0.019	0.47	12.59	-1.12	0.39	302
은행 Banking	-0.015	-0.01	5.22	29.64	0.37	1,288
호텔/레스토랑/레저 Hotels, Restaurants & Leisure	-0.056	1.26	16.24	-2.54	0.36	153
소프트웨어/서비스 Software & Services	-0.021	11.08	5.63	-5.79	0.36	309
무역상사 Trading Companies	-0.005	-0.25	1.04	6.78	0.35	67

보험 Insurance	-0.007	0.14	5.87	2.82	0.34	535
소매유통 Retailing	-0.002	2.61	10.37	-0.32	0.34	374
제약/바이오 Drugs & Biotechnology	-0.036	3.71	1.80	2.97	0.32	457
반도체 Semiconductors	-0.016	-0.11	11.59	-7.24	0.32	201
금융서비스 Diversified Financials	-0.041	0.02	4.01	6.89	0.31	790
소재철강 Materials	-0.025	0.47	6.79	-5.40	0.24	466
석유/가스 Oil & Gas Operations	-0.007	0.02	5.69	-12.03	0.24	817
미디어 Media	-0.012	-0.32	2.66	2.74	0.20	278
내구소비재 Consumer Durables	-0.006	0.23	3.62	-0.42	0.16	352
정보통신서비스 Telecommunications Services	-0.017	0.61	1.41	1.47	0.16	512

통계적으로 유의하지 않음

04
컨포먼스 관점에서 본 산업과 기업의 유망성 평가

컨포먼스 이론은 실증분석을 통해 검증되었다. 그런데 이것의 실용적 가치는 무엇일까? 투자자나 전문경영인에게 실용적 가치를 갖는 결과나 해석이 없다면 컨포먼스 이론 역시 공허한 이론이라는 비난에 직면할 것이다. 지금부터 컨포먼스 이론으로부터 유용한 후속 가설들을 도출하고 그 진위 여부를 검증해보자.

가설 1. PSR로 대변되는 비즈니스 컨포먼스는 상장 초기에는 높다가 시간이 경과하면서 점차 안정화된다.

컨포먼스 이론에 의하면 비즈니스의 본질적 가치에 대한 기대가 비즈니스 컨포먼스이다. 따라서 인간으로 치면 청년에 대한 기대가 중장년에 대한 기대보다 크듯이, 기업의 경우에도 자본시장에 상장된 지 얼마 안 된 젊은 기업에 대한 기대가 크리라고 예상할 수 있다. 이러한 예상이 실제 자본시장에서 관찰되는지를 확인하기 위해 2006년부터 2019년까지 소프트웨어/서비스 섹터의 대표적 기업인 페이스북, 구글, 아마존, IBM의 PSR 변화를 〈그림 25〉에 도식화하였다.

이에 의하면, 2004년 9월에 상장된 구글은 2006년 PSR = 17.45를 기록하였으나 매출이 성장하면서 PSR은 점차 하향 추세를 그리다

그림 25. 소프트웨어/서비스 섹터 주요 기업의 PSR 변화 추이

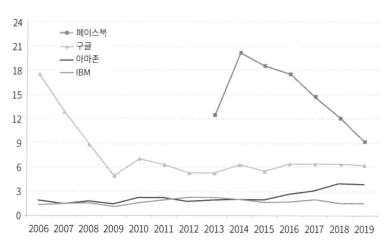

가 2011년부터는 PSR=6.4 근처에서 안정된 모습을 보였다. 마찬가지로 2012년 5월에 상장된 페이스북은 2013년 PSR=12.45, 2014년 PSR=20.22로 정점을 찍은 후 2019년까지 점차 하락하여 2019년 현재 PSR=9.18을 기록 중이다. 페이스북의 PSR이 향후 어느 선에서 안정화될지는 두고 볼 일이다. 상장 연혁이 비교적 짧은 구글과 페이스북과는 달리, 아마존과 IBM은 각각 상장 역사가 20년, 50년 이상인 기업들이다. 따라서 이 두 기업의 PSR은 2006년 이전에 이미 안정화 단계에 접어들었다고 보는 게 타당하다. 실제로 〈그림 25〉에서 두 기업의 PSR은 2를 전후해 안정된 모습을 보여 왔다. 다만 IBM과는 달리, 아마존의 PSR이 2016년부터 상승세를 타고 있는 것은 아마존의 혁신적 비즈니스 모델 변신에 대한 시장의 기대가 반영된 결과이다.

가설 2. 현상적으로 매출 규모가 큰 기업의 PSR은 매출 규모가 작은 기업의 PSR보다 작다.

가설 2는 기본적으로 가설 1로부터 비롯된다. 가설 1에 의하면, 기업이 성장 초기에 있을 때 PSR이 크나, 성장 후기로 가면 매출이 커지면서 PSR은 점차 줄어들기에 가설 2는 당연한 결과로 보인다. 그런데 가설 2가 가설 1과 다른 점은 이 현상이 한 기업에 대해 시간축상에서만 나타나는 것이 아니라 서로 다른 기업, 서로 다른 시간에 대해서도 성립한다는 것이다.

가설 2가 실증적으로 검증된 명제임은 앞의 〈표 11〉을 보면 뚜렷하다. 〈표 11〉은 27개 산업에서 PSR이 매출, 매출성장률, 영업이익률, 자산이익률에 대해 어떻게 반응하는지 그 결과를 보여준다. 추정된 회귀식상의 매출 계수는 모든 섹터에서 음의 값을 보였고, 그 중 2개 섹터를 제외한 25개 섹터에서 통계적으로 그 유의성이 입증되었다.

그렇다면 가설 2가 현실적으로 시사하는 바는 무엇일까? 가설 2는 가설 1에 추가해서 매출 규모가 작은 기업의 시가총액을 끌어올리는 것보다 매출 규모가 큰 기업의 시가총액을 끌어올리는 것이 훨씬 어렵다는 것을 시사한다. 작은 돌을 빠르게 굴리기보다 큰 바위를 빠르게 굴리기가 훨씬 어려운 것과 같은 이치라고나 할까.

가설 3. PSR이 비즈니스 컨포먼스의 척도로서 충분히 타당하다면 루키의 PSR이 메이저리거의 PSR보다 전반적으로 더 크게 나타날 것이다.

비즈니스 컨포먼스는 기업의 본질적 가치에 대한 기대이고 이 기대는 PSR로 추정할 수 있다고 했다. 만일 이 명제가 맞다면, 우리가 구분한 루키의 PSR이 메이저리거의 PSR보다 클 것으로 예상할 수 있다. 왜냐하면 상식적으로 루키가 더 젊은 기업이고 지난 13년 동안 마이너리그에서 메이저리그로 급성장하였으므로 루키에 대한 기대가 메이저리거에 대한 기대보다 클 가능성이 높다.

그러나 이는 어디까지나 우리의 추정일 뿐 사실 여부는 데이터를 통해 살펴봐야 한다. 〈그림 26〉은 이를 실증적으로 확인해 보기 위해, 27개 산업섹터별로 2019년도 루키들의 평균 PSR와 메이저리거들의 평균 PSR을 상호 비교해 본 결과이다. 여기에서 RPSR은 루키의 PSR을, MPSR은 메이저리거의 PSR을 나타낸다. 편의상 순서는 산업섹터 전체의 PSR 평균값이 큰 순서대로 나열하였다.

우리의 1차적 관심은 RPSR와 MPSR 간에 뚜렷한 차이가 있느냐의 여부이다. 그림에서 우리는 전체 27개 산업섹터 중 반도체, 생활용품, 보험 섹터를 제외한 24개의 산업섹터에서 RPSR 값이 MPSR 값보다 큼을 알 수 있다. 이는 예상대로, 루키의 비즈니스 컨포먼스가 전반적으로 메이저리거의 비즈니스 컨포먼스보다 크다는 것을 입증하는 것이다. 그러나 이 해석은 전반적인 경향을 말하는 것이지 모든 경우에 그렇다는 것이 아님에 유의할 필요가 있다. 예컨대, 반도체산업의 경우 젊은 루키들이 시장에 진입하고 있음에도 불구하고 시장의 기대는 메이저리거에 더 가 있음이

그림 26. 2019년 산업섹터별 루키와 메이저리거의 PSR 비교

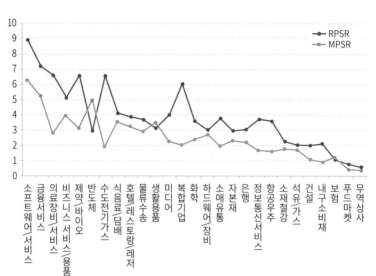

뚜렷히 보인다.

결국 가설 3은 PSR이 비즈니스 컨포먼스를 측정하는 지표로서 상당 수준 이상으로 유용하다는 것을 입증하는 것이지, 루키에 대한 시장 기대가 메이저리거에 대한 시장 기대보다 항상 크다는 것을 말하지는 않는다. 그것보다는 PSR을 지표로 활용해서 27개 섹터의 상대적 유망성을 비교하거나, 산업섹터 내 루키 그룹과 메이저리거 그룹의 유망성을 비교할 수 있는 실증적 근거를 우리가 갖게 되었다는 것을 의미한다.

> **관찰 1. 2019년 기준 27개 산업섹터의 유망성을 비즈니스 컨포먼스 관점에서 평가해 보면, 1위 소프트웨어/서비스, 2위 금융서비스, 3위 의료장비/서비스, 4위 비즈니스 서비스/용품, 5위 제약/바이오, 6위 반도체, 7위 수도전기가스, 8위 식음료/담배, 9위 호텔/레스토랑/레저, 10위 물류수송, 11위 생활용품, 12위 미디어, 13위 복합기업, 14위 화학, 15위 하드웨어/장비, 16위 소매유통, 17위 자본재, 18위 은행, 19위 정보통신서비스, 20위 항공우주, 21위 소재철강, 22위 석유/가스, 23위 건설, 24위 내구소비재, 25위 보험, 26위 푸드마켓, 27위 무역상사 순이다.**

이러한 추정은 산업섹터의 유망성을 전반적으로 평가해서 상호 비교한다는 점에서는 유용할 수 있다. 그런데 이미 살펴 본 바와 같이, 산업섹터 간 PSR의 편차보다도 산업섹터 내 루키와 메이저리거 간 PSR의 편차가 더 큰 경우가 많기에, 유망성에 대한 평가는 최대한 기업 단위로 내려가면 갈수록 좋다. 개가 일반적으로 고양이보다 크다고 해도 치와와는 러시안

블루보다 작다. 일반화의 오류를 범하지 않도록 유의하면서 해석해야 한다는 얘기다. 이런 관점에서, 관찰 1의 눈높이를 한 단계 낮춰 27개 산업 섹터별 루키와 메이저리거, 즉 54개 기업 집단에 대해 유망성을 비교해 보는 것은 적어도 관찰 1보다는 더 실체에 다가가는 일이다.

관찰 2. 각 산업섹터 내 루키와 메이저리거, 총 54개 그룹의 유망성을 비즈니스 컨포먼스 관점에서 살펴 본 결과, 상위 25개 그룹의 PSR과 순위는 〈표 12〉와 같았다.

〈표 12〉를 보면, 유망성이 가장 높게 평가된 기업 그룹은 역시 소프트웨어/서비스 섹터다. 루키 그룹이 1위로 8.9, 메이저리거 그룹이 6위로 6.28을 기록했다. 변화무쌍한 금융서비스 섹터의 루키 그룹이 7.21로 2위를 한 것도 흥미롭다. 우리가 전반적으로 유망하다고 얘기해 왔던 섹터의 유망성이 확인되고 있다. 즉 의료장비/서비스 섹터의 루키 그룹, 제약/바이오 섹터의 루키 그룹이 6.6대의 높은 PSR 수치를 보였다.

예상 밖의 결과는 5위를 기록한 수도전기가스 섹터의 루키 그룹이다. 예상과 달리 6.57이라는 높은 PSR을 보유하고 있다. 의외의 결과를 보인 또 다른 섹터가 미디어 섹터다. 전반적으로 구조조정이 심하게 일어난 가운데, 이 섹터의 루키 그룹은 4.01이라는 비교적 높은 PSR 값을 보이고 있다. 반도체 섹터는 앞서 논의한 대로 산업 특성상 메이저리거에 대한 유망성이 더욱 높게 평가되어, 4.99라는 높은 PSR로 순위 10위를 기록했다.

관찰 1과 관찰 2로부터 우리는 기업의 유망성에 관한 평가를 기업 집단

표 12. 2019년 기준 비즈니스 컨포먼스 관점에서 산업섹터 내 그룹별 유망성 비교

순위	산업섹터	그룹	기업 수	PSR
1	소프트웨어/서비스Software&Services	루키	45	8.90
2	금융서비스Diversified Financials	루키	52	7.21
3	의료장비/서비스Healthcare Equip & Svcs	루키	15	6.66
4	제약/바이오Drugs & Biotechnology	루키	21	6.62
5	수도전기가스Utilities	루키	21	6.57
6	소프트웨어/서비스Software & Services	메이저리거	14	6.28
7	복합기업Conglomerates	루키	4	6.03
8	금융서비스Diversified Financials	메이저리거	28	5.28
9	비즈니스 서비스/용품Business Svc & Supplies	루키	23	5.13
10	반도체Semiconductors	메이저리거	20	4.99
11	식음료/담배Food, Drink & Tobacco	루키	34	4.11
12	미디어Media	루키	10	4.01
13	비즈니스 서비스/용품Business Svc & Supplies	메이저리거	8	3.98
14	호텔/레스토랑/레저Hotels, Restaurants & Leisure	루키	11	3.89
15	소매유통Retailing	루키	14	3.79
16	정보통신서비스Telecommunications Services	루키	11	3.72
17	물류수송Transportation	루키	19	3.69
18	항공우주Aerospace & Defense	루키	3	3.61
19	화학Chemicals	루키	12	3.60
20	식음료/담배Food, Drink & Tobacco	메이저리거	17	3.54
21	생활용품Household & Personal Products	메이저리거	16	3.48
22	호텔/레스토랑/레저Hotels, Restaurants & Leisure	메이저리거	7	3.26
23	생활용품Household & Personal Products	루키	16	3.17
24	제약/바이오Drugs & Biotechnology	메이저리거	24	3.09
25	은행Banking	루키	57	3.02

을 대상으로 행하는 경우, 해석에 매우 조심해야 함을 알 수 있다. 예컨대 산업섹터를 두고 평가했을 때, 복합기업은 13위에 불과했으나 복합기업 섹터의 루키는 관찰 2에서는 전체 54개 그룹 중 7위에 랭크되었다. 이렇게 분석 단위가 산업에서 기업 그룹으로, 기업 그룹에서 다시 기업으로 내려감에 따라 이러한 유용성 평가는 우리의 막연한 포괄적 평가와는 다를 수 있다.

05
비재무적 기대 관점에서 본 비즈니스 컨포먼스

컨포먼스 이론을 설명하면서 비즈니스 컨포먼스는 재무적 기대와 비재무적 기대로 나누어진다고 했다. 이 중 비재무적 기대는 '혁신성과에 대한 기대'와 '시장 기대에 따른 자본수급'을 반영한다. 비재무적 기대를 구성하는 이 두 가지 변인은 주관적 판단은 가능하나 데이터에 의한 정량적 추정은 쉽지 않다. 그러면 비즈니스 컨포먼스를 구성하는 이 두 가지 기대가 실제 기업사례에서 어떻게 나타나고 이들은 기업가치, 즉 시가총액의 변화와 어떻게 연계되는지 살펴보자.

우선 〈그림 27〉은 2006년부터 2019년까지 구글의 비즈니스 컨포먼스 구성요소의 변화 추이를 도식화하여 보여주고 있다. 그림에는 PSR, 재무적 기대, 비재무적 기대의 값이 나타나 있는데, 이들 사이의 관계식은 다음과 같다.

PSR = 재무적 기대 + 비재무적 기대

PSR은 데이터로부터 주어진 값이고, 재무적 기대는 앞서 설명한 회귀식에 의해 추정한 값이다. 〈그림 27〉에 네모(━■━)로 표시된 재무적 기대는 구글/알파벳이 이룬 매출, 매출성장률, 영업이익률, 자산이익률에 대해 자본시장의 소프트웨어/서비스 섹터가 기대하는 PSR 수준을 의미한다. 만일 실제 PSR이 재무적 기대와 차이가 난다면 그 차이는 비재무적 요인, 즉 혁신성과에 대한 기대와 시장 기대에 따른 자본수급의 영향 때문인 셈이다.

구글/알파벳의 재무적 기댓값은 2007년 12.61에서 점차 하락, 금융위기를 거치면서 7 근처 값으로 안정되는가 싶더니, 2014년부터 다시 하락, 2015년에는 5 이하로 내려갔다. 이에 반해 PSR은 2007년 재무적 기

그림 27. 구글/알파벳의 비즈니스 컨포먼스 및 시가총액 변화 추이[48]

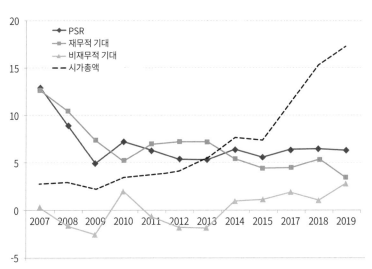

대와 비슷한 12.98에서 출발하여 점차 하락, 2009년~2010년 금융위기로 인한 출렁임을 거친 다음 2019년까지 PSR=6 근처에서 안정화되었다. 2014년 이전까지는 구글의 PSR이 재무적 기대 수준을 밑돌다가, 2014년부터는 재무적 기대 수준을 상회하기 시작했다. 실제 PSR이 재무적 기대 수준을 상회한다는 것은 비재무적 요인이 기업가치를 끌어올리는 데 기여하고 있다는 얘기다. 과연 어떤 요인이 작용했을까?

하나의 가설로 생각해 볼 수 있는 것은 2015년 8월 발표된 알파벳의 설립과 구글 지배구조의 변화가 2017, 2018, 2019년의 PSR에 반영되어 구글의 기업가치를 재무적 기대 이상으로 끌어올렸다는 것이다. 이 가설을 역으로 해석하면, PSR과 재무적 기대의 차이, 즉 비재무적 기대는 PSR에 대한 디스카운트discount나 프리미엄premium을 반영한다는 것이다. 디스카운트를 만들어내는 요인으로는 상장된 주식시장의 규모가 작아서 기업가치를 제대로 평가받지 못한다든지, 국가 위험country risk이 작용한다든지, 과거의 기업 브랜드 이미지가 미래로의 발전을 제약하고 있다든지 등 너무나 많고 다양하다. 한편 프리미엄을 만드는 요인은 다양한 경영혁신 활동이나 기술개발 성과 같은 혁신 기대가 주종을 이루나 이 외에도 이벤트 등을 통해 만들어지는 혁신이미지도 요인일 수 있다.

그렇다면 구글에 비해 업력이 훨씬 긴 아마존에 대해서도 이런 해석이 가능할까? 〈그림 28〉을 보면, 아마존의 재무적 기댓값은 2008년 2.15, 2011년 2.17을 기록한 이래 점차 하락, 2016년에는 1.22까지 떨어졌다가 2018년 1.75 수준으로 반등했다. 이러한 변동은 있지만, 전체적인 추세는 하락이다. 이에 반해 실제 PSR은 2007년부터 2012년까지는 재무적 기댓값에 근접해 있었으나, 2013년부터 2019년까지 지속적으로 상승, 재무적 기대와의 격차를 크게 벌리고 있다. 이렇게 해서 2018년과 2019년의 PSR 값은 4.03과 3.93이라는 매우 높은 값을 기록하고 있다.

2013년 이후 PSR과 재무적 기대의 격차, 즉 비재무적 기대의 프리미엄을 만들어낸 요인은 무엇일까? 클라우드 서비스의 대명사인 AWS_{Amazon} _{Web Service}가 시작된 것은 2002년이지만 AWS의 매출이 가시적으로 나타난 시기는 2012년이다.[49] 기록에 의하면, 2012년 매출이 15억 달러에 달했다. 그 이후 AWS는 급성장, 아마존 전체의 매출 성장에 기여하게 된다. 실제로 2015년 일사분기에만 매출이 15억 7천만 달러였다. 온라인 점포였던 아마존이 첨단의 클라우드 기업으로 변신한 것이다. 2012년 이후

그림 28. 아마존의 비즈니스 컨포먼스 및 시가총액 변화 추이

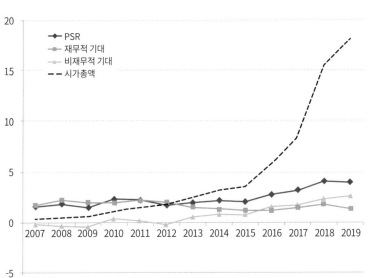

아마존에 대한 비재무적 기대가 점차 확대된 배경에는 바로 이러한 아마존의 변신에 대한 혁신 기대가 있었다. 2020년 지금까지도 아마존의 PSR에 프리미엄이 유지되는 이유는 클라우드 서비스에 대한 시장 기대가 꺾일 줄 모른 채 여전히 확대일로에 있기 때문이다.

다소 다른 산업섹터의 기업도 살펴보자. 〈그림 29〉와 〈그림 30〉은 내구소비재 섹터의 두 기업, 토요타자동차와 현대자동차의 경우를 보여준다. 자동차산업은 매우 오랜 업력을 갖고 있기에 자동차 제조사에 대한 시장의 기대는 비교적 안정적이다. 실제로 두 기업의 재무적 성과에 대한 기댓값은 매우 안정적이면서 비슷한 추세를 보인다. 금융위기 전후에 보인 성과 저하와 최근 나타나고 있는 점진적 성과 하락이 그것이다.

그림 29. 토요타자동차의 비즈니스 컨포먼스 및 시가총액 변화 추이

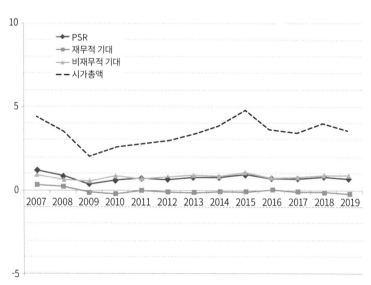

그런데 이러한 추세의 유사성과는 달리 두 기업 간 뚜렷이 구분되는 것이 있다. 토요타자동차의 PSR은 평균 0.75로, 거의 0에 머물고 있는 재무적 기댓값보다 일정 수준 높게 형성되어 있다. 반면 현대자동차의 PSR은 평균 0.39로, 재무적 기댓값 평균 0.86을 훨씬 하회하고 있다. 토요타자동차는 양의 비재무적 기대를 갖고 있고 현대자동차는 음의 비재무적 기대를 갖고 있다. 다시 말해, 토요타자동차에게는 뚜렷한 프리미엄이 존재하나 현대자동차에게는 뚜렷한 디스카운트가 작동한다는 얘기다.

이러한 비재무적 기대의 양극화를 어떻게 설명해야 할까? 굳이 요인을 찾자면, 시장 매출 규모와 오랫동안 쌓아온 브랜드 이미지 차이를 들 수 있다. 시장 1위 사업자로서 토요타자동차의 매출 규모는 현대자동차의 세

그림 30. 현대자동차의 비즈니스 컨포먼스 및 시가총액 변화 추이

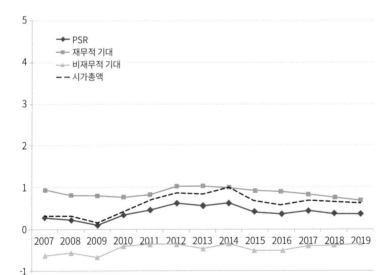

배에 달한다. 또한 토요타자동차의 브랜드 이미지는 탄탄하게 잘 구축되어 있는 반면, 현대자동차의 브랜드 이미지는 여전히 과거로부터 자유롭지 않아 보인다. 최근 글로벌 자동차시장에서 현대차의 품질 수준과 상품 경쟁력이 빠르게 올라가고 있어, 향후 이 격차는 점차 줄 것으로 전망된다. 그렇더라도 현대자동차 입장에서는 혁신 이미지를 높여 시장의 혁신 기대를 빠르게 끌어올리는 것이 최우선 과제가 아닌가 한다.

반도체 분야에서 글로벌 리더 중 하나인 삼성전자의 경우는 어떨까? 〈그림 31〉을 보면, 삼성전자의 재무적 기댓값은 앞서 살펴본 기업들과는 달리 2014년까지 지속적 하락세였다. 값으로 보면, 2007년 1.92에 달했던 재무적 기댓값은 2014년에는 거의 0 수준으로 하락했다. 이는 삼성전자의 성과가 반도체 섹터가 전반적으로 기대하는 재무적 성과에 미

그림 31. 삼성전자의 비즈니스 컨포먼스 및 시가총액 변화 추이

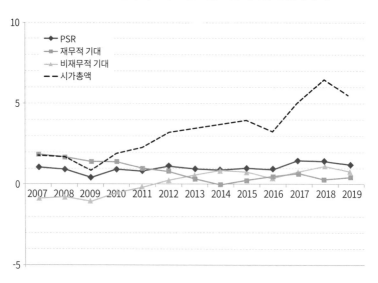

달했다는 것을 의미한다. 그 이후 재무적 기대는 조금 회복해서 2017년 0.69까지 상승했다가 2019년 0.43을 기록 중이다.

그러나 이렇게 저조한 재무적 기댓값에도 불구하고 삼성전자의 PSR은 2006년 금융위기 때를 제외하고는 1을 중심으로 작은 등락을 보이고 있고, 2017년과 2018년에는 1.46, 1.45로 높은 수치를 기록했다. 그 결과 PSR은 재무적 기댓값을 크게 상회하여 그 차이인 비재무적 기댓값은 2018년 1.14로 최대치를 기록했다. 시가총액은 이러한 기대를 타고 2009년 이후 2016년 일시적 하락을 제외하고는 전반적으로 큰 상승세를 보였다. 이러한 기업가치의 큰 상승을 만든 요인은 무엇일까?

기업경영의 복잡함과 살얼음판 같은 시장경쟁의 처절함을 감안할 때, 삼성전자의 비재무적 기대가 내용적으로 무엇인지를 몇 마디로 표현할 수는 없다. 다만, 반도체 이외에 스마트폰이나 TV/가전 분야에서 만들어내고 있는 혁신기반 시장 확대가 일조를 했을 것임은 분명하다. 이런 관점에서 시가총액의 변화를 이해하고자 할 때, '기업가치 = 창출가치 × 비즈니스 컨포먼스'임을 상기할 필요가 있다. 비즈니스 컨포먼스를 구성하는 재무적 기대와 비재무적 기대와 함께 창출가치의 규모 역시 최종적인 기업가치의 크기를 결정할 때 결정적인 역할을 한다는 것이다.

실제로 삼성전자의 창출가치 추이를 보면, 2010년까지는 1천억 달러 전후에 머물다가, 2011년과 2012년 1,400억 달러 수준으로 점프하더니, 2014년부터는 거의 2천억 달러대로 상승, 안착하였다. 삼성전자의 기업가치 상승에 비즈니스 컨포먼스의 상승과 함께 매출 규모 자체의 확대가 큰 역할을 했다는 얘기다. 이 점은 아마존의 기업가치 상승의 원리와도 궤를

같이 하는 것이다. 비즈니스 컨포먼스를 키우는 노력과 함께 창출가치 자체를 키우는 노력이 중요함을 일깨우는 사례인 셈이다.

그러면 4차 산업혁명의 진전과 함께 경영학 분야에서 가장 모범적인 기업으로 회자되었던 GEGeneral Electric의 사례를 한번 살펴보자. GE는 복합기업으로서의 특성상 금융위기의 영향을 많이 받는 기업이다. 〈그림 32〉에서 보듯이 GE의 시가총액은 금융위기 때 가장 극적으로 하락했었다. 그럼에도 불구하고 GE의 재무적 성과로부터의 기대는 2007년 이래 2017년까지 2 내외에서 안정세를 보여 왔다. 그리고 PSR은 금융위기 때를 제외하고는 동기간 동안 재무적 기대를 상회하는 선에서 완만한 상승세를 보여 왔다.

그림 32. GE의 비즈니스 컨포먼스 및 시가총액 변화 추이

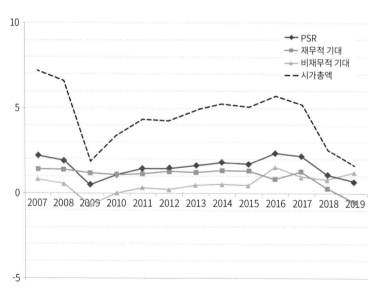

그런데 2017년이 지나면서 이러한 추세는 급반전을 이루면서 급락하게 된다. 재무적 기대가 하락하면서 비즈니스 컨포먼스가 크게 하락하고, 다시 시가총액이 크게 하락한 것이다. 최근 3~4년간의 GE의 위기에 대해서는 널리 알려져 있다. 그 내용을 재무적 관점에서만 보면, 첫째 GE의 매출은 2009년 1,825억 달러로 최고치를 기록한 이래 서서히 하락, 2019년에는 1,216억 달러로 내려앉았다. 그런데 더욱 최악인 것은 2018년 처음으로 78억 달러의 영업손실을 기록하더니 그 규모가 2019년에는 224억 달러로 확대되었다.

GE의 사례는 기업가치와 관련해서 몇 가지 중요한 시사점을 우리에게 던져준다. 그것은 자본시장이 기업에 대해서 갖는 기대가 좋은 시절에는 상당한 비재무적 프리미엄을 만들어내는데, 이런 상황을 만드는 가장 기본적인 전제가 있다는 사실이다. 첫째, 기업의 존재 이유인 창출가치, 즉 매출이 감소하면 안 된다는 것이고 둘째, 어떤 상황에서도 손실을 내서는 안 된다는 것이다. 자본시장은 일시적 손실은 참으나 지속되는 손실은 참지 못한다.

비즈니스 컨포먼스는 때로는 고평가될 수도 있고 때로는 저평가될 수도 있다. 비즈니스 컨포먼스는 기업의 혁신 기대뿐 아니라 자본시장, 더 나아가 경기변동 같은 경제시스템에 내재된 변동성에 의해서도 영향을 받는다. 그러나 그 영향의 정도가 기업의 본질적 가치를 좌우하는 창출가치, 즉 매출과 경영활동의 목적인 영업이익까지 훼손하는 단계로 접어들면 얘기가 달라진다. 좋은 비즈니스 컨포먼스가 기업가치 성장의 조건이라면, 창출가치와 영업이익을 일정 수준 이상 유지하는 것은 생존의 조건

이다. 좋은 제품 컨포먼스, 좋은 공정 컨포먼스 없이 좋은 비즈니스 컨포
먼스가 있을 수 없다.

8장

부는 가치를 따라 성장한다

01
가치창출은 기본 중의 기본이다

가치창출은 기업 활동의 기본에서도 기본이다. 가치창출이야말로 기업이 존재해야 하는 이유 그 자체이다. 기업은 가치 있는 물건이나 서비스를 시장에 공급함으로써 인간 삶의 수준을 향상시킨다. 나아가 매출을 통해 부가가치를 만듦으로써 우리의 삶을 지탱하는 일자리를 만들어낸다. 부가가치가 크면 클수록 기업이 만드는 일자리도 많아진다. 일자리는 개인과 가족, 사회가 일상을 유지하는 기반이자 터전이다. 국가사회의 구성원 모두가 함께 살 수 있는 저변에 바로 기업의 가치창출 활동이 있다.

가치창출 활동이 오랜 기간 지속되고 시장거래를 통해 신용이 구축되면 해당 기업에 대한 사회적 신뢰는 점차 깊어진다. 사회적 신뢰는 다시 상승작용을 일으켜 그 기업에 매출 성장을 가져오고, 이는 해당 기업에 대한 자본시장의 기대를 키운다. 가치창출 활동을 잘하는 기업에 대해 자본시장이 갖는 기대가 바로 '제품 컨포먼스'다.

기업의 가치창출 역사는 기원전까지 거슬러 올라간다. 그러나 오늘날과 같은 모습의 가치창출 메커니즘을 작동시킨 것은 누가 뭐래도 18세기 후반의 산업혁명이다. 그로부터 2세기를 훌쩍 넘긴 지금, 우리의 경제사회시스템에 축적된 창출가치의 다양성과 규모는 이루 형용하기 어려울 만큼 크다. 따라서 메이저리그 기업들이 창출하는 가치의 다양성과 규모가 전체를 대변한다고 할 수는 없다.

그러나 2005년부터 2018년까지 글로벌 GDP 대비 메이저리그 기업의 매출총액 규모는 연도에 따라 최소 35%에서 최대 41%를 보이고 있다. 만일 전체 산업섹터의 평균 부가가치율을 40%로 가정하면, 메이저리그의 가치창출 활동은 글로벌 가치창출 총량의 15% 내외가 된다. 메이저리그가 글로벌 가치창출 활동에 대해 그 정도의 대표성을 갖는다는 얘기다. 그러면 이를 전제로 메이저리그 기업들이 규모, 성장성의 관점에서 제품 컨포먼스 수준을 높이기 위해 어떤 가치를 추구하고 어떤 비즈니스 모델을 개발하고 있는지 탐구해보자.

02
산업섹터별 시장성장 실적과 전망

제품 컨포먼스는 소비자 욕구나 니즈를 잘 충족시키는 능력 또는 역량으로, 소비자들의 기대에 부응하는 동태적 역량dynamic capability이다.[50] 이 역량은 실적으로는 매출로 대변되나 미래에 대한 기대로는 매출성장률로 정량화될 수 있다. 데이터에 따르면, 27개 산업섹터에 걸쳐 매출총량은 2006년 19조 1,250억 달러에서 2019년 30조 7,120억 달러로 1.61배 성장했다. 그러나 산업섹터별 성장배율은 편차가 커서 소프트웨어/서비스는 4.8배, 제약/바이오는 3.52배, 건설은 2.85배, 반도체는 2.76배 등 평균을 크게 상회하는 실적을 보였다. 〈그림 33〉은 27개 산업섹터의 매출 규모와 매출성장 전망을 도식화한 것이다. 매출 규모는 2019년에 대응되는, 정확하게는 회계연도 2018년의 매출액이고 매출성장 전망은 2019년 매출 규모에 2006년부터 2019년까지의 성장배율을 곱한 값이다.[51]

　x축이 현재 각 산업섹터가 시장에서 창출하고 있는 연간 가치의 총량을 나타내고 있다면, y축은 2019년 매출에 성장배율을 곱한 값, 즉 매출성장 전망치를 나타낸다. 그렇다면 현재까지 이룬 가치창출 실적과 미래에 예상되는 가치창출 전망은 과연 어떤 변화를 보일 것인가?

관찰 1. 가치 클러스터로서의 각 산업섹터는 창출가치의 총량과 창출가치 성장 전망에 있어서 서로 다른 순위를 보인다.

〈그림 33〉에 의하면, 2019년 기준 창출가치 총량은 규모 순으로 1위 석유/가스, 2위 은행, 3위 내구소비재, 4위 보험, 5위 소매유통, 6위 제약/바이오, 7위 금융서비스, 8위 정보통신서비스, 9위 하드웨어/장비 등이고 매출성장 전망 순으로는 1위 석유/가스, 2위 은행, 3위 제약/바이오, 4위 소

프트웨어/서비스, 5위 내구소비재, 6위 보험, 7위 건설, 8위 소매유통, 9위 하드웨어/장비, 10위 정보통신서비스, 11위 금융서비스 등이다.

　실적과 전망 사이에 차이를 유발하는 가장 큰 요인은 성장배율이다. 지난 13년간 창출가치에 있어서 가장 빠른 성장을 보인 섹터는 소프트웨어/서비스 섹터이다. 뒤를 이어 제약/바이오, 건설, 반도체, 무역상사, 생활용품, 비즈니스 서비스/용품 등의 순서이다. 그 결과 〈그림 33〉의 좌하우상의 대각선에서 좌상의 방향으로 벗어난 섹터가 현재와 미래간 큰 차이

그림 33. 산업섹터별 매출 vs 매출성장 전망

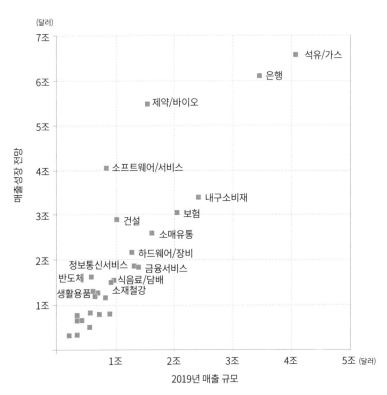

를 보이고 있는 섹터들이다. 대표적인 섹터가 제약/바이오, 소프트웨어/서비스, 건설, 반도체 섹터이다.

그런데 각 섹터마다 다른 구조적 특성을 감안할 때 이러한 매출성장 전망을 과연 한 가지 기준으로 해석하는 것이 타당할까? 예컨대 식음료/담배는 소비재이고, 소재철강은 생산재인데 말이다. 이런 인식에 따라 27개 산업섹터를 소비재시장, 생산재시장, 금융시장으로 구분하여 시장별로 가치점유율과 미래성장성을 비교해 보기로 하자.

관찰 2. 가치 클러스터로서의 각 산업섹터는 활동 영역이 소비재시장, 생산재시장, 금융시장이냐에 따라 창출가치 시장 전망에 있어서 서로 다른 순위를 보인다.

제품이나 서비스를 구분할 때 최종 소비자를 위한 것이면 소비재, 다른 기업의 생산 활동에 재투입되는 것이면 생산재라고 한다. 비즈니스 모델 관점에서는 B2C~Business to Consumer~이면 소비매출로, B2B~Business to Business~이면 생산매출로 본다. 예컨대 내구소비재나 소매유통은 모두 소비재시장에 속하고 자본재, 항공우주, 화학, 반도체 섹터는 모두 생산재시장에 속한다. 그런데 한 산업섹터가 소비재와 생산재를 모두 생산하는 경우도 있다. 소프트웨어/서비스나 의료장비/서비스, 하드웨어/장비, 비즈니스 서비스/용품 섹터가 대표적 예이다.

〈표 13〉은 소비재시장, 생산재시장, 금융시장 각각에 대해 각 산업섹터가 창출하는 가치 총량과 향후 전망치를 추정한 결과이다. 표에서 소비매

출/생산매출/금융매출은 2019년 기준 매출 규모이고, 소비점유율/생산점유율/금융점유율은 소비시장/생산시장/금융시장 각각에서 각 산업섹터가 차지하는 점유율이다. 예컨대 소비재시장에서 제약/바이오의 소비점유율은 12%, 내구소비재의 소비점유율은 18%, 소매유통의 소비점유율은 12%라는 식이다.

생산재시장에서는 석유/가스의 생산점유율이 38%, 건설의 생산점유율이 9%, 소재철강의 생산점유율이 9% 등이다. 금융시장에서는 은행이 50%, 보험이 30%, 금융서비스가 20%의 점유율을 보이고 있다. 매출성장 전망은 소비재시장, 생산재시장, 금융시장 각각에 대해 매출전망치를 나타내고, 성장성은 그 크기를 평균값으로 나누어 상대적 지표화한 값이다.

표 13. 산업섹터별 매출성장 전망

a. 소비재시장

산업섹터	기업 수	소비매출 (달러)	소비 점유율	매출성장 전망 (달러)	성장성
제약/바이오 Drugs & Biotechnology	45	1조 5,580억	12%	5조 4,830억	3.44
내구소비재 Consumer Durables	34	2조 4,120억	18%	3조 3,880억	2.13
소매유통 Retailing	31	1조 6,290억	12%	2조 6,070억	1.64
소프트웨어/서비스 Software & Services	59	4,810억	4%	2조 3,080억	1.45
정보통신서비스 Telecommunications Services	35	1조 3,050억	10%	1조 8,460억	1.16
식음료/담배 Food, Drink & Tobacco	51	9,720억	7%	1조 5,480억	0.97

생활용품 Household & Personal Products	32	6,130억	5%	1조 3,040억	0.82
물류수송 Transportation	34	7,050억	5%	1조 2,690억	0.80
의료장비/서비스 Healthcare Equip & Svcs	28	6,660억	5%	9,290억	0.58
하드웨어/장비 Technology Hardware & Equip	40	4,740억	4%	7,990억	0.50
수도전기가스 Utilities	48	9,030억	7%	7,940억	0.50
푸드마켓 Food Markets	11	7,220억	6%	7,930억	0.50
미디어 Media	17	3,510억	3%	3,240억	0.20
호텔/레스토랑/레저 Hotels, Restaurants & Leisure	18	2,150억	2%	3,210억	0.20
비즈니스 서비스/용품 Business Svc & Supplies	31	1,040억	1%	1,930억	0.12

b. 생산재시장

산업섹터	기업 수	생산매출 (달러)	생산 점유율	매출성장 전망 (달러)	성장성
석유/가스 Oil & Gas Operations	61	4조 590억	38%	6조 5,720억	4.53
건설 Construction	29	1조 190억	9%	2조 9,080억	2.00
소프트웨어/서비스 Software & Services	59	3,630억	3%	1조 7,410억	1.20
반도체 Semiconductors	25	5,860억	5%	1조 6,170억	1.11
소재철강 Materials	31	9,220억	9%	1조 4,960억	1.03
하드웨어/장비 Technology Hardware & Equip	40	8,070억	8%	1조 3,600억	0.94
자본재 Capital Goods	39	6,600억	6%	1조 1,830억	0.81

화학 Chemicals	28	5,660억	5%	8,230억	0.57
무역상사 Trading Companies	5	3,510억	3%	7,810억	0.54
항공우주 Aerospace & Defense	13	4,320억	4%	6,500억	0.45
복합기업 Conglomerates	15	5,510억	5%	5,030억	0.35
비즈니스 서비스/용품 Business Svc & Supplies	31	2,420억	2%	4,490억	0.31
의료장비/서비스 Healthcare Equip & Svcs	28	1,660억	2%	2,320억	0.16
정보통신서비스 Telecommunications Services	35	130억	0%	190억	0.01

c. 금융시장

산업섹터	기업 수	금융매출 (달러)	금융 점유율	매출성장 전망 (달러)	성장성
은행 Banking	111	3조 4,340억	50%	6조 940억	1.66
보험 Insurance	48	2조 380억	30%	3조 550억	0.83
금융서비스 Diversified Financials	81	1조 3,920억	20%	1조 8,420억	0.50

〈그림 34〉는 소비재시장, 생산재시장, 금융시장에서 각 섹터의 성장성을 도식화한 것이다. 이에 따르면, 소비재시장에서 성장성이 가장 두드러지는 산업섹터는 단연 제약/바이오이다. 그 다음이 내구소비재, 소매유통, 소프트웨어/서비스, 정보통신서비스, 식음료/담배 순이다. 성장성 지표값

이 1보다 큰 산업섹터는 향후 소비점유율의 상승이 기대되나, 값이 1보다 작은 산업섹터는 향후 점유율의 감소가 예상됨을 의미한다. 생산재시장에서는 석유/가스, 건설, 소프트웨어/서비스, 반도체, 소재철강 섹터의 점유율 상승과 나머지 섹터의 점유율 하락이 예상된다. 금융시장에서는 은행 섹터가 상대적 점유율 상승을, 보험과 금융서비스는 점유율 하락을 예고하고 있다.

우리는 이제까지 가치 클러스터를 표방하는 각 산업섹터가 가치 규모를 얼마나 빠르게 키워갈지를 가치 영역의 절대적 크기 관점에서 비교해

그림 34. 산업섹터의 매출성장성 비교

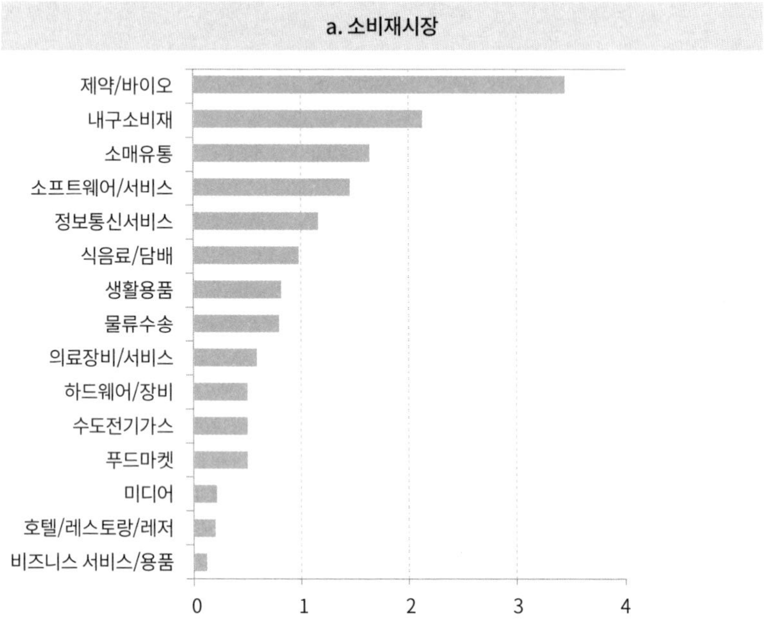

a. 소비재시장

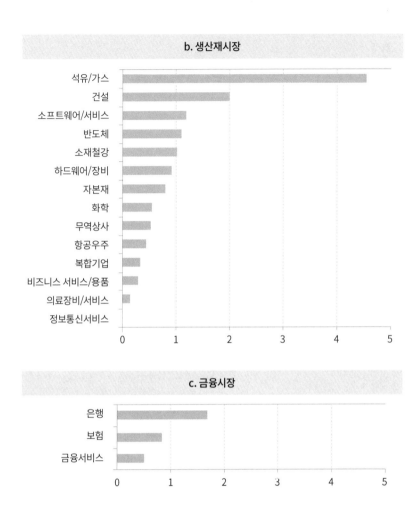

b. 생산재시장

석유/가스	
건설	
소프트웨어/서비스	
반도체	
소재철강	
하드웨어/장비	
자본재	
화학	
무역상사	
항공우주	
복합기업	
비즈니스 서비스/용품	
의료장비/서비스	
정보통신서비스	

c. 금융시장

은행	
보험	
금융서비스	

보았다. 그런데 이렇게 각 산업섹터가 자신의 가치 영역에서 창출가치를 현재 수준에서 얼마나 더 키워갈지도 궁금하지만, 개별 기업이 어떤 가치 영역에서, 어떤 비즈니스 모델로 시장을 키워갈지가 더 궁금하다. 그러면 지금부터 개별 기업 단위에서 어떤 창의적 가치창출 활동이 전개되고 있는지 산업섹터별로 살펴보자.

03
제품 컨포먼스 우수기업의 선정과 평가

가치창출은 새로운 가치 영역을 발굴하거나 새로운 비즈니스 모델의 개발을 통해 가치가 유통되는 방식을 바꿈으로써 가능하다. 아미트와 조트(Amit and Zott, 2001)는 일찍이 가치창출 메커니즘, 즉 비즈니스 모델로서 네 가지를 제시한 바 있다.[52] 첫째가 '새로움'으로, 과거에 없던 새로운 가치를 창출하는 것이다. 스마트폰이라는 제품은 2000년만 해도 상상할 수 없었던 제품이다. 둘째, '효율성'이다. 소비자가 부담해야 하는 시간, 자원, 돈을 절약해주면 소비자는 가치를 느낀다. 서울에서 부산까지 6시간 걸리는 기차와 2시간 걸리는 기차가 있을 때 소비자는 세 배 빠른 기차를 선택한다. 셋째, '보완성'이다. 케이블TV와 인터넷을 묶음 구매하면 각각을 따로 구매할 때보다 30% 저렴한데, 묶음 구매를 안할 이유가 없다. 이를 보완성이라고도 하고 시너지라고도 한다. 마지막은 '단골 효과'다. 단골가게를 정하면, 믿고 살 수 있으면서 할인도 되고 마일리지 혜택도 받을 수 있다. 처음 가는 가게보다 단골가게를 선택하는 이유이다.

제품 컨포먼스는 이렇듯 다양한 가치창출 활동에 대한 시장의 기대이며, 미래지향적 신뢰의 반영이다. 따라서 제품 컨포먼스는 시장이 요구하는 바를 얼마나 빠르게 충족시키느냐, 그리고 그러한 실적에 대해 자본시장이 얼마나 높은 수준의 포괄적 기대를 부여하느냐에 좌우된다. 지금까지의 논의에 따르면, 전자는 매출성장률로 측정할 수 있고, 후자는 자본시장의 포괄적 기대 수준인 PSR로 추정 가능하다. 개별 기업의 제품 컨포먼스를 매출성장률×PSR로 측정할 수 있다는 얘기다.

우리는 소비재시장, 생산재시장, 금융시장에서 높은 성장성을 보이고 있는 산업섹터에 대해 기업별 제품 컨포먼스를 계산하였고, 그 값이 높은 기업을 제품 컨포먼스 우수기업으로 선정하였다. '가장 최근의 연간 매출 성장률이 10% 이상이면서 PSR이 2보다 큰' 기업을 우수기업으로 정의하였고, 순위는 제품 컨포먼스(PC=매출성장률×PSR) 지표를 기준으로 결정하였다. 소비재시장에서는 40개, 생산재시장에서는 60개, 금융시장(은행, 금융서비스, 보험)에서는 31개 기업이 이 조건을 충족하여 우수기업으로 선정되었다. 세 시장에 대해 각각 제품 컨포먼스 순으로 나열한 우수기업 명단은 뒤에 별장을 참고하기 바란다.

그러면 이제부터는 소비재시장, 생산재시장, 금융시장에서 제품 컨포먼스가 우수한 기업들이 어떤 가치와 어떤 비즈니스 모델을 제안함으로써 높은 제품 컨포먼스를 달성하고 있는지 살펴보자.[53]

가. 소비재시장의 우수기업

〈표 14〉는 소비재시장에서 우수기업으로 선정된 기업의 명칭과 순위, 매출성장률, PSR, 제품 컨포먼스 점수를 보여준다. 구성을 보면, 제약/바이오 섹터에서 8개, 내구소비재 섹터에서 2개, 소매유통 섹터에서 5개, 소프트웨어/서비스 섹터에서 5개, 정보통신서비스 섹터에서 2개, 식음료/담배 섹터에서 4개, 생활용품 섹터에서 3개, 물류수송 섹터에서 5개, 수도전기가스 섹터에서 3개, 호텔/레스토랑/레저 섹터에서 1개, 비즈니스 서

표 14. 소비재시장의 제품 컨포먼스 우수기업

순위	기업명	국적	산업섹터	매출 성장률	PSR	PC
1	버텍스 파마Vertex Pharmaceuticals	미국	제약/바이오	25%	14.3	3.58
2	항서제약Jiangsu Hengrui Medicine	중국	제약/바이오	23%	15.6	3.54
8	일루미나Illumina	미국	제약/바이오	14%	14.2	1.96
17	알렉시온 Alexion Pharmaceuticals	미국	제약/바이오	14%	6.9	0.96
19	CSL	호주	제약/바이오	11%	7.5	0.81
23	셀젠Celgene	미국	제약/바이오	13%	4.3	0.57
35	애브비AbbVie	미국	제약/바이오	11%	3.5	0.38
36	에자이Eisai	일본	제약/바이오	12%	2.9	0.34
11	테슬라Tesla	미국	내구소비재	72%	2.2	1.58
30	닌텐도Nintendo	일본	내구소비재	14%	3.4	0.46
5	넷플릭스Netflix	미국	소매유통	23%	10.0	2.33
20	아마존Amazon	미국	소매유통	21%	3.9	0.81
25	패스널Fastenal	미국	소매유통	13%	4.0	0.53
26	리치몬트Richemont	스위스	소매유통	18%	2.9	0.52
38	패스트 리테일링Fast Retailing	일본	소매유통	10%	2.9	0.29
6	페이스북Facebook	미국	소프트웨어/서비스	25%	9.2	2.30
14	마이크로소프트Microsoft	미국	소프트웨어/서비스	14%	8.0	1.16
16	알파벳Alphabet	미국	소프트웨어/서비스	16%	6.3	1.02
24	바이두Baidu	중국	소프트웨어/서비스	15%	3.9	0.58
29	네이버Naver	한국	소프트웨어/서비스	16%	3.0	0.47
27	AIS Advanced Info Service	태국	정보통신서비스	15%	3.4	0.51
34	비방디Vivendi	프랑스	정보통신서비스	17%	2.3	0.39
4	구이저우 마오타이Kweichow Moutai	중국	식음료/담배	18%	17.7	3.13
7	의빈 우량예Wuliangye Yibin	중국	식음료/담배	18%	11.4	2.07
21	BAT British American Tobacco	영국	식음료/담배	25%	2.8	0.70
40	이리실업그룹Inner Mongolia Yili	중국	식음료/담배	10%	2.3	0.24

13	선저우 인터내셔널 그룹 Shenzhou International Group Holdings	홍콩	생활용품	19%	6.3	1.16
31	지보단Givaudan	스위스	생활용품	10%	4.2	0.41
37	VF	미국	생활용품	11%	2.8	0.29
9	트랜스얼반Transurban Group	호주	물류수송	22%	9.0	1.96
10	태국공항Airports of Thailand	태국	물류수송	12%	16.3	1.91
15	파리공항Aeroports de Paris	프랑스	물류수송	29%	3.8	1.10
28	DP 월드DP World	UAE	물류수송	19%	2.5	0.49
32	아틀란시아Atlantia	이탈리아	물류수송	13%	3.1	0.40
12	타운가스Towngas	홍콩	수도전기가스	19%	7.2	1.38
22	POWERGRIDPower Grid of India	인도	수도전기가스	21%	3.2	0.67
39	CNNPChina National Nuclear Power	중국	수도전기가스	10%	2.7	0.27
33	RBIRestaurant Brands International	캐나다	호텔/레스토랑/레저	13%	3.2	0.40
3	알리바바Alibaba	중국	비즈니스 서비스/용품	37%	9.3	3.42
18	씨트립Ctrip.com International	중국	비즈니스 서비스/용품	18%	5.2	0.92

비스/용품 섹터에서 2개 기업이 선정되었다. 제품 컨포먼스 점수는 최소 0.24에서 최대 3.58를 기록해 기업 간 편차도 제법 컸다.

그렇다면 제품 컨포먼스의 평가치는 기업마다 다르더라도, 같은 섹터 내 우수기업 간에는 무언가 공유하는 가치 제안value proposition이 있지 않을까? 만일 있다면 이를 미래사회가 요구하는 가치를 설명하거나 유추하는 단서로 사용할 수 있을 것이고, 없다고 한다면 그런 시도 자체를 포기해야 할 것이다. 그러면 지금부터 각 산업섹터 내 기업들이 추구하는 가치 제안이 어떤 것인지 개략적이나마 도출해 보기로 하자.

제약/바이오 섹터는 소비재시장에서 가장 높은 매출성장성을 보이는 섹터다. 이 섹터에 속한 기업 중 미국의 버텍스 파마Vertex Pharmaceuticals와 중국의 항서제약Jiangsu Hengrui Medicine은 소비재시장에서 제품 컨포먼스 수준 1, 2위를 차지하고 있다. 총 8개 기업이 우수기업으로 선정되었는데, 이들의 가치 제안은 크게 세 가지로 요약된다.

첫째, 바이오테크 기업으로서 암, 바이러스 감염, 천식/궤양/결핵/관절염/치주염/장염/간염, 면역결핍증과 같은 면역체계 이상으로 인한 난치병을 타겟팅하고 있다. 둘째, 막대한 연구개발 자원 투입을 통해 모형화와 알고리즘, 게놈시퀀싱genome sequencing, DNA 합성 등 적극적 약물설계 방법을 개발하고, 이를 통해 항바이러스제와 해독제 등을 생산하며 다양한 혈장치료, 면역치료 방안을 모색하고 있다. 이러한 시도는 버텍스 파마와 항서제약은 물론 일루미나Illumina, 알렉시온Alexion Pharmaceuticals, CSL, 셀젠Celgene, 애브비AbbVie에게서도 관찰된다.

'난치병 해결과 적극적 약물설계'라는 가치 제안과 함께 주목할 만한 세 번째 가치는 바로 '접근성'이다. 의료서비스에의 접근성은 국가마다 다르지만 '처방에 의한 치료'라는 의료 원칙에 대한 제도적·경제적 장벽은 대체로 높은 편이다. 이에 '오버더카운터over-the-counter 약품', 즉 처방전이 없어도 살 수 있는 효과성 높은 약에 대한 대중적 수요는 매우 크다. 이런 현실은 의료서비스 패러다임과 관련된 이슈로서 난치병 타개와는 또 다른 방향의 사회적 요구이기도 하다. 일본 에자이Eisai가 처방약에 추가해서 비처방약 분야로 제품 포트폴리오의 중요성을 확대하고 있는 것은 이러한 사회적 요구에 부합하는 것이다.

내구소비재 섹터에서는 테슬라Tesla와 닌텐도Nintendo 두 기업만 제품 컨포먼스 우수기업으로 선정되었다. 사업 영역은 다르지만 이 두 기업에 의해 상징되는 가치 제안은 친환경 전기차, 파괴적 혁신, 꿈과 미래에 대한 공감, 꿈을 실현시키는 저력, 처음 보는 새로운 카테고리 제품, 선제적 소비자 만족 추구, 차세대 엔터테인먼트, 온오프의 결합 등이다. 이들이 주는 통합적 이미지는 '비즈니스계의 무정부주의'다.

소매유통 섹터는 매우 빠른 속도로 경영혁신이 이루어지고 있는 분야이다. 이 섹터에서는 5개의 우수기업이 선정되었는데, 이들이 제시하는 가치 제안 역시 매우 흥미롭다. 그중 가장 돋보이는 것은 역시 기존 유통채널의 파괴이다. 아마존Amazon은 오프라인 유통채널을 온라인 채널로 대체하였고, 이를 위한 클라우드 플랫폼 개발로 콘텐츠 유통채널까지 파괴하고 있다. 콘텐츠 분야에서는 지상파나 케이블 기반의 콘텐츠 유통채널을 글로벌 인터넷 유통채널로 전면 개편하고 있는 넷플릭스Netflix가 이 추세를 주도하고 있다.

전통적 유통채널의 파괴는 비단 온라인을 통해서만 일어나는 것은 아니다. 일본의 패스트 리테일링Fast Retailing이 급성장하게 된 계기는 바로 유니클로Uniqlo의 파괴적 유통채널 혁신에 있다. 상상할 수 없는 싼 가격에 실용적인 대중 의류를 공급하고 있는 유니클로는 현재 21개국 2천여 개의 점포를 운영하고 있다. 전통적 유통채널이 갖고 있는 무형의 장벽을 가격과 유통채널 면에서 파괴하는 것, 이것이 이들이 내건 혁신적 가치 제안이다.

이와 함께 주목할 만한 가치 제안으로 '하이엔드highend'와 '대량고객화masscustomization'가 있다. 스위스 리치몬트Richemont 그룹은 시계 및 보석 분야에 특화한 초하이엔드 사업자이고, 패스널Fastenal은 산업용, 건축용 자재 분야의 공급사슬통합 사업자로서 규모와 범위의 경제를 실현하고 있는 미국의 유통기업이다. 요즘 산업용이나 건축용 자재 분야에서 표준화와 모듈화가 적극 추진되고 있는 추세는 패스널이 대량고객화를 실현하는 기본 바탕이 되고 있다.

소프트웨어/서비스 섹터의 페이스북, 마이크로소프트, 구글, 바이두Baidu, 네이버Naver는 국내외적으로 매우 잘 알려진 기업들이다. 클라우드 사업자로의 변신을 통해 기업가치를 상승시킨 마이크로소프트를 제외한 나머지 기업은 모두 지구촌 스케일의 '사회적 연결'을 제안한다. 페이스북은 SNS 영역에서, 구글, 바이두, 네이버는 검색포털과 SNS 플랫폼 영역에서 '온라인 글로벌 인프라'라는 가치 제안을 하고 있다.

정보통신서비스 섹터에서 우수기업은 태국의 AIS와 프랑스의 비방디Vivendi이다. AIS의 가치 제안이 새로울 것은 없으나, 태국의 최대 이동통신사·지배적 사업자로서의 지위, 가입자와 서비스의 증가세가 한몫 하고 있다. 이에 반해 비방디의 가치 제안은 전통적 정보통신서비스 사업자와 다르다. 유럽 최대의 미디어 제국으로 불리는 비방디가 이동통신사의 지분을 보유하고는 있지만, 가치 영역은 미래지향적 콘텐츠에 있어 보인다. 액티비전 블리자드Activision Blizzard의 설립, 유비소프트Ubisoft와 게임로프트Gameloft의 인수합병 시도 등 컴퓨터 비디오게임 시장에서 벌이고 있는 미래지향적 지배구조 구축 시도가 비방디에 대한 시장의 기대를 높이고 있는 것으로 보인다.[54]

식음료/담배 섹터는 4개의 우수기업을 보유하고는 있으나 그들의 가치 제안은 큰 소비시장을 대상으로 하고 있다는 점, 즉 규모의 경제 이외에는 특이점이 보이지 않는다. 중국의 경우 마오타이와 오량액으로 유명한 두 개의 술 제조업체가 우수기업에 올랐고, 영국의 담배기업 BAT_{British American Tobacco}는 던힐_{Dunhill}, 럭키 스트라이크_{Lucky Strike}, 켄트_{Kent}, 팔말_{Pall Mall} 등 세계적으로 유명한 담배 브랜드를 보유하고 있다. 이 분야에서 가치 제안을 도출한다면 '글로벌 브랜드' 정도가 아닐까 한다. 이리실업그룹_{Inner Mongolia Yili}은 중국의 유제품 생산기업으로, '신뢰받는 건강식품 공급'을 핵심 가치로 제안하고 있다. 담배와 건강식품이 함께 미래지향적 가치 제안으로 등장한 점이 매우 아이러니하다.

생활용품 섹터의 3개 우수기업 중 하나인 선저우_{Shenzhou International Group Holding}는 재료부터 완제품까지 통합된 공정으로 니트웨어_{knitwear}를 생산하는 중국기업으로 나이키, 아디다스, 유니클로에 제품을 공급한다. 미국의 VF는 아웃도어 의류, 배낭, 신발류를 주로 생산하는 기업으로 잔스포츠_{JanSport}, 이스트팩_{Eastpak}, 팀버랜드_{Timberland}, 노스페이스_{North Face} 브랜드 시장에 제품을 공급한다. 이 두 기업은 아웃도어 생활스포츠의 활성화 추세와 깊게 연관되어 있고, 이를 글로벌 톱브랜드가 이끌고 있는 현상과 관련이 높다.

한편 지보단_{Givaudan}은 화장품, 향수, 기능성 원료를 생산하는 스위스 기업으로 피부 및 미생물 분야에서 독보적이라고 알려져 있다. 이 분야에서 제품 컨포먼스 우수기업이 나올 수 있었던 이면에는 피부미용, 화장, 향수에 관한 소비자 관심이 부쩍 증가하고 있는 세태를 반영한다. '건강과 아름다움'이야말로 생활용품 섹터의 떠오르는 가치 제안인 셈이다.

인프라적 성격이 강한 물류수송 섹터에서 성장성이 높은 우수기업이

뽑힌 것은 몇 가지 조건과 관련 있어 보인다. 세계적 관광 및 물류의 허브이거나 유료 인프라 구축 및 운영에 배타적 권리를 보유하고 있어야 한다는 조건이다. 태국공항Airports of Thailand, 파리공항Aeroports de Paris, DP 월드DP World, 아틀란시아Atlantia는 태국, 파리, 로마, 아랍에메레이트가 관광이나 물류의 허브인 점과 관련이 있고, 트랜스얼반Transurban Group은 유료 인프라 운용이라는 독특한 비즈니스 모델을 보유하고 있다. 세계경제의 장기 정체와 함께 사회가치규범의 변화가 현시적 행복보상심리를 전반적으로 증가시키고 있는 추세가 이러한 가치 제안의 바탕이 아닌가 한다.

수도전기가스 같이 생활의 기본적 욕구를 충족시켜주는 공공사업이 자본시장에서 높은 성장성과 수익성을 가지려면 특별한 이유 없이는 불가능하다. 물류수송 분야에서 살펴 본 바와 같이 막대한 규모의 경제 또는 배타적 사업권을 보유하고 있거나 급성장하는 독과점 시장을 보유하고 있어야 한다. 수도전기가스 섹터의 3개 우수기업은 모두 이러한 조건을 적어도 한 개 이상 보유한 것으로 보인다. 규모의 경제, 독점력, 빠른 시장 성장은 만고불변의 강력한 비즈니스 모델임에 틀림없다.

RBIRestaurant Brands International는 버거킹과 팀 홀튼Tim Holtons 합병과 함께 탄생한 기업으로, 2017년 파파이스까지 인수하여 패스트푸드 시장에서 급성장하고 있다.[55] 이 기업의 가치 제안은 서브웨이Subway, 맥도날드, 스타벅스, KFC, 피자헛, 타코 벨Taco Bell과 거의 동일하다. 이런 패스트푸드 가치 제안이 자본시장에서 높게 평가받기 위한 필요조건은 점포 수의 대대적 확장이다. 인수합병을 통한 '접근성reachability'과 '시너지synergy' 향상이 시장 기대를 끌어올리고 있다.

마지막으로 알리바바와 씨트립Ctrip.com International은 가치 제안으로 보면 온라인 소매점 아마존과 여행 부문에 특화한 아마존에 비유할 수 있다. 중국이라는 거대 시장에서 온라인 유통채널로 공급사슬의 전 영역을 통합하고 있다는 점이 두 기업의 제품 컨포먼스가 높은 이유라 할 수 있다. '통합'과 '전문화'라는 이율배반적 목표를 동시에 이룰 수 있는 비즈니스 모델이 두 기업에 대한 시장의 기대인 셈이다.

나. 생산재시장의 우수기업

생산재시장은 기본적으로 소비재시장이 요구하는 재료, 부품, 설비, 장치를 제공하는 시장이라는 점에서 소비자의 최종적 가치로 해석하기에는 어려운 점이 있다. 따라서 생산재시장에서의 가치창출은 소비자의 욕구 자체보다는 소비재를 얼마나 효율적·효과적으로 생산하느냐와 같은 수단적 욕구와 관련이 있다.

생산활동은 기본적으로 에너지 소비를 가장 많이 필요로 하고, 장비나 시설의 건설을 필요로 하며, 비즈니스 운영에 필요한 서비스를 요구한다. 바로 생산재시장에서 석유/가스, 건설, 소프트웨어/서비스, 비즈니스 서비스/용품, 정보통신서비스 섹터가 하는 일이다. 여기에 생산에 투입되는 소재 및 부품과 장비는 반도체, 금속재료, 하드웨어/장비, 자본재, 항공우주, 의료장비/서비스 섹터에 의해 공급된다. 그러면 이들 생산재시장에서 각 섹터는 과연 어떤 가치 제안을 하고 있을까? 〈표 15〉는 생산재시장의 제품 컨포먼스 우수기업 명단이다.

생산재시장에서 제품 컨포먼스 우수기업을 가장 많이 보유하고 있는 섹터는 석유/가스 섹터다. 인간이 생명 유지를 위해 물과 음식을 필요로 하듯, 기업이 생산활동을 하려면 에너지가 있어야 한다. 지난 수십 년간 친환경에너지를 개발하려는 노력이 계속됐음에도 지구촌의 주 에너지원은 아직까지 석유와 가스이다. 석유/가스 섹터에 제품 컨포먼스 우수기업이 많은 이유가 여기에 있다. 예외적인 비즈니스 모델을 가진 기업이 하나 있는데, 바로 테나리스Tenaris이다. 이 기업은 가스파이프라인 건설에 쓰이는 용접강관을 생산공급한다. 셰일가스의 개발과 석유 및 가스공급선 교체로 인한 원유 및 가스수송네트워크의 변경이 테나리스에게는 커다란 성장 기회로 작용하는 것으로 보인다.[56]

건설 섹터에서 가장 높은 제품 컨포먼스를 보이는 기업은 독일의 초국적 거대 부동산 기업인 도이치 보넨Deutsche Wohnen이다. 이 기업이 메이저리그에서 높은 성과를 보이고 있는 것은 인간의 기본욕구에 속하는 주거와 관련된 비즈니스에서 시장 지배력을 보유하고 있다는 사실에 기인한다. 이 기업이 제시하는 가치 제안 중 눈에 띄는 것은 고령사회에 필요한 주거단지의 개발과 공급이다. 이른바 요양치료 시설을 갖춘 주거모형을 제공하는 것. 그러나 지난 수년간 급상승한 임대료에 불만을 표하는 사회적 저항이 늘고 있고 최근 임대료 인상에 대한 정부규제가 강화되고 있는 점은 이 기업이 맞을 최대 불확실 요인이다. 보노비아Vonovia도 이와 비슷한 상황이다.

스위스 기업으로 시카Sika는 건설과 자동차 분야에서 쓰는 접착제, 방습방수제, 강화제를 생산하는 기업이다. 이는 높은 강도를 요구하는 비행

표 15. 생산재시장의 제품 컨포먼스 우수기업

순위	기업명	국적	산업섹터	매출 성장률	PSR	PC
7	콘초 리소시스Concho Resources	미국	석유/가스	45%	5.6	2.51
14	우드사이드 페트롤리엄 Woodside Petroleum	호주	석유/가스	36%	4.5	1.61
17	컨티넨탈 리소시스Continental Resources	미국	석유/가스	34%	4.0	1.37
18	EOG 리소시스EOG Resources	미국	석유/가스	38%	3.5	1.34
25	노바텍Novatek	러시아	석유/가스	26%	4.0	1.03
29	펨비나 파이프라인Pembina Pipeline	캐나다	석유/가스	29%	3.3	0.95
31	옥시덴탈 페트롤리엄 Occidental Petroleum	미국	석유/가스	32%	2.6	0.85
40	테나리스Tenaris	룩셈부르크	석유/가스	28%	2.2	0.64
43	CNOOC China National Offshore Oil Corporation	홍콩	석유/가스	23%	2.5	0.56
45	마라톤 오일 Marathon Oil	미국	석유/가스	20%	2.4	0.50
48	헤스Hess	미국	석유/가스	14%	3.1	0.45
49	애너다코 페트롤리엄 Anadarko Petroleum	미국	석유/가스	18%	2.5	0.44
51	코노코필립스ConocoPhillips	미국	석유/가스	20%	2.0	0.41
52	셰니에르 에너지Cheniere Energy	미국	석유/가스	19%	2.1	0.41
6	도이치 보넨Deutsche Wohnen	독일	건설	31%	9.4	2.90
16	보노비아Vonovia	독일	건설	26%	5.4	1.41
50	시카Sika	스위스	건설	14%	2.9	0.42
55	벌컨 머티어리얼즈Vulcan Materials	미국	건설	10%	3.7	0.37
1	워크데이Workday	미국	소프트웨어/서비스	33%	14.9	4.96
2	오토데스크Autodesk	미국	소프트웨어/서비스	30%	14.3	4.28
3	서비스나우ServiceNow	미국	소프트웨어/서비스	24%	16.5	3.93
4	텐센트 홀딩스Tencent Holdings	중국	소프트웨어/서비스	34%	10.0	3.37
8	세일즈포스닷컴Salesforce.com	미국	소프트웨어/서비스	27%	9.1	2.42
11	인투이트Intuit	미국	소프트웨어/서비스	19%	10.4	1.93

13	레드햇Red Hat	미국	소프트웨어/서비스	17%	9.5	1.63
19	다소시스템즈Dassault Systems	프랑스	소프트웨어/서비스	14%	9.6	1.33
21	VM웨어VMware	미국	소프트웨어/서비스	14%	8.6	1.19
30	네트이즈NetEase	중국	소프트웨어/서비스	26%	3.5	0.91
33	에퀴닉스Equinix	미국	소프트웨어/서비스	11%	7.4	0.80
12	자일링스Xilinx	미국	빈도체	16%	11.8	1.89
22	마이크로칩 테크놀로지 Microchip Technology	미국	반도체	25%	4.7	1.17
24	ASML 홀딩ASML Holding	네덜란드	반도체	17%	6.6	1.15
35	브로드컴Broadcom	미국	반도체	13%	5.9	0.79
36	아날로그 디바이스Analog Devices	미국	반도체	11%	6.8	0.73
46	KLA텐코KLA-Tencor	미국	반도체	10%	4.7	0.48
53	인텔Intel	미국	반도체	11%	3.7	0.39
56	도쿄 일렉트론Tokyo Electron	일본	반도체	17%	2.2	0.36
32	노릴스크 니켈Norilsk Nickel	러시아	소재철강	26%	3.1	0.81
44	사우디 아라비안 마이닝 Saudi Arabian Mining	사우디 아라비아	소재철강	12%	4.7	0.56
15	키엔스Keyence	일본	하드웨어/설비	10%	14.8	1.55
23	포커스 미디어 인포메이션 테크놀로지 Focus Media Information Technology	중국	하드웨어/설비	17%	7.0	1.17
37	하이크비전Hikvision	중국	하드웨어/설비	11%	6.5	0.69
47	암페놀Amphenol	미국	하드웨어/설비	12%	3.8	0.47
59	무라타제작소Murata Manufacturing	일본	하드웨어/설비	14%	2.4	0.33
20	코닝Corning	미국	하드웨어/설비	11%	2.4	0.26
26	중국선박중공업 China Shipbuilding Industry Corporation	중국	자본재	27%	3.5	0.97
54	르그랑Legrand	프랑스	자본재	15%	2.7	0.39
5	카타르산업Industries Qatar	카타르	화학	23%	13.0	3.00
34	페트로나스 케미칼스Petronas Chemicals	말레이시아	화학	23%	3.5	0.79
57	포모사 플라스틱Formosa Plastics	대만	화학	12%	2.9	0.35
60	신에츠 화학Shin-Etsu Chemical	일본	화학	11%	2.8	0.30

38	트랜스다임 그룹TransDigm Group	미국	항공우주	11%	6.2	0.69
39	사프란Safran	프랑스	항공우주	30%	2.3	0.68
58	모토로라 솔루션Motorola Solutions	미국	항공우주	11%	3.2	0.34
27	페이첵스Paychex	미국	비즈니스 서비스/용품	12%	7.9	0.96
41	익스페리안Experian	아일랜드	비즈니스 서비스/용품	12%	5.4	0.63
42	IHS 마크잇IHS Markit	영국	비즈니스 서비스/용품	11%	5.4	0.58
9	인투이티브 서지컬Intuitive Surgical	미국	의료장비/서비스	12%	16.5	2.00
28	벡톤 디킨슨Becton Dickinson	미국	의료장비/서비스	27%	3.6	0.96
10	크라운 캐슬 인터내셔널 Crown Castle International	미국	정보통신서비스	22%	9.1	1.98

기, 선박, 자동차 분야에서 강철보다 가볍고 강도는 훨씬 뛰어난 유리섬유나 탄소섬유의 사용이 점차 확대되고 있는 추세를 반영한다. 미국의 벌컨 머티어리얼즈Vulcan Materials는 자갈, 모래와 같은 건설용 골재, 시멘트, 자재는 물론 아스팔트 같은 인프라용 자재를 공급하는 기업이다. 이 기업은 멕시코에 대규모 석회석 채석장을 갖고 있으면서 텍사스, 플로리다, 뉴올리언즈 등 남부의 주요 주와 도시에 자재를 공급하고 있다.

소프트웨어/서비스 섹터는 기업들이 비즈니스 프로세스 중 일부 또는 전부를 아웃소싱하는 추세를 그대로 반영하고 있다. 즉 이 섹터 내 많은 기업이 이른바 비즈니스 프로세스 아웃소싱Business Process Outsourcing을 핵심 비즈니스 모델로 삼고 있다. 재무관리와 인력관리 시장에서 워크데이Workday, IT관리운영 시장에서 서비스나우ServiceNow, 고객관계관리 시장에서 세일즈포스닷컴Salesforce.com, 회계, 세무, 급여처리 시장에서 인투이트Intuit가 활동 중이다.

이러한 BPO 활동과는 달리 핵심 IT기능이나 소프트웨어를 공급하는 기업으로는 CAD Computer Aided Design 분야에서 유명한 오토데스크Autodesk, 기업용 오픈소스 미들웨어와 가상화 솔루션 및 리눅스를 제공하는 레드햇Red Hat, 제품설계에서 디지털마케팅과 유통에 이르는 전 과정의 디지털화 솔루션을 제공하는 다소시스템즈Dassault Systems, 인터넷 접속 및 데이터센터를 제공하는 에퀴닉스Equinix, 클라우드 컴퓨팅의 핵심 기반인 가상화 플랫폼 기술을 제공하는 VM웨어VMware 등이 제품 컨포먼스 부문에서 급부상하고 있는 기업들이다. 이외 중국기업 가운데 네트이즈NetEase는 인터넷서비스 플랫폼을 제공하고 있고, 텐센트 홀딩스Tencent Holdings는 인터넷을 기반으로 비디오게임, 소셜미디어, 벤처캐피탈 사업을 하고 있다.

반도체의 효시라 할 수 있는 인텔은 컴퓨터의 두뇌인 CPU로 시작해서 현재 클라우드 컴퓨팅, 데이터센터, IoT, 비휘발성 메모리, 컴퓨터보안, 프로그래머블 솔루션 등 넓은 범위에 걸쳐 비메모리 반도체 시장을 리드하고 있다. 자일링스Xilinx는 비메모리칩인 FPGAField Programmable Gate Array 분야에서 50% 이상의 시장점유율을 보유한 기업으로 5G, 머신러닝, 빅데이터 및 AI의 성장의 핵심부품을 공급한다. CPU, GPU, FPGA를 놓고 인텔과 양강 구도를 형성하고 있다.[57] 마이크로칩테크놀로지Microship Technology는 USB, 지그비zigbee, MiFi, LoRaLong Range, SIGFOX 같은 근거리에서 장거리까지 유무선 사물인터넷 솔루션에 필요한 각종 마이크로칩을 공급한다.

브로드컴Broadcom은 넓은 분야의 반도체와 네트워크 장비를 생산하는 기업으로 데이터센터 네트워킹, 홈네트워크, 초고속인터넷, 통신장비, 스마트폰, 이동기지국 장비에 들어가는 기기와 소프트웨어를 지원한다. 아날로그Analog Devices는 데이터 변환, 신호처리, 파워매니지먼트 기술에 특화하고 있는 기업으로 통신, 컴퓨터, 기기, 군수, 자동차, 가전 분야에서 10만 이상의 고객사를 확보하고 있다. 최근 친환경 추세에 따라 많은 분야에서 배터리 사용이 늘고 있는 것은 아날로그 사의 미래 전망을 밝게 해주는 요인이다. 도쿄 일렉트론Tokyo Electron은 집적회로, 평판패널 디스플레이FPD: Flat Panel Display, 반도체 태양광전지semiconductor photovoltaic cell에 필요한 반도체를 공급하고 있다.

반도체 생산이 아닌 반도체 생산공정에 필요한 솔루션, 기기장치, 공정 기술을 제공하는 기업도 부상하고 있다. ASML은 반도체 공정 중 포토리소그래피photolithography, 즉 감광제인 포토레지스트를 웨이퍼에 도포하고 빛을 조사하여 회로에 패턴을 새기는 공정시스템을 주로 공급한다. KLA텐코KLA-Tencor는 반도체 연구개발에서부터 대량생산에 이르는 전 공정에 필요한 각종 공정관리 및 수율관리 솔루션/시스템은 물론 웨이퍼, 레티클reticle, 데이터저장매체, 발광다이오드lightemiting diode, 화합물반도체 등을 생산한다.

철강소재 섹터에서 노릴스크 니켈Norlisk Nickel은 러시아 기업으로 니켈과 팔라듐을 채굴하고 제련한다. 핀란드, 남아프리카, 호주 서부 등에 광산이 있는데 주목할 것은 팔라듐의 다양한 용도이다. 자동차용 촉매변환기, 전기접점 도금, 수소저장합금으로 상온핵융합의 전극이나 촉매로 쓰인다. 이에 대한 수요는 휘발유 자동차의 매연감축 수요 증가, 수소에너지의 활성화 등과 관련 있다.[58] 사우디 아라비안 마이닝Saudi Arabian Mining은 급성장하고 있는 광산 및 금속 기업으로 인산염, 알루미늄, 금, 구리, 산업용 무기물 등을 채굴 및 생산한다. 미국의 알루미늄 재벌 알코아와 제휴, 알루미늄 생산 컴플렉스를 건설운용하고 있다. 고품질 알루미늄을 공급하는 회사로 유명하다.

키엔스Keyence는 정밀 제어계측 전문회사로, 공장자동화와 밀접하게 연관된다. 각종 센서와 PLC, 레이저스캔 마이크로미터, 바코드리더 등을 설계한다. 키엔스는 제품기획 및 개발에 관여하며 최종재는 위탁생산하는 팹리스fabless업체이다.[59] 중국기업 포커스 미디어Focus Media Information Technology는 디지털 사이니지 스크린으로 구성되는 실외 광고네트워크를 운영하고 있다. 하이크비전Hikvision은 CCTV, 즉 비디오감시 장치를 생산하는 기업이고, 암페놀Amphenol은 광섬유 커넥터를 생산유통하며, 군사, 비행기, 자동차, 모바일기기, 브로드밴드 등 다양한 분야에 제품을 공급한다.

무라타제작소Murata Manufacturing는 적층세라믹콘덴서MLCC 세계 1위 생산업체. 이 부품은 스마트폰, 컴퓨터, TV, 전기자동차 등 모든 전자제품에 필요한 핵심부품으로, '전자산업의 쌀'로 불린다. 자동차전장용, 5G 통신 스마트폰용 MLCC, 고품목 MLCC 이외에도 통신모듈과 표면탄성파SAW 필터, 전자제품 충격센서 등에서도 세계 점유 1위 기업이다.[60] 코닝Corning 은 1998년 주방 사업부를 처분하고 산업 및 과학용 유리, 세라믹, 관련 기술재료 부문으로 특화한 기업이다. 지금은 디스플레이, 환경, 생명과학, 광통신 및 특수재료 분야에 집중하고 있고, 애플의 주요 공급사 중 하나다. 세계 최대의 유리생산업체이고 내셔널 기술혁신 상을 4회 이상 수상하기도 했다.[61]

자본재 섹터의 중국선박중공업China Shipbuilding Industry Corporation은 중

국 2대 조선소 중 하나고, 르그랑Legrand은 전력제어, 전력선관리, 배전, 디지털 정보분배 등을 담당하는 플러그, 콘센트, 소켓, 배전판 등을 생산하는 업체다.

화학 섹터에서 카타르산업Industries Qatar은 석유화학, 연료, 비료, 첨가제, 철강 사업을 하며 석유화학, 비료, 철강 3개 사업부를 운영한다. 석유화학 분야에서 에틸렌, 폴리에틸렌, 메탄올, 비료 분야에서는 암모니아, 요소, 철강 분야에서는 다양한 철강제품 생산하고 있다.[62] 페트로나스 케미칼스Petronas Chemicals는 에탄가스를 원료로 에틸렌 및 기타 에틸렌 파생제품을 생산 판매하고,[63] 포모사 플라스틱Formosa Plastics은 PVC, 플라스틱 중간재 등을 생산 판매하며, 신에츠 화학Shin-Etsu Chemical은 PVC, 반도체용 실리콘, 포토마스크 기판을 생산 판매한다.[64]

항공우주 섹터의 트랜스다임 그룹TransDigm Group은 민항기 및 군용기에 들어가는 부품과 시스템을 납품하는데, 애프터마켓Aftermarket에서 비행기 수리와 정비에 들어가는 부품을 생산 판매한다. 사프란Safran은 프랑스의 항공방위산업체로 비행기, 군용기, 전투기, 로켓엔진, 미사일, 드론, 통신장비 등을 생산하며 유체역학, 전기기계식 장비 생산이 강점이다. 모토로라 솔루션은 휴대폰사업 부문을 모토로라 모빌리티로 분사한 후 지금은 RFID와 산업용 데이터 통신장비에 집중하고 있다.

비즈니스 서비스/용품 섹터에서 페이첵스PayChex는 급여, 인적자원, 보험, 컴플라이언스 등을 아웃소싱 하며, 익스페리안Experian은 소비자 신용조사회사로 2억 3,500만 명의 미국 소비자와 2,500만 개의 미국 기업 정보를 보유하고 있다.[65] IHS 마크잇IHS Markit은 런던 기반의 글로벌 정보기업으로 다양한 산업 및 시장정보를 제공하며 140개 국가, 포춘 글로벌 500대 기업의 85% 이상을 대상으로 서비스를 제공하는 것으로 알려져 있다.[66]

　의료장비/서비스 섹터에서 인투이티브 서지컬Intuitive Surgical은 수술로봇 다빈치로 유명한 회사로 수술용 로봇에서 압도적인 1위를 지키고 있다. 벡톤 디킨슨Becton Dickinson은 의료기기, 진단장비시스템 및 시약을 생산 공급하는 헬스케어 전문기업이다. 글로벌 의료기술회사로서 의료연구, 유전체, 전염병과 암 진단, 투약관리, 수술 및 중재시술장비, 당뇨관리 지원 분야에 혁신적 솔루션을 제공하고 있다.[67]

　정보통신서비스 섹터의 크라운 캐슬Crown Castle International은 미국에서 가장 큰 공유 무선인프라 제공업체. 미국 전역에 소형 셀 네트워크를 지원하는 4만 개 이상의 타워와 6만 5천 마일의 광섬유를 소유하고 있다. AT&T, T-모바일, 버라이즌, 스프린트 넥스텔 등 4대 무선통신사업자가 크라운 캐슬의 사이트 임대수익의 73%를 차지한다. 타워의 78% 이상이 미국 무선시장에 집중되어 있고, 렌털 수익은 5년에서 최대 15년의 장기 임대에 기반하기 때문에 사업 안정성이 매우 좋다.

다. 금융시장의 우수기업

　〈표 16〉은 금융시장에서 우수기업으로 선정된 기업들이다. 은행 섹터에서 12개, 보험 섹터에서 2개, 금융서비스 섹터에서 17개 기업이 선정되었다. 이 중 눈에 띄는 몇 개 기업을 살펴보자.

표 16. 금융시장의 제품 컨포먼스 우수기업

순위	기업명	국적	산업섹터	매출성장률	PSR	PC
13	사우디 브리티시 뱅크Saudi British Bank	사우디아라비아	은행	15%	6.9	1.03
15	인더스인드 뱅크Indusind Bank	인도	은행	21%	4.5	0.96
17	퍼스트 리퍼블릭 뱅크First Republic Bank	미국	은행	19%	4.6	0.89
18	선완홍위안 그룹Shenwan Hongyuan Group	중국	은행	10%	8.5	0.85
20	쿠웨이트 뱅크National Bank of Kuwait	쿠웨이트	은행	16%	4.5	0.71
22	카타르 중앙은행Qatar National Bank	카타르	은행	17%	2.9	0.48
23	싱가포르 은행United Overseas Bank	싱가포르	은행	14%	3.1	0.43
24	노던 트러스트Northern Trust	미국	은행	14%	3.0	0.41
26	에미레이트 NBDEmirates NBD	UAE	은행	13%	2.6	0.35
27	제이피모건 체이스JPMorgan Chase	미국	은행	12%	2.8	0.34
30	노바스코샤 은행Bank of Nova Scotia	캐나다	은행	13%	2.1	0.26
31	중국상업은행China Merchants Bank	중국	은행	10%	2.4	0.24
19	AIA 그룹AIA Group	홍콩	보험	24%	3.1	0.74
21	삼포Sampo	핀란드	보험	22%	2.7	0.59
1	3i 그룹3i Group	영국	금융서비스	67%	23.2	15.59
2	유니베일 로담코Unibail-Rodamco	네덜란드	금융서비스	39%	12.6	4.93
3	홍콩증권거래소Hong Kong Exchanges	홍콩	금융서비스	11%	22.2	2.46
4	인터렉티브 브로커스 그룹Interactive Brokers Group	미국	금융서비스	25%	9.1	2.28
5	마스터카드Mastercard	미국	금융서비스	13%	16.5	2.11
6	CME 그룹CME Group	미국	금융서비스	13%	14.7	1.93
7	차이나 머천트 시큐리티스China Merchants Securities	중국	금융서비스	24%	8.0	1.87
8	하이통 증권Haitong Securities	중국	금융서비스	38%	3.8	1.43
9	중신증권Citic Securities	중국	금융서비스	26%	5.3	1.39
10	디지털 리얼티Digital Realty Trust	미국	금융서비스	15%	8.4	1.29
11	TD 어메리트레이드TD Ameritrade Holding	미국	금융서비스	24%	5.3	1.26

12	찰스 슈왑Charles Schwab	미국	금융서비스	22%	5.3	1.18
14	페이팔PayPal	미국	금융서비스	12%	8.1	1.00
16	런던증권거래소London Stock Exchange	영국	금융서비스	12%	8.0	0.96
25	미쓰비시 에스테이트Mitsubishi Estate	일본	금융서비스	20%	2.0	0.38
28	아메리칸 익스프레스American Express	미국	금융서비스	15%	2.2	0.33
29	CMSK China Merchants Shekou Industrial Zone Holdings	중국	금융서비스	14%	2.2	0.31

퍼스트 리퍼블릭 뱅크First Republic Bank는 프라이빗/퍼스널뱅킹, 비즈니스뱅킹, 신용 및 재산관리서비스를 제공하고, 노던 트러스트Northern Trust는 기업, 기관투자자, 고자산가에게 서비스를 제공하는 기업이다. 제이피모건 체이스JPMorgan Chase는 다국적 투자은행으로 미국의 BoA, 씨티그룹, 웰스파고와 함께 빅포Big 4 중 하나이다.

AIA 생명AIA Group은 홍콩의 다국적 생명보험기업으로 생명보험, 건강보험, 은퇴설계, 자산관리 분야에서 보험서비스를 제공하고 있다. 현재 아시아태평양 지역의 대부분의 국가에 진출해, 직원 수만 2만 3,500명, 많은 지역에서 시장점유율 1위의 업체이다.[68] 삼포Sampo는 P&C 보험, 만다텀 생명보험을 보유하고 있는 모기업이다.

3i 그룹은 사모펀드 및 벤처캐피탈 기업이고, 유니베일 로담코Unibail-Rodamco는 유럽의 상업부동산기업으로 유럽 최대의 기업이다. 인터렉티브 브로커스 그룹Interactive Brokers Group은 중개회사로, 미국에서 1일 거래 건수에서 최대 규모의 전자거래 플랫폼을 통해 주식, 옵션, 선물거래를 지원한다. CME 그룹CME Group은 세계 최대의 파생상품 거래시장을 운용하며 CME Globex 거래플랫폼, 외환거래를 위한 EBS 플랫폼을 보유하고 있

다. 차이나 머천트 시큐리티스China Merchants Securities는 투자은행으로 증권 중개, 투자컨설팅, 주식거래 및 자산관리서비스를 제공한다.

디지털 리얼티Digital Realty Trust는 부동산 투자기금으로 데이터센터에 집중 투자하여, 2019년 말 현재 전 세계 225개의 데이터센터 시설을 운영 중이다. 미국, 유럽, 아시아, 캐나다, 호주 등을 커버하며, 그린 그리드Green Grid 멤버로서 에너지 효율적인 데이터센터 설계로 유명하다.[69] TD 어메리트레이드TD Ameritrade는 전자거래 플랫폼을 제공하는 기업이고,[70] 찰스 슈왑Charles Schwab은 미국에서 블랙록BlackRock, 뱅가드Vanguard에 이어 세 번째로 큰 자산관리회사이다. 이 기업은 전자거래 플랫폼, 투자자 교육, 중개서비스, 낮은 거래수수료로 유명하다. 2005년과 2011년 계정수수료와 수수료 없는 펀드를 주도하여 유명해졌다.[71]

페이팔PayPal은 온라인 결제시스템, 송금서비스를 제공하는데, 2002년 IPO를 했고, 이베이eBay에 의해 인수되었다가 2015년 스핀오프되었다.[72] 미쓰비시 에스테이트Mitsubishi Estate는 일본 최대 부동산 개발업체로, 동경 지역에 요코하마 랜드마트파워 등 많은 빌딩을 소유하고 있다.[73]

9장

부는 혁신을
좇는다

01
시장 기대의 중심에는 혁신이 있다

기업의 미래를 논하면서 혁신만큼 자주 거론되는 용어는 없다. 이는 지속적인 변신 없이 지속적 생존이 어렵다는 것을 반영하는 것이리라. 혁신innovation의 사전적 의미는 '묵어 오래된 것을 뜯어고쳐 새롭게 하는 것'이다. 기업경영에서 혁신은 크게 두 가지로 나눌 수 있다. 하나는 제품혁신product innovation이고, 다른 하나는 공정혁신process innovation이다. 제품혁신은 새로운 제품이나 서비스를 만들어내는 것으로, 앞장에서 다룬 '가치창출' 메커니즘을 말한다. 공정혁신은 작게는 생산성 혁신, 크게는 비즈니스 모델 혁신을 의미한다.

그렇다면 혁신의 성과는 무엇으로 나타날까? 제품혁신은 새로운 가치창출을 통한 매출 신장으로 나타나고 공정혁신은 원가절감을 통한 이익 향상으로 나타난다. 공정혁신의 예로 오프라인 상점 대신 온라인 상점을 열어서 자산이 고정자산에 묶이는 것을 피함으로써 유동성을 개선하고 시간당 주문처리 건수를 대폭 늘리는 것, 공급사슬상의 협력업체와 일체화된 SCM$_{Supply\ Chain\ Management}$을 구축하여 불필요한 재고를 없애고 물류순환 속도를 개선하는 것, 오픈소싱을 통해 불특정 다수가 공급계약을 두고 경쟁하게 함으로써 조달 단가를 낮추는 것을 들 수 있다. 최근 4차 산업혁명의 도래로 인공지능을 장착한 로봇을 활용해 조립라인 자체를 완전 자동화하는 것이나, 점포 내 각종 센서와 분석 장치를 장착하여 무인점포를 지향하는 것, 물류의 마지막 단계인 라스트 마일$_{last\ mile}$ 구간에 드론을 활용하여 배송을 무인화하려는 것 역시 자동화를 통해 원가절감을 실현하려는 노력이다. 사실 거슬러 올라가면, 글로벌 공급사슬의 일부를 값싼 해외인력에 의존하는 오프쇼어링이나 아웃소싱도 제조단계에서의 원가를 절감하려는 노력이기에 글로벌 가치사슬$_{GVC:\ Global\ Value\ Chain}$ 공정혁신이라고 할 수 있다. 다만 이러한 가치사슬 재설계는 단순한 생산성 향상보다는 범위가 커서 광의의 비즈니스 모델 혁신으로 보는 것이 타당하다.

급부상하고 있는 비즈니스 모델 중에 플랫폼 비즈니스가 있다. 이는 조달과 판매 양쪽의 가치사슬을 모두 불특정 다수에게 개방함으로써, 구조적 변화없이 비즈니스 규모의 급성장을 가능케하는 가치사슬 구조를 일컫는다. 포털 비즈니스가 그렇고, 경매 사이트가 그러하며, 온라인 배달서비스, 모빌리티 서비스, 여행 서비스, 매치 메이킹 기반의 각종 중개 비즈니스가 대표적 예이다.

과거의 공정혁신이 설계 변경이나 생산방식의 변경을 통한 원가절감에 치중했다면, 미래의 공정혁신은 글로벌 가치사슬 전체에 걸쳐 가치의 흐름을 자기 중심으로 재설계하는 방향에 치중하고 있다. 그렇다면 이러한 변화가 지구촌 메이저리그 기업에서는 어떻게 실현되고 있는지, 그 결과는 과연 이익 증대라는 재무적 성과로 이어지고 있는지 알아보자.

02
산업섹터별 영업이익률과 자산이익률 비교

공정혁신은 원가절감을 통해 시장가격을 낮춤으로써 매출 자체를 늘리는 데 기여한다. 그러나 현실적으로 저가격으로 높은 판매량을 달성하여 창출가치를 늘리는 것과, 지불의사를 극대화함으로써 높은 가격에서도 판매량을 키워 영업이익을 늘리는 것 중 하나를 선택하라면 당신은 무엇을 선택할 것인가. 이론상 두 가지 선택이 모두 가능하지만 현실 기업의 입장에서는 전자보다는 후자를 선호한다. 그 결과 현실에서 공정혁신은 시장세분화에 의한 영업이익 증대와 범용 플랫폼에 의한 셀프 고객화self-customization 사이에서 고민을 하게 된다.

결국 선택은 시장의 경쟁 상황과 소비자의 대응에 따라 결정될 문제다. 다만 우리의 관심은 공정혁신을 통한 영업이익이 산업섹터 간 어떻게 다르게 나타나는지, 그리고 그것이 공정혁신상 어떤 구조적 차이에 의한 것인지 알아보는 데 있다. 동태적 공정혁신 역량이라고 할 수 있는 공정 컨포먼스는 기업 간, 산업섹터 간 어떤 차이를 보일까, 또 특정 기업이나 산업섹터의 공정 컨포먼스는 제품 컨포먼스와 어떤 연관성이 있을까?

관찰 1. 2006년에서 2019년까지 성장성이 두드러진 섹터는 소프트웨어/서비스, 제약/바이오, 건설, 반도체 섹터이고 수익성이 두드러진 섹터는 소프트웨어/서비스, 반도체 섹터다.

〈그림 35〉는 각 산업섹터의 매출성장배율과 평균영업이익률을 도식화한 것이다. 이에 의하면, 매출성장배율에서 가장 높은 섹터는 소프트웨어/서비스로 4.8, 그 다음으로 제약/바이오 섹터가 3.5, 건설과 반도체 섹터가 각각 2.9, 2.8로 두드러진 성장성을 보이고 있다. 한편 영업이익률은 소프트웨어/서비스 섹터가 0.17, 반도체 섹터가 0.15로 1, 2위를 차지하고 있다. 흥미로운 점은 제약/바이오 섹터와 반도체 섹터 간 비교에서 제약/바이오는 성장성이 상대적으로 강한 반면, 반도체는 수익성이 상대적으로 강하다는 점이다. 이 점은 이들 두 섹터에 내재된 구조적 특성으로부터 비롯되는 것이기도 하다.

관찰 2. 관찰 1에서 언급한 소수의 예외적인 산업섹터를 제외하면, 산업섹터의 매출성장성과 수익성 간 상관성은 전반적으로 낮은 편이다.

전체 27개 섹터에 대해 매출성장배율과 평균영업이익률 간 상관계수를 계산해보니 0.52였다. 그런데 관찰 1에서 언급된 4개 산업섹터를 제외하고 상관계수를 구해보니 0.09로 나타났다. 이는 성장성과 수익성에서 두드러진 4개 섹터를 제외한 나머지 23개 섹터의 성장성과 수익성 간 연관성이 낮다는 것을 의미한다. 따라서 메이저리그 산업섹터의 성장성과 수익성 사이에는 연관관계가 별로 없다고 보는 것이 타당하다.

공정 컨포먼스가 성장성보다 수익성에 더 큰 영향을 미친다는 것은 이미 살펴보았다. 그리고 영업이익률로 살펴 본 수익성이 소수의 예외적 산업섹터를 제외하고는 성장성과 별로 관련이 없음도 파악했다. 그런데 그 다음 의문은 수익성이 과연 매출이익률에 의해서 대표될 수 있느냐이다.

그림 35. 산업섹터별 영업이익률 vs 매출성장배율

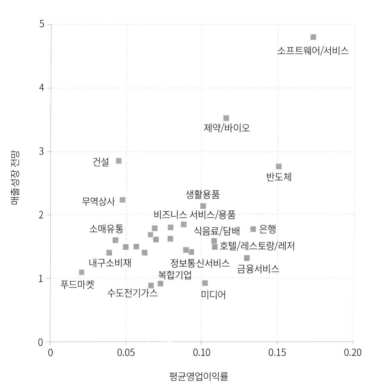

공정 컨포먼스는 단기적으로 생산 공정상 원가를 줄이려는 노력과 직결되는데, 장기적으로는 가치사슬의 재편을 통한 비즈니스 모델 혁신 노력과 능력을 반영하기도 한다.

따라서 높은 공정 컨포먼스는 원가를 낮추는 능력을 반영하나, 구조적으로는 높은 수익을 만들어내는 자산구조도 반영한다. 이런 관점에서 보면, 수익성을 측정하고자 할 때 매출이익률과 함께 자산이익률도 살펴보아야 하며 두 수익성 지표 간 어떤 연관성이 있는지도 실증적으로 분석해봐야 한다. 관찰 3은 2006년부터 2019년까지 각 산업섹터의 평균영업이익률과 평균자산이익률을 비교해 본 결과이다.

관찰 3. 금융 섹터를 제외한 24개의 산업섹터에서 영업이익률과 자산이익률은 높은 상관관계를 보인다.

〈그림 36〉은 27개 산업섹터의 평균영업이익률과 평균자산이익률을 도식화한 것이다. 도식화를 통해 흥미로운 사실이 하나 발견됐는데, 그것은 바로 은행, 금융서비스, 보험으로 대표되는 금융 섹터의 낮은 자산이익률이다. 이는 금융산업이 제조업이나 타 서비스업에 비해 수익성이 낮음을 의미하기보다는 막대한 금융자산에 기반해 수익을 만들어내는 금융산업 자체의 구조적 특성에서 비롯된 것이다. 실제로 27개 산업섹터 전체를 대상으로 계산된 영업이익률과 자산이익률 간 상관관계는 0.49에 머물고 있으나, 구조를 달리하는 금융산업을 제외한 상태에서 계산된 상관관계는 0.81에 달하고 있다.

이로부터 우리는 공정 컴포먼스의 수익성 지표는 단기적 수익성을 반영하는 영업이익률과 장기적·구조적 수익성을 반영하는 자산이익률로 나누어진다는 것을 알 수 있다. 영업이익률은 기저인 매출이 매년 시장 상황에 따라 쉽게 변한다는 점에서 단기적인 지표인 반면, 자산이익률은 수년에 걸쳐 누적된 자산을 기저로 하고 있다는 점에서 장기적인 지표이다. 이를 감안해 앞으로 기업 단위로 공정 컴포먼스를 분석할 때 자산이익률

그림 36. 산업섹터별 영업이익률 vs 자산이익률

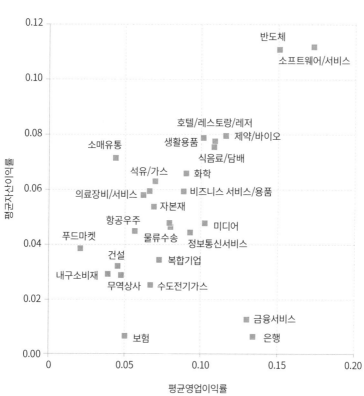

을 기본 지표로 사용하기로 한다.

03
공정 컨포먼스 우수기업의 선정과 평가

공정 컨포먼스는 생산 공정뿐만 아니라 공급사슬 구조의 개편과 같은 비즈니스 모델 혁신을 통해 작은 규모의 자산으로 높은 수익을 만들어내는 역량을 반영한다. 그러나 이 역량을 둘러싼 수많은 정보가 시장에 노출됨으로써 자본시장에서 평가하는 공정 컨포먼스는 자산이익률과 그 이외의 모든 정보로부터의 시장 기대를 반영하는 자본시장의 포괄적 기대수준 PSR의 곱으로 추정가능하다.

이에 따라 금융 섹터를 제외한 24개 산업섹터에 걸쳐 높은 공정 컨포먼스 역량과 시장 기대를 보이고 있는 공정 컨포먼스 우수기업을 선정하였다. '연간 자산이익률이 10% 이상이면서 동시에 PSR이 2보다 큰' 기업을 우수기업의 조건으로 정의하였고, 순위는 공정 컨포먼스 지표, 즉 SC=자산이익률×PSR을 기준으로 결정하였다. 24개 섹터에 걸쳐 우수기업의 두 가지 조건을 충족시킨 기업은 총 171개로 나타났고, 최우수 공정 컨포먼스 기업은 남아프리카 미디어기업인 내스퍼스Naspers로, 자산이익률 38%, PSR 16.1을 기록하여 공정 컨포먼스 지표 6.08을 나타냈다. 공정 컨포먼스 기업 명단과 순위는 뒤의 별장을 참고하기 바란다.

공정 컨포먼스 우수기업의 산업섹터별 분포는 〈그림 37〉과 같다. 이에 의하면, 역시 소프트웨어/서비스 섹터가 25개로 가장 많고, 다음이 제약/바이오 섹터와 식음료/담배 섹터로 15개씩, 그 뒤로 반도체 섹터, 하드웨어/장비 섹터, 생활용품 섹터가 각각 14개를 배출하고 있다. 낮은 배출 실적을 보인 섹터로 정보통신서비스 섹터와 항공우주 섹터가 각각 1개씩, 그리고 무역상사, 수도전기가스, 푸드마켓 섹터는 공정 컨포먼스 우수기업을 한 개도 배출하지 못했다. 각 섹터별 우수기업 명단은 〈표 17〉과 같다.

그렇다면 과연 어떤 기업이 어떤 이유로 그렇게 높은 공정 컨포먼스 수준을 보이고 있는가. 170여 개에 달하는 모든 기업을 대상으로 그 원인을 찾아 밝히는 것은 현실적·실증적으로 쉽지 않은 일이다. 여기에서는 각 섹터의 어떤 기업이 특출난 공정 컨포먼스를 보이는지 간략히 살펴보기로 하자.

그림 37. 산업섹터별 공정 컨포먼스 우수기업 수

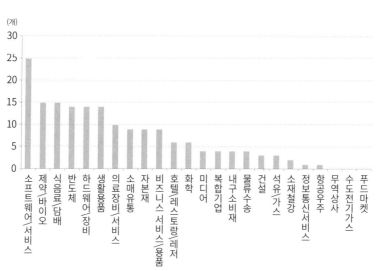

표 17. 공정 컨포먼스 우수기업

* SC는 Process Conformance 지표값을 지칭하고, 음영은 제품 컨포먼스 우수기업으로도 선정된 기업을 나타냄.

순위	기업명	국적	산업섹터	자산 이익률	PSR	SC
2	베리사인 VeriSign	미국	소프트웨어/서비스	31%	18.6	5.69
7	인투이트 Intuit	미국	소프트웨어/서비스	28%	10.4	2.95
8	비바 시스템즈 Veeva Systems	미국	소프트웨어/서비스	14%	21.7	2.94
17	매치 그룹 Match Group	미국	소프트웨어/서비스	23%	9.7	2.21
23	페이스북 Facebook	미국	소프트웨어/서비스	23%	9.2	2.08
27	어도비 Adobe	미국	소프트웨어/서비스	14%	13.9	1.92
35	360 시큐리티 테크놀로지 360 Security Technology	중국	소프트웨어/서비스	12%	13.4	1.66
40	앤시스 Ansys	미국	소프트웨어/서비스	13%	12.1	1.53
41	타타 컨설턴시 Tate Consultancy Services	인도	소프트웨어/서비스	27%	5.6	1.51
43	VM웨어 VMware	미국	소프트웨어/서비스	16%	8.6	1.40
44	체크포인트 소프트웨어 Check Point Software	이스라엘	소프트웨어/서비스	14%	9.8	1.39
54	케이던스 디자인 Cadence Design	미국	소프트웨어/서비스	14%	8.5	1.17
59	텐센트 홀딩스 Tencent Holdings	중국	소프트웨어/서비스	11%	10.0	1.13
67	마이크로소프트 Microsoft	미국	소프트웨어/서비스	13%	8.0	1.04
68	트위터 Twitter	미국	소프트웨어/서비스	12%	8.8	1.04
77	알파벳 Alphabet	미국	소프트웨어/서비스	13%	6.3	0.83
81	콘스텔레이션 소프트웨어 Constellation Software	캐나다	소프트웨어/서비스	13%	6.0	0.79
85	인포시스 Infosys	인도	소프트웨어/서비스	18%	3.9	0.72
99	파이서브 Fiserv	미국	소프트웨어/서비스	11%	5.8	0.61
104	아마데우스 IT 그룹 Amadeus IT Group	스페인	소프트웨어/서비스	10%	5.7	0.59
130	렐엑스 RELX	영국	소프트웨어/서비스	11%	4.3	0.46
133	HCL 테크놀로지 HCL Technologies	인도	소프트웨어/서비스	18%	2.6	0.45
136	엑센추어 Accenture	아일랜드	소프트웨어/서비스	16%	2.7	0.44
151	코그니전트 Cognizant	미국	소프트웨어/서비스	13%	2.5	0.34

159	와이프로 Wipro	인도	소프트웨어/서비스	10%	3.0	0.31
3	버텍스 파마 Vertex Pharmaceuticals	미국	제약/바이오	34%	14.3	4.85
9	항서제약 Jiangsu Hengrui Medicine	중국	제약/바이오	18%	15.6	2.85
13	노보 노르디스크 Novo Nordisk	덴마크	제약/바이오	36%	6.6	2.36
33	일루미나 Illumina	미국	제약/바이오	12%	14.2	1.68
53	CSL	호주	제약/바이오	16%	7.5	1.18
60	리제네론 제약 Regeneron Pharmaceuticals	미국	제약/바이오	21%	5.4	1.11
65	조에티스 Zoetis	미국	제약/바이오	13%	8.2	1.06
72	시오노기 Shionogi	일본	제약/바이오	17%	5.6	0.94
93	바이오젠 Biogen	미국	제약/바이오	17%	3.7	0.64
106	암젠 Amgen	미국	제약/바이오	13%	4.6	0.58
116	로슈 홀딩 Roche Holding	스위스	제약/바이오	13%	3.8	0.51
123	셀진 Celgene	미국	제약/바이오	11%	4.3	0.49
126	브리스톨 마이어스 스퀴브 Bristol-Myers Squibb	미국	제약/바이오	14%	3.3	0.47
140	운남백약그룹 Yunnan Baiyao Group	중국	제약/바이오	11%	3.5	0.40
169	아스텔라스 파마 Astellas Pharma	일본	제약/바이오	11%	2.2	0.24
4	구이저우 마오타이 Kweichow Moutai	중국	식음료/담배	23%	17.7	4.03
5	해천미업 Foshan Haitian Flavouring and Food	중국	식음료/담배	23%	13.9	3.17
29	의빈 우량예 Wuliangye Yibin	중국	식음료/담배	16%	11.4	1.82
34	몬스터 비버리지 Monster Beverage	미국	식음료/담배	21%	7.9	1.67
37	양하고분 Jiangsu Yanghe Brewery	중국	식음료/담배	18%	8.8	1.61
39	노주노교 Luzhou Lao Jiao	중국	식음료/담배	17%	8.9	1.54
45	ITC	인도	식음료/담배	17%	8.0	1.38
55	브라운 포맨 Brown-Forman	미국	식음료/담배	15%	7.6	1.15
75	필립모리스 인터내셔널 Philip Morris International	미국	식음료/담배	20%	4.5	0.90
92	알트리아 그룹 Altria Group	미국	식음료/담배	13%	5.2	0.65
113	콘스텔레이션 브랜드 Constellation Brands	미국	식음료/담배	12%	4.6	0.54
125	허시 Hershey	미국	식음료/담배	16%	3.0	0.47

131	펩시코 PepsiCo	미국	식음료/담배	17%	2.7	0.46
154	이리실업그룹 Inner Mongolia Yili	중국	식음료/담배	14%	2.3	0.33
168	호멜 푸드 Hormel Foods	미국	식음료/담배	12%	2.3	0.26
6	엔비디아 NVIDIA	미국	반도체	31%	9.7	2.99
18	텍사스 인스트루먼트 Texas Instruments	미국	반도체	32%	6.9	2.21
32	자일링스 Xilinx	미국	반도체	15%	11.8	1.77
50	맥심 인티그레이티드 프로덕트 Maxim Integrated Products	미국	반도체	18%	6.5	1.20
51	KLA텐코 KLA-Tencor	미국	반도체	25%	4.7	1.18
62	TSMC Taiwan Semiconductor	대만	반도체	17%	6.5	1.11
70	스카이웍스 솔루션 Skyworks Solutions	미국	반도체	23%	4.1	0.96
80	ASML 홀딩 ASML Holding	네덜란드	반도체	12%	6.6	0.80
84	램 리서치 Lam Research	미국	반도체	27%	2.7	0.73
98	인텔 Intel	미국	반도체	16%	3.7	0.61
118	어플라이드 머티어리얼즈 Applied Materials	미국	반도체	21%	2.5	0.51
127	도쿄 일렉트론 Tokyo Electron	일본	반도체	21%	2.2	0.47
146	NXP 반도체 NXP Semiconductors	네덜란드	반도체	10%	3.5	0.36
161	인피니온 테크놀로지 Infineon Technologies	독일	반도체	10%	3.0	0.30
10	포커스 미디어 인포메이션 테크놀로지 Focus Media Information Technology	중국	하드웨어/장비	41%	7.0	2.85
22	키엔스 Keyence	일본	하드웨어/장비	14%	14.8	2.12
47	하이크비전 Hikvision	중국	하드웨어/장비	20%	6.5	1.31
52	아리스타 네트웍스 Arista Networks	미국	하드웨어/장비	11%	11.1	1.18
83	호야 Hoya	일본	하드웨어/장비	15%	4.9	0.75
94	가민 Garmin	스위스	하드웨어/장비	13%	5.0	0.64
96	시스코 시스템즈 Cisco Systems	미국	하드웨어/장비	13%	4.9	0.62
103	애질런트 테크놀로지스 Agilent Technologies	미국	하드웨어/장비	12%	4.8	0.59
105	애플 Apple	미국	하드웨어/장비	16%	3.7	0.58

132	암페놀 Amphenol	미국	하드웨어/장비	12%	3.8	0.46
139	서니 옵티컬 테크놀로지 그룹 Sunny Optical Technology Group	중국	하드웨어/장비	11%	3.6	0.41
145	넷앱 NetApp	미국	하드웨어/장비	12%	3.1	0.37
155	TE 커넥티비티 TE Connectivity	스위스	하드웨어/장비	16%	2.1	0.33
167	크노르 브렘즈 Knorr-Bremse	독일	하드웨어/장비	10%	2.6	0.27
24	헤르메스 Hermès International	프랑스	생활용품	20%	10.2	2.04
63	선저우 인터내셔널 그룹 Shenzhou International Group Holdings	홍콩	생활용품	17%	6.3	1.07
64	나이키 Nike	미국	생활용품	18%	5.8	1.06
74	안타 스포츠 Anta Sports Products	중국	생활용품	17%	5.3	0.90
82	콜게이트 파몰리브 Colgate-Palmolive	미국	생활용품	20%	3.8	0.76
110	케어링 Kering	프랑스	생활용품	12%	4.5	0.55
112	에스티 로더 컴퍼니 The Estée Lauder Companies	미국	생활용품	13%	4.3	0.55
119	로레알 L'Oréal	프랑스	생활용품	10%	4.8	0.50
121	크로락스 Clorox	미국	생활용품	15%	3.2	0.49
134	LG생활건강 LG Household & Health Care	한국	생활용품	13%	3.4	0.45
138	유니레버 Unilever	네덜란드	생활용품	16%	2.6	0.42
142	VF	미국	생활용품	14%	2.8	0.38
166	카오 Kao	일본	생활용품	11%	2.6	0.28
171	아디다스 Adidas	독일	생활용품	11%	2.0	0.23
11	콜로플라스트 Coloplast	덴마크	의료장비/서비스	32%	8.1	2.63
14	인투이티브 서지컬 Intuitive Surgical	미국	의료장비/서비스	14%	16.5	2.32
15	선전 마인드레이 바이오메디컬 일렉트로닉스 Shenzhen Mindray Bio-Medical Electronics	중국	의료장비/서비스	16%	14.4	2.29
20	아이덱스 랩 IDEXX Laboratories	미국	의료장비/서비스	25%	8.5	2.15
21	얼라인 테크놀로지 Align Technology	미국	의료장비/서비스	19%	11.3	2.14
46	에드워즈 라이프사이언시스 Edwards Lifesciences	미국	의료장비/서비스	14%	10.0	1.36
56	워터스 Waters	미국	의료장비/서비스	16%	7.1	1.14

90	레스메드 ResMed	미국	의료장비/서비스	12%	5.7	0.66
91	스트라이커 Stryker	미국	의료장비/서비스	13%	4.9	0.65
147	백스터 인터내셔널 Baxter International	미국	의료장비/서비스	10%	3.4	0.35
38	룰루레몬 애스레티카 Lululemon Athletica	캐나다	소매유통	23%	6.8	1.57
76	패스널 Fastenal	미국	소매유통	21%	4.0	0.83
95	로스 스토어즈 Ross Stores	미국	소매유통	26%	2.5	0.63
97	얼타 뷰티 Ulta Beauty	미국	소매유통	20%	3.1	0.61
114	홈 디포 Home Depot	미국	소매유통	25%	2.1	0.53
115	오릴리 오토모티브 O'Reilly Automotive	미국	소매유통	16%	3.3	0.53
117	인디텍스 Inditex	스페인	소매유통	16%	3.2	0.51
153	오토존 AutoZone	미국	소매유통	14%	2.3	0.33
156	이베이 eBay	미국	소매유통	11%	2.9	0.32
16	라간 프리시젼 LARGAN Precision	대만	자본재	19%	11.8	2.22
73	폴티브 Fortive	미국	자본재	22%	4.1	0.93
87	아트라스 콥코 Atlas Copco	스웨덴	자본재	20%	3.3	0.68
89	화낙 Fanuc	일본	자본재	11%	6.0	0.67
100	일리노이 툴 웍스 Illinois Tool Works	미국	자본재	17%	3.5	0.61
122	로크웰 오토메이션 Rockwell Automation	미국	자본재	14%	3.4	0.49
164	에머슨 일렉트릭 Emerson Electric	미국	자본재	11%	2.5	0.28
165	국전남서 NARI Technology Development	중국	자본재	10%	2.8	0.28
170	샌드빅 Sandvik	스웨덴	자본재	11%	2.1	0.23
26	모건스탠리 캐피탈 인터내셔널 MSCI	미국	비즈니스 서비스/용품	15%	13.4	2.00
36	코파트 Copart	미국	비즈니스 서비스/용품	21%	7.8	1.64
61	무디스 Moody's	미국	비즈니스 서비스/용품	14%	8.1	1.11
69	부킹 홀딩스 Booking Holdings	미국	비즈니스 서비스/용품	18%	5.7	1.01
71	베리스크 애널리틱스 Verisk Analytics	미국	비즈니스 서비스/용품	10%	9.4	0.96
111	익스페리안 Experian	아일랜드	비즈니스 서비스/용품	10%	5.4	0.55

124	중국국제여행사 China International Travel Service	중국	비즈니스 서비스/용품	13%	3.6	0.48
144	신타스Cintas	미국	비즈니스 서비스/용품	11%	3.3	0.37
160	SGS	스위스	비즈니스 서비스/용품	11%	2.9	0.30
25	얌!브랜즈Yum! Brands	미국	호텔/레스토랑/레저	37%	5.5	2.03
48	맥도날드McDonald's	미국	호텔/레스토랑/레저	18%	7.1	1.27
58	하이디라오 인터내셔널 홀딩 Haidilao International Holding	중국	호텔/레스토랑/레저	15%	7.8	1.13
86	갤럭시 엔터테인먼트 Galaxy Entertainment	홍콩	호텔/레스토랑/레저	15%	4.6	0.70
107	스타벅스Starbucks	미국	호텔/레스토랑/레저	15%	3.7	0.56
158	얌 차이나 홀딩스Yum China Holdings	중국	호텔/레스토랑/레저	15%	2.0	0.31
31	카타르산업Industries Qatar	카타르	화학	14%	13.0	1.78
42	EMS 케미EMS-Chemie Holding	스위스	화학	24%	6.0	1.45
57	아시안 페인트Asian Paints	인도	화학	15%	7.5	1.13
128	페트로나스 케미칼스 Petronas Chemicals	말레이시아	화학	13%	3.5	0.47
137	완화 화학 그룹Wanhua Chemical Group	중국	화학	18%	2.4	0.44
162	신에츠 화학Shin-Etsu Chemical	일본	화학	11%	2.8	0.30
1	내스퍼스Naspers	남아프리카	미디어	38%	16.1	6.08
30	S&P 글로벌S&P Global	미국	미디어	21%	8.5	1.78
135	월트디즈니Walt Disney	미국	미디어	11%	4.0	0.44
141	폭스Fox	미국	미니어	16%	2.4	0.39
12	이타우사Itaúsa	브라질	복합기업	16%	15.4	2.46
49	메틀러-토레도 인터내셔널 Mettler-Toledo International	미국	복합기업	20%	6.2	1.23
108	3M	미국	복합기업	15%	3.8	0.56
149	허니웰 인터내셔널 Honeywell International	미국	복합기업	11%	3.1	0.35
66	페라리Ferrari	이탈리아	내구소비재	17%	6.3	1.06
78	일렉트로닉 아츠Electronic Arts	미국	내구소비재	16%	5.3	0.83
120	시마노Shimano	일본	내구소비재	11%	4.7	0.50

129	액티비전 블리자드Activision Blizzard	미국	내구소비재	10%	4.6	0.47
19	태국공항Airports of Thailand	태국	물류수송	14%	16.3	2.20
28	상하이 국제공항 Shanghai International Airport	중국	물류수송	14%	13.1	1.87
88	캐나다 국립철도 Canadian National Railway	캐나다	물류수송	11%	6.2	0.67
109	유니온 퍼시픽Union Pacific	미국	물류수송	10%	5.5	0.55
102	노바텍Novatek	러시아	석유/가스	15%	4.0	0.59
148	EOG 리소시스EOG Resources	미국	석유/가스	10%	3.5	0.35
163	오르스테드Orsted	덴마크	석유/가스	10%	2.7	0.29
101	노릴스크 니켈Norilsk Nickel	러시아	소재철강	20%	3.1	0.61
143	리오틴토Rio Tinto	영국	소재철강	15%	2.5	0.37
79	게버릿Geberit	스위스	건설	17%	4.9	0.83
157	시카Sika	스위스	건설	11%	2.9	0.32
150	AISAdvanced Info Service	태국	정보통신서비스	10%	3.4	0.35
152	모토로라 솔루션Motorola Solutions	미국	항공우주	10%	3.2	0.33

우선 소프트웨어/서비스 섹터에서 20% 이상의 높은 자산이익률을 보이는 기업으로 베리사인VeriSign 31%, 인투이트Intuit 28%, 매치 그룹Match Group 23%, 페이스북 23%, 타타 컨설턴시Tata Consultancy Services 27%를 들수 있다. 이 중 인투이트와 페이스북은 제품 컨포먼스 우수기업으로도 선정된 바 있다.

베리사인은 닷컴.com, 닷넷.net 같은 톱 레벨의 도메인네임과 네임서버를 운영하면서, 관리형 DNS와 DDoS 공격 완화 등의 다양한 보안서비스를 제공하고 있다.[74] 베리사인이 높은 수익성을 내는 것은 비즈니스 모델상의 두 가지 특성에 기인하기 때문인 것으로 보인다. 첫째는 톱 레벨의 인터넷 DNS를 직접 또는 위탁 운영하는 유일한 회사라는 점, 다른 하나는 보안 같은 연관 비즈니스로 다각화하지 않고 인터넷 인프라 운영이라는 특화 영역에 집중화를 함으로써 성장보다는 수익을 택하고 있는 점을 들 수 있다.

매치 그룹Match Group은 OKCupid, PlentyOfFish, Tinder, Hinge, Match.com과 같은 온라인 데이트 중개 사이트를 운영하는 회사이다.[75] 이 회사가 높은 공정 컨포먼스를 보이는 이유는 역시 규모는 크지 않지만, 자기만의 고유한 중개 비즈니스 플랫폼을 기반으로 높은 네트워크 외부효과network externality를 구사하고 있기 때문이다. 타타 컨설턴시는 인도기업으로 글로벌 최대 IT서비스 기업이다. 이 기업이 높은 수익성을 보이는 배경에는 글로벌 IT 아웃소싱의 메카로 급부상한 인도의 높은 시장지배력이 있다.

제약/바이오 섹터는 15개 우수기업을 배출하고 있는데, 그 중 5개는 제품 컨포먼스 우수기업이기도 하다. 이 중 가장 특출난 기업으로 버텍스 파마Vertex Pharmaceuticals가 있는데, 이 기업은 소비재 부문에서 제품 컨포먼스 1위이면서 동시에 공정 컨포먼스에서는 3위를 차지하고 있다. 버텍스 파마보다도 높은 자산이익률을 보이고 있는 노보 노르디스크Novo Nordisk는 당뇨병 치료제와 인슐린 주입 시스템에 특화한 기업이다. 이 기업의 높은 수익성은 역시 좁은 영역에 집중화함으로써 얻은 큰 시장지배력과 함께 큰 규모의 경제에서 비롯된 것이 아닌가 생각된다. 그 외 20% 이상의 자산이익률을 가진 기업인 리제네론 제약Regeneron Pharmaceuticals은 대장암, 난치 감염증, 유전성 고지혈증, 종양, 류마티스 관절염, 천식, 아토피 등의 분야에서 급성장하고 있다.

식음료/담배 섹터에는 15개 우수기업이 있는데, 그중 3개의 중국기업이 제품 컨포먼스 우수기업이기도 하다. 이는 개도국으로서 중국시장의 성장에 힘입은 바가 커 보인다. 중국 외 국가의 기업 중 관심을 끄는 우수기업으로 몬스터 비버리지Monster Beverage가 있다.[76] 이 기업은 몬스터 에너지Monster Energy, 리렌트리스Relentless, 번Burn 등의 에너지 드링크에 특화한 코카콜라 관계 회사이다. 이 기업의 높은 수익성 배경에는 각각 비에너지 음료와 에너지 음료로 특화한 코카콜라와의 사업 영역 재조정이 있다.

반도체 섹터는 14개 우수기업을 배출했는데, 이 중 5개 기업은 제품 컨포먼스 우수기업이다. 이들 기업을 제외하고, 높은 수익성이 돋보이는 기업으로 엔비디아NVIDIA, 텍사스 인스트루먼트Texas Instruments, 램 리서치Lam Research가 있다. 이들 기업의 자산이익률은 각각 31%, 32%, 27%로 월등히 높다.

엔비디아의 높은 수익성은 GPU를 창안한 기업으로서 IT의 트렌드가 인공지능의 강화로 진전되는 것과 관련이 있고, 텍사스 인스트루먼트의 좋은 성과는 아날로그 칩과 임베디드 프로세서에 특화한 사업전략의 결과이다. 램 리서치는 프론트엔드 웨이퍼 처리와 백엔드 웨이버레벨 패키징WLP에 필요한 반도체 처리 장비를 주로 생산 및 공급하는 기업이다. 반도체 장비 시장에서 가지고 있는 램 리서치의 특화장비 경쟁력이 높은 성과로 이어지고 있다.[77]

하드웨어/장비 섹터에는 14개 우수기업이 있는데, 그 중 톱 3, 즉 포커스 미디어Focus Media Information Technology, 키엔스Keyence, 하이크비전Hikvision은 제품 컨포먼스 우수기업이기도 하다. 이 섹터의 우수 공정 컨포먼스 기업 중 수익성이 가장 돋보이는 기업은 포커스 미디어로 2018 회계연도에 자산이익률 41%를 기록했다.

이어 생활용품 섹터 역시 14개 우수기업을 배출했는데, 이 중 중국의 선저우Shenzhou International Group Holdings와 미국의 VF는 제품 컨포먼스 우수기업이기도 하다. 이 섹터에서 가장 높은 자산이익률을 보이는 기업으로 헤르메스Hermes International와 콜게이트 파몰리브Colgate-Palmolive가 20%의 자산이익률을 시현했다.

그 다음 의료장비/서비스 섹터의 10개 우수기업 중 수익성이 돋보이는 기업으로 덴마크의 콜로플라스트Coloplast, 미국의 IDEXX 랩IDEXX Laboratories이 있다.[78] 콜로플라스트는 인공개구시술장치, 배변자제, 비뇨기 치료, 스킨케어 등에 필요한 의료장비와 장치를 생산 판매하는 기업이고, IDEXX 랩은 반려동물, 가축, 가금류 등을 위한 수의제품과 서비스를 개발, 제조, 유통하는 기업으로 각각 32%, 25%의 높은 자산이익률을 보였다. 10개 공정 컨포먼스 우수기업 중 유일하게 인투이티브 서지컬Intuitive Surgical은 제품 컨포먼스 우수기업으로도 선정되었다.

소매유통 섹터에서 두드러진 우수기업으로 룰루레몬Lululemon Athletica, 로스 스토어즈Ross Stores, 홈 디포Home Depot가 있다. 룰루레몬은 요가복으로 시작해 각종 운동의류를 전문 생산하여 판매하는 기업으로 전 세계 460개 매장을 온오프로 운영하고 있다. 로스 스토어즈는 '로스 드레스 포 레스Ross Dress for Less' 브랜드로 미국 37개 주 1,483개 할인매장을 운영 중이고, 홈 디포는 미국 최대의 가정용 건축 시설, 자재 및 서비스에 특화한 기업이다.[79] 이들 기업은 각각 23%, 26%, 25%의 높은 자산이익률을 시현하고 있다.

나머지 섹터에서 공정 컨포먼스 면에서 두각을 보이는 기업으로는 자본재 섹터에서 폴티브Fortive, 비즈니스 서비스/용품 섹터에서 코파트Copart, 호텔/레스토랑/레저 섹터에서 얌!브랜즈Yum! Brands, 화학 섹터에서 EMS 케미EMS-Chemie Holding, 미디어 섹터에서 내스퍼스Naspers를 들 수 있다. 폴티브는 전문화된 산업재를 생산 판매하는 기업이고, 코파트는 미국은 물론 캐나다, 영국, 독일, 아일랜드, 브라질, 스페인 및 아랍에메레이트에서 사업을 운영 중인 온라인 자동차 옥션회사이다. 얌!브랜즈는 미국의 패스트푸드 기업으로 캔터키 브랜드하에 135개국 4만 3,617개 매장을 직영 내지 프랜차이즈로 운영 중이다. EMS 케미는 고성능 폴리머와 다양한 특수화학제품을 생산 판매하는 스위스 기업이다.

이들 기업 중 가장 흥미로운 회사는 내스퍼스로, 남아프리카에 본사를 둔 다국적 인터넷그룹이다. 인터넷, 엔터테인먼트, 게임, 전자상거래 등의 사업 영역을 가지고 있는데, 특기할 사항은 이 기업이 중국의 텐센트에 3,200만 달러를 투자, 2018년 현재 지분 31%를 보유하고 있다는 점이다.[80] 이러한 성공적 자본투자 덕에 2019년도 PSR 16.1, 자산이익률 38%를 기록, 전체 171개 공정 컨포먼스 우수기업 중 1위를 달성했다.

BATTLE for CAPITAL GROWTH

> 4부 <

부의 성장,
패러다임 대전환의
시대를 맞다

10장

글로벌 트렌드
변화와 외부 충격

01
글로벌 GDP와 메이저리그 부의 관계

우리는 지금까지 글로벌 부의 이동이 지역 간, 국가 간, 산업 간, 기업 간 어떻게 이루어지는지, 또 이러한 부의 이동이 어떤 메커니즘에서 비롯되는지 자세히 살펴보았다. 그렇다면 거시적 관점에서 본 부의 원천은 무엇일까?

미시적 관점에서 부의 원천은 기업의 가치창출이다. 따라서 경제생태계를 거시적 관점에서 본다면 창출된 가치가 시간의 흐름에 따라 누적되면서 부로 나타날 것이다. 지금부터는 미래 부의 향방에 대한 단서를 찾기 위해, 우선 부의 총량 변화와 부의 이동 및 분포에서 나타나고 있는 트렌드를 먼저 살펴보기로 하자.

관찰 1. 정상적인 경제상황에서 메이저리그 시가총액, MCAP(t)는 전년도 글로벌 GDP, GGDP(t-1)에 의해 영향을 받는다.[81]

기업의 재무적 성과에 대한 자본시장의 평가와 기대가 주가를 결정한다. 그런데 GDP는 기업이 만들어내는 부가가치의 총액이므로 메이저리그 시가총액은 글로벌 GDP에 의해 영향을 받는다. 이것이 관찰 1의 저변에 깔려 있는 논리이다. 이 관찰의 실증적 타당성을 입증하기 위해 시가총액의 변화를 전년도 글로벌 GDP의 변화로 설명하는 회기분석을 한 결과, 회기식의 설명력이 54%에 달하는 것으로 나타났다. 〈그림 38〉은 도출된 메이저리그 시가총액의 예측치 MCAP(t)^와 실제치 MCAP(t)를 도식화한 것이다.[82]

그림 38. 글로벌 GDP(t-1)로 예측한 메이저리그 시가총액(t)

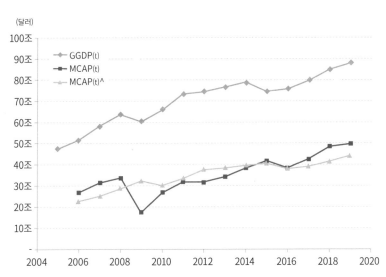

〈그림 38〉을 해석할 때 유의해야 할 것은 GGDP(t)는 회계연도 t, 1년 동안의 부가가치 총액으로 1년이라는 기간에 대응되는 값인 반면, 시가총액 MCAP(t)는 전년도 실적이 제대로 시장 기대로 반영되는 연도 t의 특정 시점에 대응되는 값이라는 사실이다. 예컨대, GGDP(2018)은 회계연도 2018년의 GDP인 반면, MCAP(2019)는 2018년의 성과 정보가 시장에 반영되는 시점, 즉 2019년 3월에서 5월 사이 어느 날의 종가로 추정한 시가총액이다. 전제는 전년도 회계연도 성과가 비교적 그대로 자본시장에 잘 반영되는 시점이 3월에서 5월 사이라는 것이다.

관찰 2. 정상적인 경제상황에서 메이저리그 시가총액, MCAP(t)는 당해 연도 글로벌 GDP, 즉 GGDP(t)를 가늠하는 선행지표이다.

예컨대 GGDP(2018)이 MCAP(2019)를 결정하는 기초 값임을 관찰 1이 얘기하고 있다면, 관찰 2는 MCAP(2019)가 GGDP(2019)의 선행지표로 역할하고 있음을 말하고 있다. 작년 재무성과를 어느 정도 반영하고 있는 올 봄의 주가 또는 시가총액은 올해 연말까지 한 해 동안의 재무성과에 대한 선행지표가 될 수 있다는 얘기다. 이를 확인하기 위해 이번에는 GGDP(t)를 MCAP(t)로 설명하는 회기분석을 해보았다. 그 결과가 〈그림 39〉에 나타나 있다. 이번에 도출된 회기식의 설명력은 67%였다.

사실 어떤 값의 변화를 추정하는 식이 있다고 할 때 그 식의 설명력이 54%, 67%라고 하면 결코 작은 값이 아니다. 상당한 설명력이 있다는 말이다. 그럼에도 거시경제 지표의 변화를 예측할 때 이 정도의 설명력은 아주 높다고 할 수 없다. 그 밖의 어떤 요인이 변화 예측에 작용하는 것일까? 두 가지 요인을 생각해 볼 수 있다. 첫째, 예상하지 못한 외부충격이 경제 상황을 정상적인 궤도에서 벗어나게 할 때 예측 오차는 커질 수밖에 없다. 둘째, 예측치가 중심값을 잘 맞추었다고 해도 실제값이 중심값을 기점으로 위아래로 진동하는 경우 오차는 발생할 수밖에 없다.

관찰 3. 정상적인 경제상황은 외부충격에 의해 깨지며, 이때 GGDP(t)와 시가총액 MCAP(t)는 함께 출렁인다. 출렁임의 크기는 GDP보다는 시가총액에서 더 크게, 더 선제적으로 나타난다.

정상적인 경제상황을 깨뜨리는 충격은 국가부도, 거품의 붕괴 같이 내

그림 39. 메이저리그 시가총액(t)로 예측한 글로벌 GDP(t)

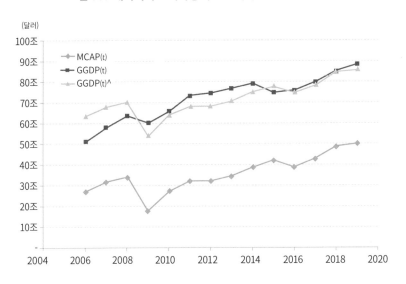

부에 축적된 문제가 한꺼번에 표출되거나 천재지변 같은 외부충격이 갑자스레 발생하는 경우에 나타난다. 세계경제 역사에 이러한 내적·외적 충격은 수없이 나타났다. 1997년 11월 아시아 금융위기 및 한국 외환위기, 2000년 4월 닷컴버블 붕괴, 2008년 9월 세계 금융위기, 2015년 6월 중국 위안화 평가절하와 그리스 국가부도로 인한 충격 등이 대표적 예이다. 〈그림 38〉과 〈그림 39〉에 이 중 두 가지 충격의 여파가 고스란히 드러나 있는데, 2008년의 세계 금융위기, 2015년의 그리스 국가부도가 그것이다.

〈그림 38〉을 보면, 실제 시가총액 MCAP(t)는 예측치인 MCAP(t)^를 중심으로 더 크게 출렁이고 있다. 뒤집어서 〈그림 39〉를 보면, 특정년도 t의 글로벌 GDP인 GGDP(t)는 예측치인 GGDP(t)^의 변동폭 내에서 작게 출렁이고 있다. 이 출렁임의 원인이 된 외부충격은 2008년 9월 발생한 세계 금융위기다. 그 결과 2009년 초 시가총액 MCAP(2009)는 2008년의 시가총액 대비 무려 49% 하락했는데, 그에 비해 2009년도 글로벌 GDP는 전년 대비 5.3% 하락하는데 그쳤다. 시가총액의 출렁임이 GDP의 출렁임에 비해 훨씬 크다는 얘기인데 이유는 명확하다. GDP는 실적치인 반면, 시가총액은 실적치에 대한 심리(기대)로 등락이 심하기 때문이다.

종합하면, 올해 초 시가총액은 작년도 경제활동의 실적인 글로벌 GDP에 의해 영향을 받으며, 그 영향으로 형성되는 올해 초 시가총액은 올해 농사, 즉 글로벌 GDP에 대한 기대치를 반영한다는 것이다. 이는 기대와 실적 간에는 서로 연결된 선순환 구조가 있으며, 이 구조가 세계경제를 이끌어가는 엔진임을 말하고 있다. 그런데 이 구조 속에서 거품 축적, 부채 누적 등의 문제가 쌓여 임계점을 넘어 무너지거나 예기치 않은 외부충격에 의해 자본시장이 폭락하면, 그 여파로 실물경제가 다시 타격을 받는다.

〈그림 38〉에서 시가총액 MCAP(t)가 회기식을 중심으로 순환변동하고 있는 모습, 〈그림 39〉에서 글로벌 GDP, GGDP(t)가 회기식의 변동폭 내에서 같은 변화 패턴을 따르고 있는 모습은 이를 실증적으로 보여준다. 단 이러한 설명이 2015년에 대해서는 빗나간 듯 보이는데, 이는 2015년도 시가총액인 MCAP(2015)가 3월~5월에 측정된 시가총액이어서 높았던 반면, 같은 해의 GDP는 2015년 6월 말 발생한 그리스 국가부도의 영향으로 크게 낮아졌기 때문이다. 즉, 2015년만큼은 국가부도 시점 전에 측정된 시가총액이라서 GDP의 선행지표 역할을 제대로 할 수 없었던 것이다.

02
메이저리그 부는 누가 주도하나

부의 원천이 가치창출임은 수차례 언급했다. 돈을 못 버는데 재산을 늘릴 수 없듯이, 부가가치가 그대로인데 자본시장을 통해 부를 늘릴 수는 없다. 그런데 가치창출의 주체가 기업 내지 집단으로서는 산업섹터이기에 부를 주도하는 세력은 결국 기업과 기업집단으로서 산업섹터이다. 가치창출은 기본적으로 두 가지를 필요로 한다. 하나는 시장수요와 이를 가능케 하는 구매력이고, 다른 하나는 시장수요에 부응해 생산해내는 생산용량이다. 구매력이 줄면, 생산용량이 커도 가치창출에 한계가 있고, 시장수요가 아무리 커도 생산용량에 문제가 있으면 소비자가 원하는 만큼의 가치창출을 할 수가 없다.

관찰 4. 선진국에서 개도국으로 이전되어 온 가치창출과 글로벌 부의 주도권은 21세기에 들어서면서 미국과 중국, 즉 G2로 집중되는 경향을 보여왔다.

〈그림 40〉은 IMF가 발표한 2000년부터 2019년까지 명목 US달러로 표시한 글로벌 GDP 실적/추정치를 도식화한 것이다. 이에 의하면, 소위 G7을 포함한 선진국, 그리고 중국을 포함한 신흥개도국이 글로벌 GDP의 성장을 주도하고 있음을 알 수 있다. 지역적으로는 북미, 북유럽과 일본 및 중국과 한국을 포함하는 북동아시아다. 흥미로운 것은 이러한 가치창

그림 40. 글로벌 가치창출 주도세력의 지역별 분포와 비중 변화

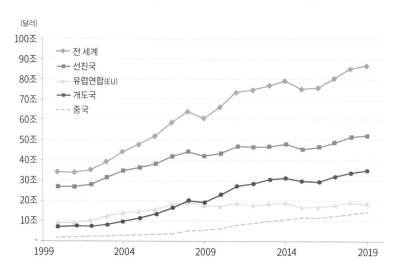

출 주도 경제권이 동기간 발생한 외부충격에 대해 다르게 반응했다는 사실이다. 2008년 하반기의 글로벌 금융위기, 2015년의 그리스 국가부도는 북미, 유럽 등 선진국의 가치창출력을 크게 떨어뜨린 것과 비교해 중국에 미친 영향은 거의 없었다.

그 결과 두 번의 외부충격에 대한 가치창출력의 반응에 따라 각 경제권의 부의 성장과 이동은 극명하게 갈렸다. 2006년에서 2019년 사이의 메이저리그 시가총액은 1.84배 성장했는데, 같은 기간 G7 국가와 주요국의 비중은 아주 뚜렷하게 갈렸다. 〈표 18〉에 의하면, 중국은 두 번의 충격에도 불구하고 자국의 비중을 2006년 1.9%에서 2019년 11.2%로 크게 늘렸다. 또한 미국은 사실상 2008년의 서브프라임 모기지에 의한 금융위기를 유발한 국가임에도 불구하고 동기간 동안 자국 비중을 43%에서 48.9%로 거의 6%포인트 키웠다.

반면, 미국을 제외한 G7 국가의 부의 비중은 대폭 감소하여 합계가 30.9%에서 18%로 약 13%포인트 감소하였다. 가장 큰 비중 감소는 일본에서 −4.4%포인트로 나타났고, 그 다음으로 영국에서 −3.9%포인트, 프랑스 −1.6%포인트 등으로 나타났다.

표 18. G7 및 주요국의 메이저리그 시가총액 비중 변화

	한국	중국	독일	미국	일본	인도	프랑스	영국	이탈리아	캐나다
2006년	1.2%	1.9%	3.6%	43.0%	9.6%	0.8%	5.0%	7.8%	2.1%	2.8%
2019년	1.3%	11.2%	2.6%	48.9%	5.2%	1.8%	3.3%	3.9%	0.6%	2.4%
변화	0.1%	9.3%	-1.0%	5.9%	-4.4%	1.0%	-1.6%	-3.9%	-1.5%	-0.4%

이를 통해 우리는 글로벌 GDP나 메이저리그 부의 이동과 배분에 있어서 상당한 구조적 변화가 나타나고 있음을 알 수 있다. 미국을 제외한 G7 국가가 전반적으로 퇴조하고 있고, 한국과 인도는 아직까지 비중 면에서 미미한 수준이다. 상식적으로 작은 배가 빨리 갈 수는 있으나 큰 배가 빨리 가기는 어렵다. 그런데 현실적으로 미국과 중국이 높은 비중을 차지하면서도 가장 빠른 증가 속도를 보이고 있다. 이는 부의 성장이 G2로 편중되고 있음을 강력하게 시사하는 것이다.

관찰 5. 글로벌 부의 주도권과 비중은 산업섹터 간에도 활발하게 이전, 재조정되고 있다. 이 과정에서 부의 무게중심은 1차, 2차, 3차 산업군에서 4차 산업군으로 이동하고 있다.

2006년부터 2019년까지 산업섹터 간 부의 이동에 대해서는 4장에서 이미 살펴 본 바 있다. 여기에서는 27개 산업을 기존 분류와는 다소 다르게 재분류하여 산업군별 부의 성장 추세와 외부충격에 대한 민감도를 살펴보기로 한다.

이 분류에서는 식음료/담배, 석유/가스 섹터를 1차산업군, 하드웨어/장비, 소재철강, 내구소비재, 화학, 생활용품, 자본재, 항공우주, 건설 섹터를 2차산업군, 은행, 금융서비스, 전기수도가스, 보험, 소매유통, 복합기업, 미디어, 물류수송, 푸드마켓, 호텔/레스토랑/레저, 무역상사 섹터를 3차산업군, 마지막으로 반도체, 제약/바이오, 정보통신서비스, 소프트웨어/서비스, 의료장비/서비스, 비즈니스 서비스/용품 섹터를 4차산업군으로 그룹화하였다.[83] 1차산업군은 천연자원의 재배나 채굴과 연관된 섹터를, 2차 산업군은 전통적인 2차 제조산업을, 3차산업군은 전통적인 3차 서비스 산업을 나타내고 4차산업군은 전통적인 2차와 3차산업 중에서 4차 산업 혁명과의 연관성이 높은 산업섹터를 모은 것이다.

〈그림 41〉과 〈그림 42〉는 이렇게 재분류한 각 산업군의 시가총액 및 그 비중의 변화 추이를 보여준다. 이를 통해 우리는 각 산업군의 성장패턴을 발견할 수 있는데, 우선 1차산업군은 시가총액 면에서 성장세를 보이지만 비중은 점차 감소하고 있고, 2차산업군은 비중 면에서 매우 안정적인 보합세를 유지하고 있으며, 3차산업군은 2008년 금융위기 이후 매우 안정적인 비중을 견지하고 있다. 한편 이른바 4차 산업혁명과 연관성이 가장 깊은 4차산업군은 비중을 21%에서 29%로 무려 8%포인트나 확대하고

그림 41. 산업군별 시가총액의 변화 추이

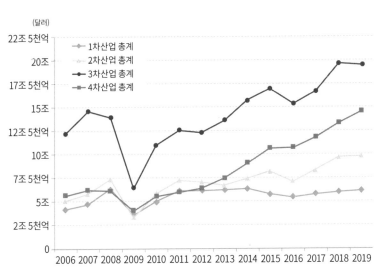

그림 42. 산업군별 시가총액 비중의 변화 추이

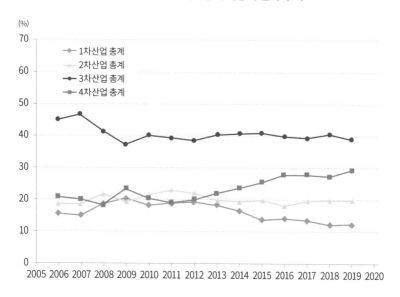

있다. 여기서 흥미로운 관점 중 하나는 이들 산업군이 2008년 세계 금융 위기나 2015년 그리스 국가부도와 같은 외부충격에 대해 보인 차별적 반응이다.

관찰 6. 2008년 세계 금융위기의 영향은 금융 섹터를 포함한 3차산업군에서 가장 크게 나타났고, 미래 산업군이라고 할 수 있는 4차산업군에서는 그 영향이 작아 비중 면에서는 오히려 증가세를 보였다.

2008년 세계 금융위기로 인해 가장 큰 타격을 입은 섹터는 금융 섹터, 즉 은행, 보험, 금융서비스로서 3차산업군을 형성하는 대표적 산업들이다. 그 결과 〈그림 42〉에서 보듯이 금융위기의 충격으로 당시 부의 비중은 1차산업군에서는 변화가 없었고, 2차산업군과 3차산업군에서는 감소했으며 4차산업군에서는 증가한 것으로 나타났다. 이로부터 우리는 2000년 이후 나타난 두 번의 외부충격에 3차산업군이 가장 취약했고, 그 다음 2차산업군이 취약했던 반면, 4차산업군은 외부충격에 대해 매우 강건했음을 알 수 있다.

03
세계경제 성장과 외부충격의 파급효과

지금까지 우리는 지난 13년 동안 글로벌 GDP의 성장 추세, 메이저리그 시가총액의 변화 추세가 어떠했는지 살펴보았다. 이에 따르면, 글로벌 GDP는 꾸준한 성장 추세를 보여 왔고, 그로부터 파생된 글로벌 부의 총액도 크게 확대되어 왔다. 그러나 성장과정이 순탄치만은 않아 금융 섹터에서 누적된 거품이 꺼지면서 2008년 글로벌 금융위기가 발생했고, 이후 회복과정에서 누적된 글로벌 재정위기는 중국의 위안화 평가절하와 함께 남부 유럽의 그리스 국가부도 사태로 번지고 말았다.

그렇다면 이러한 외부충격은 글로벌 GDP의 성장 패턴에 과연 어떤 구조적 변화를 주었을까? 〈그림 43〉은 1990년부터 2019년 사이에 발생한 세 가지 외부충격과 그로 인한 글로벌 GDP의 변화를 도식화한 것이다. 이를 통해 우리는 외부충격이 GDP 성장에 미친 영향에 관한 몇 가지 흥미로운 가설을 도출할 수 있다.

관찰 7. 세계경제는 외부충격에 의해 구조적 변화를 겪으며, 그 결과 외부충격은 불연속적인 성장 단계를 만든다. 닷컴버블 붕괴, 세계 금융위기, 그리스 국가부도라는 외부충격에 의해 세계경제는 1990년~2000년(1단계 저성장기), 2000년~2008년(2단계 고성장기), 2008년~2014년(3단계 성장둔화기), 2014년~2019년(4단계 성장약화기)로 나눌 수 있다.

관찰 7에서 우리가 글로벌 GDP 성장을 바라보는 관점은 기본적으로 매년 일정한 부가가치가 증가하는 정액성장이다. 전년도 대비 일정 비율로 성장하는 정률성장은 성장이 가속화되는 성장 패턴을 보이기에 장기적 패턴을 보는 우리 관점을 왜곡시킬 소지가 있다.[84] 정액성장을 가정하

그림 43. 세계경제 성장과 외부충격의 영향 (US달러, 명목 GDP)

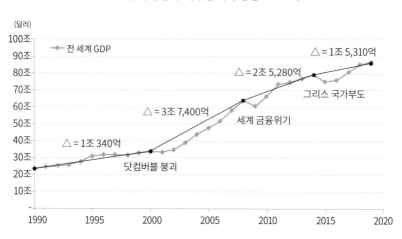

고 산출한 연간 성장액은 1단계 1조 340억 달러, 2단계 3조 7,400억 달러, 3단계 2조 5,280억 달러, 4단계 1조 5,310억 달러였다. 이로부터 우리는 세계경제가 2000년을 기점으로 저성장에서 고성장으로 전환되었으나, 2000년 이후 두 차례의 외부충격을 겪으면서 성장세가 점차 둔화, 약화되고 있음을 알 수 있다. 성장스토리는 개략적으로 이러하다.

세계경제는 1990년대까지 저성장 단계에 머물러 있었지만, 안으로 인터넷 기반 세계경제로의 전환을 위해 내부에너지를 축적해 왔다. 그렇게 축적된 에너지는 1990년대 후반 닷컴버블을 쌓아갔고, 2000년 4월 이 버블이 꺼지면서 세계경제는 약 2년간 자숙기를 갖는다. 자숙기가 끝나자 2003년부터 세계경제는 인터넷 기반의 글로벌 아웃소싱과 오프쇼어링이라는 세계화 바람을 타고 급성장기로 접어든다. 급성장기는 인터넷 경제라는 엔진을 달고 많은 부를 축적하게 되고 그렇게 축적된 부는 고성장기 후반인 2006년~2008년간 금융거품을 만들어낸다.

2008년 고위험 파생상품을 중심으로 하늘로 치솟던 금융 부문의 거품이 일시에 터지면서 세계 금융위기가 발생했고, 이는 실물경제에 타격을 주어 2009년의 GDP를 크게 떨어뜨린다. 그러나 이후 대대적 양적완화 등으로 실물경제의 회복은 빠르게 이어지나 후유증으로 발생한 유럽지역의 재정위기는 2015년 결국 그리스 국가부도로 이어진다. 2000년부터 2019년까지 두 번의 외부충격을 겪으면서 세계경제의 급성장세는 충격을 받을 때마다 탄력을 잃어갔다. 그 결과 2000년 이후 성장 단계별 평균 연간 성장액은 점차 줄어들었다.

관찰 8. 2000년 닷컴버블 붕괴, 2008년 세계 금융위기, 2015년 그리스 국가부도로 상징되는 외부충격이 글로벌 GDP 성장에 미친 영향의 양상은 서로 다르다.

닷컴버블 붕괴는 미국에서 발생한 외부충격으로, 세계경제에 미친 영향은 매우 제한적이었다. IT산업을 중심으로 세계경제 성장을 이끌고 있는 미국의 주도력이 2~3년간의 자숙기 또는 조정기를 겪었고, 글로벌 GDP의 성장은 세계경제에 기여하는 미국의 몫만큼 지체되는 효과로 나타났다. 어찌 보면 닷컴버블의 붕괴는 구조조정을 통해 인터넷 경제의 기반을 단단히 다지는 계기가 되었고, 구조조정이 끝나자 세계경제를 고성장기로 이끌었다. 반면 2008년 세계 금융위기는 미국의 금융산업에서 생겨난 거품이 꺼지면서 발생했으나 그 여파가 실물경제로 파급되었고, 대대적 양적완화로 인한 재정위기는 약한 고리인 남유럽 지역에서 국가부도로 이어지고 말았다.

실물경제의 모습만 보면, 글로벌 금융위기는 2012년까지 회복된 모습을 보이고는 있으나, 양적완화로 인해 저변의 금융기반은 매우 취약한 상태에서 벗어나지 못하고 있었다. 여파가 남유럽의 재정부실 국가에 미치자 그 부담은 다시 EU발 세계경제 성장 둔화로 나타났다. 사실 2008년 세계 금융위기의 후유증은 2015년 이후까지도 남아 있었다고 봐야 한다. 글로벌 금융위기를 계기로 세계경제는 저금리 시대로 접어들었고, 그 추세는 10년이 지난 현재까지도 되돌리지 못한 채 이어지고 있다. 치유 과정에서 2015년~2017년까지 이어진 2차 파동은 두 가지 외부충격이 겹쳐서 나타난 결과라고 봐야 할 것이다.

04
새로운 외부충격이 던진 과제

이런 와중에 새로운 외부충격의 에너지가 세계경제 내부에 축적되고 있었는데, 2017년 이후 트럼프가 주도해 온 미국기업의 리쇼어링 확산과 노골화된 미중 무역분쟁이 그것이다. 사실 돌이켜 보면, 2000년 이후 세계경제 성장을 떠받친 힘은 이른바 세계화에 의한 IT 기반의 국제 분업과 이 과정에서 유럽의 독일, 아시아의 중국, 일본, 한국 등이 형성한 글로벌 공급사슬Global Supply Chain이었다. 그중에서도 특히 중국의 역할과 비중은 매우 커서 이 시기 중국은 일명 '세계의 공장'으로 부상했다. 이 과정에서 선진국의 금융산업과 제조업이 오프쇼어링된 저임금 기반의 '세계 공장'을 통해 많은 부를 창출할 수 있었고, 이는 다시 세계경제 성장의 중국의 존도를 크게 높여 갔다.

2018년부터 부각되기 시작한 새로운 세계적 추세는 리쇼어링과 미중 무역분쟁으로 촉발된 탈세계화deglobalization의 분위기이다. 2019년 말, 2020년 초에 들어서자 이들 추세는 새로운 국면에 접어든다. 바로 코로나 바이러스에 의한 글로벌 팬데믹의 발생이다. 누구도 상상 못했던 일이 세계경제의 방향 전환 국면에서 발생하여, 2000년 이후 약 20여 년 동안 지속되어 온 세계경제의 성장 패러다임 자체가 붕괴될 위기를 맞은 것이다.

미래 부의 향방을 모색하면서 과거의 연장선을 그릴 수 없는 이유는, 이번 충격이 우리가 과거에 경험해 본 적이 없는 전혀 새로운 종류의 충격이면서 이 충격이 '상태 전이'라고 부를 만큼 커다란 경제성장 패러다임의 전환기와 함께 나타났기 때문이다. 2020년 이후 세계경제의 향방과 이에 따른 글로벌 부의 재편이 어떤 모습을 보일지 귀추가 주목된다.

11장

미래 부의 전개에 관한 네 가지 시나리오

01
탈세계화와 코로나 사태의 전개

2020년 이후 지구촌 부의 미래 향방에 가장 크게 영향을 미칠 환경 변화로 어떤 것이 있을까? 또 이들 환경 변화에는 어떤 불확실성이 내재해 있을까? 환경 변화가 과거 세계경제에 충격을 주었던 요인 중 하나라면 우리는 불확실성의 실체에 대해 돌아볼 수 있다. 그러나 만일 그 변화가 과거에 우리가 한 번도 경험해 보지 못한 것이라면 불확실성의 실체와 정도를 파악하기란 결코 쉽지 않을 것이다.

2020년 현재 세계경제가 직면하고 있는 환경요인으로, 첫째 코로나 바이러스 사태의 진전, 둘째 탈세계화 추세와 이에 따른 글로벌 공급사슬의 재편을 들 수 있다. 코로나 바이러스 사태는 1차적으로 인적, 물적 손실과 함께 인간의 이동과 행동을 제약함으로써 경제활동의 근간인 소비와 생산 활동을 마비시키고 있다. 탈세계화와 글로벌 공급사슬 재편은 중국으로 편중된 세계 생산 및 공급 구조를 유지하려는 동기와 전면 재편하려는 동기가 서로 강력하게 충돌하는 양상을 보이고 있다. 이 두 가지가 세계경제에 미칠 충격과 그로 인한 지구촌 변화의 방향은 매우 불확실하다.

따라서 미래의 세계경제 전개 시나리오를 도출하기 위해서는 우선 이 두 가지 외부충격에 내재된 불확실성에 대해 그 최대 범위를 가늠해 볼 필요가 있다. 다시 말해, 최선과 최악의 상황을 상상해 보는 것이 필요하다. 우선 코로나 바이러스 사태의 경우 최선의 시나리오는 코로나 사태가 2020년 내로 종식되고 2021년부터는 코로나 사태 이전으로 정상화된다는 것이다. 이 시나리오의 전제는 2020년 겨울까지 코로나 바이러스 백신과 치료제 개발이 가시화되어 늦어도 2021년 상반기에는 우리가 코로나 바이러스 공포로부터 완전히 해방되는 것이다. 한편 최악의 시나리오는 코로나 바이러스가 2020년 겨울을 거치면서 재확산되고 백신과 치료제 개발이 지연되면서 여파가 2021년 이후로까지 지속되는 것이다.

탈세계화와 글로벌 공급사슬 재편은 코로나 사태처럼 단기적이며 즉각적인 충격은 아니다. 다소 장기간에 걸쳐 진행될 중장기 패러다임 선환에 가깝다. 그러나 이러한 패러다임 전환이 코로나 사태와 맞물려 리쇼어링에 의한 세계 공장의 탈중국화와 중국경제와 세계경제 간 디커플링 decoupling을 가속시킨다면, 그 여파는 즉각 나타날 가능성도 있다. 이에 대한 최선의 시나리오는 미중 갈등이 적절한 타협점을 찾으면서 중국이 새로운 체제하에서 세계 공장의 지위를 그대로 유지하는 것이다. 한편 최악의 시나리오는 미중 갈등이 전 세계로 확대되면서 중국의 정치경제체제가 서방 세계와 극한적인 대척점에 서고 그 여파로 중국이 세계 공장의 지위를 완전히 잃는 것이다.

결국 우리가 향후 맞을 미래의 세계경제는 이 두 가지 환경요인이 어떤 방향으로 진행되느냐에 따라 전혀 다른 양상으로 전개될 것이다. 〈그림 44〉는 두 가지 환경요인의 조합에 의해 달라질 세계경제의 4가지 시나리오를 보여준다. 세계경제 상황은 '노 스완', '화이트 스완', '그레이 스완', '블랙 스완'으로 명명된 네 가지 시나리오하에서 어떻게 전개될 것인가? 시나리오 플래닝에 따라 전개 스토리를 그려 보자.[85]

그림 44. 코로나 사태 이후 세계경제의 네 가지 전개 시나리오

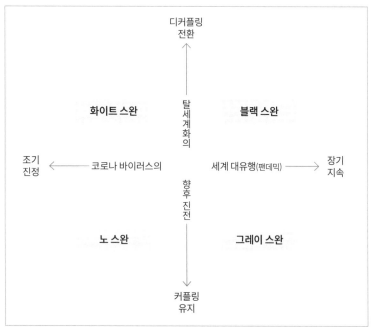

시나리오 1. 노 스완No Swan

'노 스완'은 전 세계적으로 코로나 바이러스가 2020년 내 종식되고 세계 공장으로서의 중국의 역할이 그대로 유지된다는 시나리오다. 이 시나리오하에서는 코로나 바이러스가 2020년 2분기에 정점을 찍고 하반기에는 점차 수그러진다. 2020년 상반기에 렘데시비르를 비롯해 일부 치료제가 FDA의 승인을 받고, 백신은 2020년 말까지 가시화된다. 그 결과 세계경제는 2021년부터 코로나 사태 이전의 정상적인 경제 활동으로 복귀한다.

2020년 전반기에 전 세계가 입은 경제적 손실로 인해 미중 간 무역대립은 2019년 말 체결된 무역합의를 상호 준수하는 선에서 봉합된다.[86] 양국 간 무역합의는 순조롭게 실행되어 중국에 대한 미국의 무역수지 적자는 수년에 걸쳐 점차 완화된다. 미국의 GDP는 무역적자 해소에 따라 상대적으로 증가하는 반면 중국의 GDP는 상대적으로 감소한다. 여기에 중국의 금융시장 개방 확대로 미국의 대중국 투자와 자본이동도 증가한다.

이 시나리오하에서 세계경제는 기본적으로 2015년부터 2019년까지 지속되어 온 경제회복의 트렌드를 유지한다. 다만 코로나에 의한 충격으로 2020년 글로벌 GDP는 2008년 세계 금융위기보다 크게 역성장을 하고, 실물경제가 입은 상처를 회복하는 데 2년 내외의 시간이 걸린다. 코로나 사태로 인한 충격의 강도는 선진국과 개도국에게는 크게, 중국에게는 작게 나타나지만 세 개의 경제권 공히 2008년, 2015년의 충격보다는 더 크게 타격을 입는다. 이 시나리오하에서 중국의 '일대일로' 전략과 '중국

제조 2025' 전략의 골격은 크게 바뀌지 않고 그대로 유지된다. 반도체, 소프트웨어/서비스, 정보통신서비스 등 일부 4차산업 분야에서 중국은 선진국과의 격차를 줄이거나 일부 분야에서 추월하기도 한다.

시나리오 2. 화이트 스완 White Swan

'화이트 스완'은 코로나 바이러스가 2020년 내 진정되고 2021년 초에는 세계경제가 정상적인 경제 활동으로 복귀하지만, 미국을 비롯한 선진국과 중국 간 코로나 바이러스 확산의 책임을 놓고 갈등이 심화 확대된다는 시나리오다. 갈등은 코로나 사태의 책임공방으로 시작되나 피해국들의 법적 제소와 중국의 반발이 커지면서 점차 대치 국면으로 확대된다. 예컨대 미중 간 무역합의가 천재지변을 이유로 깨지고 미중 간 관세전쟁은 재점화된다.

디커플링은 중국에 대해 주요 선진국이 갖게 될 감정에서 비롯되어 국제교역 파트너로서의 중국의 위상을 크게 떨어뜨린다. 그러나 공급선을 바꾸고 자국에 생산기반을 다시 구축하는 것, 중국시장 공략을 목적으로 하는 직접투자를 되돌리는 것은 선진국에게 막대한 비용과 기회손실을 유발한다. 따라서 디커플링은 선진국을 중심으로 생산기반 재구축, 제조업 부활, 글로벌 공급망 재편에 의해 주도되지만, 그 과정에서 발생할 비용과 손실은 디커플링을 지체시킨다.

디커플링에 의해 중국경제와 선진국 경제 간 무역이나 직접투자, 기술이전 등은 중장기적으로 점차 축소되고, 이 빈 곳은 선진국의 리쇼어링과 공급선 다변화, 그리고 인도, 베트남, 멕시코 같은 개도국으로의 생산기지 이전으로 채워진다. 그 결과 중국 이외의 개도국에게는 해외직접투자와 일자리 증가, 이로 인한 GDP 성장 등 새로운 성장기회가 열리는 반면 선진국에게는 저임금 기반의 오프쇼어링을 대체할 새로운 생산시스템 구축 압박이 증가한다. 그 과정에서 정부재정과 금융권의 부담은 증가하나 선진국과 개도국에게는 새로운 투자기회가 발생하여 장기적으로 경기활성화로 이어진다.

시나리오 3. 그레이 스완Gray Swan

'그레이 스완'은 코로나 바이러스 사태가 2020년 중에 진정되지 않고 2020년 겨울을 지나 2021년 초 재확산함으로써 경제활동에 대한 제약이 상당 기간 지속된다는 시나리오다. 이 시나리오하에서 세계 공장으로서 중국의 역할은 코로나 사태로 인한 생산저하 및 원상회복의 지연으로 어려움을 겪는다. 그러나 2019년 말 체결된 미중 간 무역합의가 계속 유효한 상태에서 양국 간 갈등은 표면화되지 않는다. 급증하고 있는 중국에 대한 반감과 법적 제소에 대해 중국이 채택한 여러 가지 눈에 보이지 않는 무마책이 어느 정도 효과를 발휘한다.

코로나 사태의 장기화에 따라 많은 국가의 이기적 행위나 독자 정책이 표면화되면서 각자도생의 분위기가 형성된다. 코로나 사태의 책임을 놓고 중국에 대한 비난이 증가하고 법적 책임공방이 격렬해지나, 현실적으로는 단기적 경기부양, 급증한 실업의 해소, 재난지원금 지급 등 국가재원이 단기 처방에 집중, 소진됨에 따라 디커플링은 정책 우선순위에서 밀려 장기적 과제로 남는다.

코로나 사태가 2020년 후반은 물론 2021년까지 진정되지 않음에 따라 2020년 글로벌 GDP는 노 스완 시나리오에 비해 3~4%포인트 더 하락한다. 회복하는 데 소요되는 기간도 늘어난다.[87] 코로나 사태의 장기화로 국가재정이 취약한 국가에서부터 재정위기가 불거지기 시작하며 이는 다시 선진국의 부담을 증가시켜 세계경제의 성장기반을 약화시킨다. 그 결과 세 개의 경제권 중 중국경제는 작게나마 성장하는 반면 선진국과 개도국의 경제는 성장 정체 또는 일부 역성장으로 전환된다. 세계경제가 바야흐로 성장 정체 시대로 들어서게 되는 것이다.

시나리오 4. 블랙 스완Black Swan

'블랙 스완'은 코로나 바이러스 사태가 생각과 달리 쉽게 종식되지 않고 오히려 2020년 겨울 재확산돼 풍토병으로 자리를 잡는데 더해 이 사태를 종식할 백신과 치료제는 여러 가지 부작용과 효과 검증의 어려움으로 난항을 겪는 시나리오다. 코로나 사태가 지루하게 지속되면서 각국이 입게 될 경제적 손실은 눈덩이처럼 불어나고 중국을 향한 선진국의 비난은 중국과의 거래 회피나 단절, 법적 분쟁으로 확대된다.

그 결과 선진국을 중심으로 정치권에서는 중국에게 책임을 묻고 탈중국화 정책이 국민적 지지를 받게 되면서 수입선 전환이 대대적으로 진행된다. 이 움직임에 대응하여 중국은 중국으로 진출한 선진국 공장에게 불이익을 주고, 이는 다시 선진국 오프쇼어링 공장의 대대적 중국이탈을 가속화시킨다. 이 시나리오하에서 리쇼어링에 의한 탈중국화는 코로나 사태로 입은 경제적 손실에 추가해서 이전 비용과 재훈련 비용 등 막대한 전환 비용을 발생시킨다.

코로나 사태의 심화로 인한 경제위기는 재정이 취약한 국가에서부터 나타나 일부 국가에서 모라토리엄이 이어지고, 이에 대한 IMF 등 국제금융기구의 지원 역시 예전 같지 않아 코로나 사태는 제2의 글로벌 금융위기로 번진다. 결국 블랙 스완 시나리오에서 세계경제는 2008년 세계 금융위기와 2015년 그리스 국가부도 사태가 겹친 정도의 충격을 입으며 경제대공황의 위기에 직면한다.

이 시나리오하에서 가장 크게 경제적 타격을 입는 경제권은 중국이다. 세계 공장으로서의 중국의 입지는 대폭 축소되고, 중국경제는 세계경제와 완전히 분리된 독립경제로 운영된다. 중국과의 무역은 내수 용도의 제품과 서비스 생산을 위한 최소한의 범위에서 이루어진다. 개도국은 국가마다 입장이 갈리는데, 인도, 베트남, 멕시코와 같은 국가는 글로벌 공급사슬의 재편 과정에서 성장기회를 갖는 반면, 태국처럼 관광, 컨벤션, 엔터테인먼트 등을 중심으로 경제를 운영하던 국가는 수요 감소로 큰 어려움을 겪는다.

선진국은 코로나의 장기화로 대량실업과 경기침체가 심화되고 대공황의 위기에 직면한다. 그러나 대대적 재정투자를 통한 경기회복이 필요한 만큼 디커플링에 따른 글로벌 공급사슬 재편을 뉴딜정책의 일환으로 추진하게 된다. 즉 중국으로부터 리쇼어링하는 기업에 대한 정부지원을 대대적으로 늘리고 저임금 인력 중심의 해외 오프쇼어링 공장을 리쇼어링하면서, 고생산성의 로봇공장 인프라 투자를 대대적으로 확대한다. 이는 물론 재정 여력이 있는 선진국에게 해당하는 전개다.

결국 블랙 스완 시나리오하에서 세계경제는 과거와는 전혀 다른 새로운 패러다임의 경제체제로 전환되며, 이 전환을 주도하거나 전환에 동참한 국가와 그렇지 않은 국가 간 부의 격차는 더욱 크게 벌어진다. 장기적 관점에서 미국, 독일, 한국, 대만, 멕시코, 인도 등이 대표적인 수혜국가로 부상하는 반면 중국은 세계 공장의 지위를 완전히 잃고 파워 국가에서 보통국가로 전락한다.

블랙 스완 시나리오하에서 새로운 세계경제 체제가 자리 잡기까지는 짧게는 6년, 길게는 10년 정도의 기간이 소요된다. 그 이전까지 즉 2020년부터 2024년까지는 일종의 구조개편 과정으로서 세계경제는 큰 고통을 겪으나 2025년 이후부터 새로운 체제가 자리 잡으면서 세계경제는 새로운 재도약의 기회를 잡게 된다.

02
시나리오별 글로벌 GDP와 미래 부의 전개 전망

그렇다면 노 스완, 화이트 스완, 그레이 스완, 블랙 스완의 4가지 시나리오는 실제 정량지표 관점에서는 어떤 모습으로 전개될까? 이제부터는 필자가 개발한 시나리오 플래닝 이론과 알고리즘에 의해 추정한 결과를 주로 소개하되 그 저변의 논리를 뒷받침하는 객관적 사실들을 함께 살펴보기로 하자.

필자는 10장의 관찰 7을 통해 글로벌 GDP가 2000년 이후 고성장, 성장둔화, 성장약화의 단계적 추세를 보여 왔다고 했다. 그 추세는 정액성장 모델에 의해 연간 정액 GDP 성장액을 추정해 봄으로써 알 수 있다. 그런데 글로벌 GDP를 선진국, 개도국(중국 제외), 중국이라는 세 개의 경제권으로 다시 분할하면, 경제권별 정액성장 추세가 어떤 불연속적인 변화를 겪어 왔는지 알 수 있다. 관찰 1은 그 변화를 수치로 보여준다.

관찰 1. 세계경제의 성장 단계별로 선진국 경제, 개도국(중국 제외) 경제, 중국경제가 보인 정액성장 모델하의 연간 GDP 성장액은 〈표 19〉와 같다.

〈표 19〉에 의하면, 정액성장 모델하에서 선진국의 성장력은 2000년 이후 급성장을 구가하다가 금융위기를 거치면서 크게 하락하였으나,

표 19. 경제권별 연간 정액 GDP 성장액 추이

(단위: 달러)

	고성장기 (2000년~2008년)	성장둔화기 (2008년~2014년)	성장약화기 (2014년~2019년)
선진국	2조 1,430억	6,510억	7,810억
개도국(중국 제외)	1조 1,730억	8,890억	290억
중국	4,240억	9,880억	7,210억
전 세계	3조 7,400억	2조 5,280억	1조 5,310억

2015년 이후 약하게나마 회복하는 모습이다. 반면, 개도국은 선진국이 고성장할 때 중간 수준의 성장세를 보였고 금융위기를 거치면서 타격을 받았지만 선진국만큼 주저앉지는 않았다. 그러나 그리스 국가부도 사태 이후 개도국 경제가 급속히 악화되면서 성장세는 거의 정체 국면으로 반전되었다. 중국이 총량 면에서 가장 큰 성장을 한 시기는 선진국이 성장둔화를 겪은 금융위기 이후다. 중국도 그리스 국가부도의 영향으로 그 이후 성장세가 다소 줄기는 했지만, 총량 면에서는 선진국과 비슷한 규모를 유지하고 있다. 세 개 경제권의 이러한 GDP 성장 추세는 불연속적인 장기 추세이며, 이는 두세 번의 외부충격이 반영된 결과이다.

필자가 수행한 시나리오 플래닝 결과는 〈그림 45〉와 〈표 20〉에 나타난 바와 같다. 우선 기본 시나리오에 해당하는 노 스완의 경우 글로벌 GDP의 연간 정액성장액은 1조 3,940억 달러인데, 이는 〈표 19〉의 성장약화기

그림 45. 시나리오별 글로벌 GDP 변화 추이(US달러, 명목 GDP)

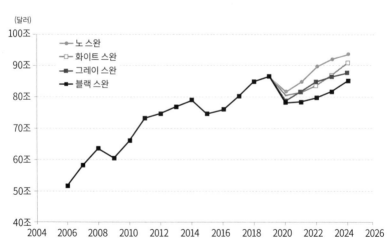

의 1조 5,310억 달러에 비하면 상당히 감소한 값이다. 그런데 이 값조차 시나리오에 따라 더욱 악화되어 블랙 스완 시나리오의 경우 정액성장액은 -2,960억 달러로 추정되었다. 적어도 2024년까지는 2019년 수준을 회복하지 못한다는 예상이다.

시나리오별로 2020년 GDP 성장 수준은 노 스완 시나리오는 -6%, 화이트 스완 시나리오는 -7%, 그레이 스완과 블랙 스완 시나리오는 각각 -9%, -10% 수준을 기록할 것으로 예상된다. 2008년 금융위기와 2015년 그리스 국가부도 사태의 글로벌 GDP 성장률이 각각 -5.2%, -5.3%였던 것에 비교하면, 그동안 가중된 탈세계화 추세와 2020년 발생한 코로나 사태의 충격이 얼마나 심각한 것인지를 짐작케 한다.[88] 2020년 글로벌 GDP가 폭락한 이후, 다시 회복해 가는 과정에 대한 시나리오는 2008년의 금융위기와 2015년 그리스 국가부도 이후 변화 추이를 벤치마크 하되, 정성적으로 설명한 상황 시나리오를 반영하여 도출하였다.

표 20. 시나리오별 주요 파라메터 도출 결과

(단위: 달러)

코로나19 사태 이후의 변화	노 스완	화이트 스완	그레이 스완	블랙 스완
정액 GDP 성장액(선진국)	5,370억	5,300억	880억	3,310억
정액 GDP 성장액(개도국)	1,120억	-490억	-4,520억	-7,410억
정액 GDP 성장액(중국)	7,450억	3,870억	5,780억	1,150억
정액 GDP 성장액(전 세계)	1조 3,940억	8,680억	2,140억	-2,960억
2020년 GDP 성장률	-6.0%	-7%	-8.9%	-9.9%
2020년 급락 후 회복시점	2022년 중반	2023년 후반	2024년 말	2025년 이후
2020년 급락 후 회복패턴	급반등 후 회복	지체 후 반등	반등 후 지체	장기지체 후 반등

2020년 코로나 바이러스에 의한 충격 이후 2019년 수준을 회복하는 시점은 노 스완은 2022년 중반, 화이트 스완은 2023년 후반, 그레이 스완은 2024년 말로 추정되었고 블랙 스완의 경우에는 2024년 말에 2019년 수준을 회복하지 못하는 것으로 나타났다.

글로벌 GDP가 과거 실적을 회복하는 패턴 역시 시나리오별로 다르게 진행되는데 회복의 모습을 자세히 보기 위해 〈그림 46〉에 그 패턴을 확대해 봤다. 이에 따르면, 노 스완의 경우 급반등 후 회복세를 보이는 반면, 화이트 스완의 경우 장기적으로 반등은 하지만 회복세는 매우 지체되어 나타나고 있다. 그레이 스완의 경우 2020년의 하락폭이 워낙 깊어 급반등을 시도하기는 하나 급락 후 회복력이 크게 상처를 입어 장기적으로는 성장정체로 접어든다. 마지막으로 블랙 스완의 경우에는 두 가지 악재가 겹쳐 회복력이 약한 상태에서 회복기간도 지체되어 2024년까지도 2019년 수준을 회복하지 못한다.

한 가지 주목할 것은 바로 디커플링의 장기적 효과이다. 디커플링은 탈세계화와 글로벌 공급사슬의 재편을 상징하는데, 디커플링의 장기적 결과는 탈세계화_deglobalization 보다는 재세계화_reglobalization에 가까울 것이라는 점이다.[89] 따라서 디커플링은 단기적으로 상당한 전환 비용을 발생시키지만 전환기에 구조조정이 완료되고 나면 세계경제는 다시 성장 국면으로 접어들 가능성이 있다. 〈그림 46〉에서 디커플링이 진행되지 않는 노 스완과 화이트 스완의 경우 회복은 빠르나 장기적으로는 성장에너지가 약화되는 반면, 디커플링이 진행되는 그레이 스완과 블랙 스완의 경우에는 회복세는 더디지만 구조조정 효과와 성장 에너지의 축적으로 2025년 이후 새로운 재도약의 국면으로 전환될 것이라는 전망이다.

그렇다면 이러한 글로벌 GDP의 변화에 따라 글로벌 부는 어떠한 모습으로 변화해 갈까? 우리는 10장의 관찰 1을 통해서 글로벌 GDP의 변화에 따른 메이저리그 시가총액의 변화를 추정해 볼 수 있음을 알았다. 사실 매시간 변하는 주가를 두고 연 단위의 시가총액을 추정한다는 것은 무모하기도 하고 결과에 대해 무책임할 수도 있는 일이다. 그러나 필자는 메이저리그 시가총액이 일종의 벤치마크, 즉 기준치라는 전제하에 거시적 관점에서 부의 변화 모습을 그려보고자 한다.

〈그림 46〉이 시나리오별 글로벌 GDP의 전개 양상을 보여준다면, 〈그림 47〉부터 〈그림 50〉까지는 네 가지 시나리오에 대해 시가총액의 변화 추이를 보여준다. 저변의 논리는 비교적 단순해서 〈그림 46〉에서 추정된 글로

그림 46. 시나리오별 글로벌 GDP 회복 패턴(US달러, 명목 GDP)

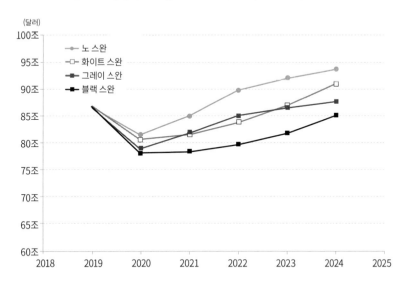

그림 47. '노 스완' 시나리오의 메이저리그 시가총액 변화 추이

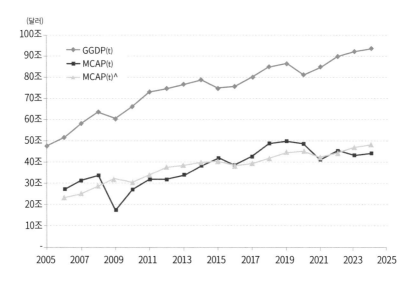

그림 48. '화이트 스완' 시나리오의 메이저리그 시가총액 변화 추이

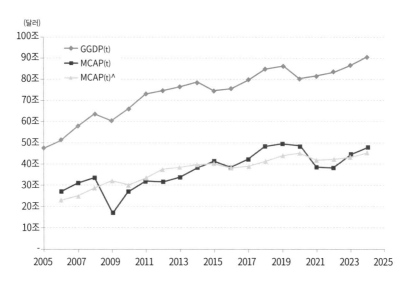

그림 49. '그레이 스완' 시나리오의 메이저리그 시가총액 변화 추이

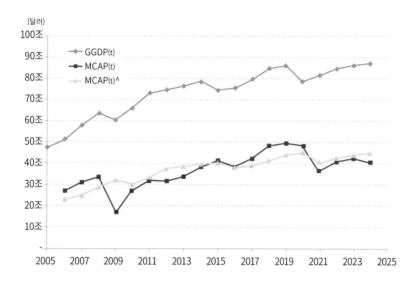

그림 50. '블랙 스완' 시나리오의 메이저리그 시가총액 변화 추이

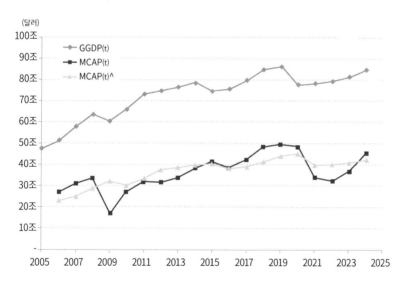

벌 GDP의 변화 모습을 10장의 관찰 1에서 제시한 회기식에 대입하여 중심값을 잡은 후, 2008년~2009년 세계 금융위기 시 발생했던 메이저리그 시가총액의 출렁임을 모사하는 것이다. 이 추정치를 두고 혹자는 이론상 예측이 불가능한 로또라고 할 수 있겠으나, 분명한 것은 이 값들은 신의성실에 입각하여 도출한 '합리적 추정'의 결과라는 것이다. 〈그림 51〉은 2019년에서 2024년까지의 시나리오별 시가총액의 변화 추이를 종합하여 도식화한 것이다.

합리적 추정의 논거는 개략적으로 이러하다. 우선 시총의 출발점은 코로나 충격으로 주가가 하락한 2020년 3월과 5월 사이에 측정된 값이다. 2020년 5월 13일 발표한 '포브스 글로벌 2000Forbes Global 2000'으로부터 도출한 메이저리그의 시가총액은 2019년 49조 9,470억 달러 대비 2.1%

그림 51. 시나리오별 메이저리그 시가총액의 변화 추이

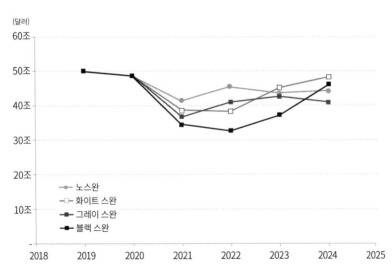

감소한 48조 8,790억 달러로 집계되었다. 〈그림 47〉에서 〈그림 51〉까지의 시나리오별 메이저리그 시가총액 추이에서 2019년, 2020년은 실측치이고, 2021년부터 2024년까지는 전망치를 나타낸다. 2020년 탈세계화 진전과 코로나의 영향으로 2020년의 글로벌 GDP는 시나리오에 따라 다소차이는 있으나 모두 떨어질 것으로 예상되고, 이는 다시 2021년 메이저리그 시가총액을 크게 떨어뜨릴 것이다. 2021년의 메이저리그 시가총액은 2019년과 대비하여 노 스완 시나리오의 경우 최소 17%, 블랙 스완 시나리오의 경우 최대 31%까지 감소할 것으로 전망된다. 그 이후 메이저리그 시가총액은 시나리오별로 다르게 전개될 것이다.

2022년에 가면, 노 스완 시나리오와 그레이 스완 시나리오하에서는 코로나 사태의 안정화에 힘입어 전년도 급락으로부터 반등이 일어날 것이고, 화이트 스완과 블랙 스완 시나리오하에서는 코로나 사태와 결합된 글로벌 디커플링의 영향으로 추가적 하락이 예상된다. 특히 블랙 스완 시나리오하에서는 2020년 이후 코로나의 심화로 경제가 무너질 대로 무너진 취약한 국가부터 모라토리엄 선언이나 부도의 신음소리가 터져 나오고, 글로벌 자본시장은 더블 딥Double Deep 상황에 빠진다.

2023년에 가면, 노 스완 시나리오하에서는 중국의 급성장 추세가 공급선 다변화 등으로 제동이 걸리면서 메이저리그 시가총액은 하락 반전한다. 이에 반해 화이트 스완, 그레이 스완, 블랙 스완 시나리오하에서는 지난 2년간의 구조조정 효과가 가시화될 것으로 기대되면서 시가총액은 반등한다. 2024년이 되면 네 가지 시나리오 모두 그 방향이 어디든 추세선 자체가 안정됨에 따라, 자본시장은 추세의 연장선상에서 움직이게 된다.

이러한 추정은 하나의 스토리텔링에 불과하지만, 미래에 내재된 불확실성이 2021년에 커지고 2022년 두 가지 충격의 여파가 누적되면서 극대화되지만 2023년으로 넘어가면 그 다음 상황 전개에 대한 불확실성이 많이 줄어들 것을 말하고 있다. 사실 이러한 포괄적 추정의 이면에는 국가와 산업과 기업의 비즈니스 트렌드에 대한 나름의 논리가 자리 잡고 있다. 그러면 이제부터 그 저변에 자리 잡고 있는 산업과 기업 단위의 변화원리가 시나리오별로 어떻게 다르게 작동할지 상상의 나래를 펼쳐보자.

03
코로나 이후 지구촌 산업생태계의 변화

코로나 사태 이후 산업섹터별 시장수요는 과거의 추세를 그대로 유지할까, 아니면 불연속적인 변화를 꾀할까? 코로나로 인한 고통이 일시적이면, 세상은 코로나 사태 이전으로 조만간 복원될 것이나, 그렇지 않다면 식량 안보, 자원 안보, 건강 안보에 대한 재인식으로 세상은 새로운 모습으로 변신을 꾀하게 될 것이다. 이른바 1차산업, 2차산업에 대한 선진국 수요가 다시 늘어나고, 이에 따른 생산기지의 이전이 관련 산업의 수요를 일으킬 것이고, 코로나로 인한 경제적 타격은 소비자의 가치관과 소비 패턴을 근본적으로 바꿀 것이다.

시장수요의 변화를 구체적으로 살펴보기 위해 2006년부터 2019년까지 소비재·생산재·금융시장의 섹터별 점유율과 성장성을 분석한 〈표

13)을 떠올려 보자. 거기에는 섹터별 소비재시장 점유율, 생산재시장 점유율, 금융시장 점유율과 함께 시장의 상대적 성장 속도인 성장성에 관한 평가가 나와 있었다. 2006년부터 2019년까지의 추세는 과연 코로나 사태에도 불구하고 이 성장 추세를 지속할 것인가, 아니면 코로나 사태를 계기로 불연속적인 구조 변화를 보일 것인가?

〈표 21〉은 2020년을 기점으로 이전을 '코로나 이전Before Corona', 그 이후를 '코로나 이후After Corona'로 나눈 후 두 기간의 시장매출 성장성 변화를 전망한 것이다. 여기에서 '코로나 이전'은 정확하게 2006년부터 2019년까지의 기간을 말하며, '코로나 이후'는 코로나 사태의 충격이 가해진 후 그 영향이 본격화되는 2020년부터 2025년까지의 기간을 지칭한다. 코로나 이후라 하더라도 2025년 이후의 장기적 변화 전망은 일단 여기서는 다루지 않는다.

〈표 21〉을 해석할 때 각 시장의 점유율은 시총 1000대 기업, 즉 메이저리그 기업들의 매출액을 가지고 산정한 점유율임에 유의해야 한다. 왜냐하면 메이저리그 시장이 지구촌 시장을 대표한다고 하더라도 지구촌 전체의 모습을 그대로 반영한다고 볼 수는 없기 때문이다. 따라서 소비점유율보다는 산업섹터 간 상대적 성장속도를 나타내는 성장성의 변화에 주목할 필요가 있다. 또한 성장성의 변화는 코로나 이전의 성장성에 대한 상대적 판단임에 유의해야 한다. 성장성이 높은 섹터에 대해 '대폭 증가'는 성장이 한층 더 가속된다는 의미인 반면, 성장성이 낮은 섹터에 대해 '대폭 증가'는 낮은 증가 속도가 이제는 제법 빠른 속도로 전환된다는 의미이다.

〈표 21〉에 의하면, 코로나 사태와 글로벌 디커플링에 의해 중단기적으

표 21. 코로나 이전과 코로나 이후의 시장매출 성장성 변화 전망

a. 소비재시장

산업섹터	코로나 이전		코로나 이후
	소비점유율	성장성	성장성 변화
제약/바이오 Drugs & Biotechnology	11.9%	3.44	대폭 증가
내구소비재 Consumer Durables	18.4%	2.13	대폭 감소
소매유통 Retailing	12.4%	1.64	증가
소프트웨어/서비스 Software & Services	3.7%	1.45	증가
정보통신서비스 Telecommunications Services	10.0%	1.16	증가
식음료/담배 Food, Drink & Tobacco	7.4%	0.97	대폭 증가
생활용품 Household & Personal Products	4.7%	0.82	감소
물류수송 Transportation	5.4%	0.80	대폭 감소
의료장비/서비스 Healthcare Equip & Services	5.1%	0.58	대폭 증가
하드웨어/장비 Technology Hardware & Equip	3.6%	0.50	감소
수도전기가스 Utilities	6.9%	0.50	감소
푸드마켓 Food Markets	5.5%	0.50	감소
미디어 Media	2.7%	0.20	감소
호텔/레스토랑/레저 Hotels, Restaurants & Leisure	1.6%	0.20	대폭 감소
비즈니스 서비스/용품 Business Services & Supplies	0.8%	0.12	소폭 감소

b. 생산재시장

산업섹터	코로나 이전		코로나 이후
	생산점유율	성장성	성장성 변화
석유/가스 Oil & Gas Operations	37.8%	4.53	대폭 감소
건설 Construction	9.5%	2.00	대폭 감소
소프트웨어/서비스 Software & Services	3.4%	1.20	증가
반도체 Semiconductors	5.5%	1.11	증가
소재철강 Materials	8.6%	1.03	감소
하드웨어/장비 Technology Hardware & Equip	7.5%	0.94	대폭 증가
자본재 Capital Goods	6.1%	0.81	증가
화학 Chemicals	5.3%	0.57	감소
무역상사 Trading Companies	3.3%	0.54	대폭 감소
항공우주 Aerospace & Defense	4.0%	0.45	대폭 감소
복합기업 Conglomerates	5.1%	0.35	대폭 감소
비즈니스 서비스/용품 Business Services & Supplies	2.3%	0.31	증가
의료장비/서비스 Healthcare Equip & Services	1.5%	0.16	증가
정보통신서비스 Telecommunications Services	0.1%	0.01	증가

c. 금융시장

산업섹터	코로나 이전		코로나 이후
	금융점유율	성장성	성장성 변화
금융서비스 Diversified Financials	20.3%	0.50	대폭 감소
보험 Insurance	29.7%	0.83	증가
은행 Banking	50.0%	1.66	대폭 감소

로 직격탄을 맞을 것으로 예상되는 산업섹터는 소비재시장에서 내구소비재, 호텔/레스토랑/레저 섹터, 생산재시장에서 석유/가스, 건설, 무역상사, 항공우주, 복합기업 섹터, 금융시장에서는 금융서비스와 은행 섹터가 될 것으로 전망된다. 반면 같은 시기에 시대 변화로 인한 수혜는 소비재시장에서 제약/바이오, 식음료/담배, 의료장비/서비스 섹터, 생산재시장에서는 하드웨어/장비, 금융시장에서는 보험 섹터 정도가 될 것으로 전망된다.

이러한 대체적 변화 기조 속에서 네 가지 시나리오에 따라 화이트 스완 시나리오에 대해서는 그 변화의 강도가 상대적으로 약하게 나타날 것이고, 블랙 스완 시나리오에 대해서는 가장 강하게 나타날 것이다. 〈표 21〉의 전망은 시장수요의 변화에 관한 전망으로서 시나리오 환경요인 중 디커플링보다는 코로나 사태의 전개에 의한 영향을 주로 반영하고 있다.

또 다른 환경요인인 디커플링은 탈세계화와 글로벌 공급사슬 재편의 향방을 결정하는 변수이다. 코로나 사태 이후 저임금 국가에 입지해 있는 해외 오프쇼어링 공장들은 어떤 변화를 겪게 될까? 최종 소비지나 그 인근으로 재배치될 것인가, 아니면 자원조달이 용이한 대체부지 개도국을 찾아 이전할 것인가, 그것도 아니면 자국의 일자리 창출을 위해 아예 본국으로 회기할 것인가? 상황 전개의 모습을 그려 보기 위해서는 코로나 이전의 선진국, 개도국, 중국 간 국제분업 구조를 살펴 볼 필요가 있다.

〈그림 52〉는 선진국, 개도국, 중국의 메이저리그 매출액 변화 추이를 보여준다. 여기에서 1차산업군은 식음료/담배, 석유/가스, 2차산업군은 하드웨어/장비, 소재철강, 내구소비재, 화학, 생활용품, 자본재, 항공우주, 건설, 3차산업군은 은행, 금융서비스, 전기수도가스, 보험, 소매유통, 복합기업, 미디어, 물류수송, 푸드마켓, 호텔/레스토랑/레저, 무역상사, 그리고 4차산업군은 반도체, 제약/바이오, 정보통신서비스, 소프트웨어/서비스, 의료장비/서비스, 비즈니스 서비스/용품 섹터의 산업군임을 상기하기 바란다.

〈그림 52〉에 의하면, 선진국의 산업군 규모는 매출액을 기준으로 2014년까지는 3차, 2차, 1차, 4차산업군 순이었으나, 2015년 이후 4차산업군이 1차산업군을 추월하여 3차, 2차, 4차, 1차산업군 순으로 바뀌었다. 개도국의 산업군 규모는 2006년부터 2019년 사이에 순위 변동없이 1차, 3차, 2차, 4차산업군 순을 유지하고 있고, 중국은 2014년까지는 3차, 1차, 2차, 4차산업군 순이었으나, 2015년 이후 2차산업이 약진하면서 순위가 3차, 2차, 1차, 4차 순으로 바뀌었다.

앞의 〈표 21〉의 변화 전망을 산업군의 변화로 해석해 보면, 코로나 이후 4차산업 대폭 증가, 3차산업 대폭 감소, 2차산업 감소, 1차산업에서는 석유/가스는 감소하는 반면 식음료/담배는 대폭 증가가 예상된다. 이를 바

그림 52. 선진국, 개도국, 중국의 산업그룹별 메이저리그 매출액 변화 추이

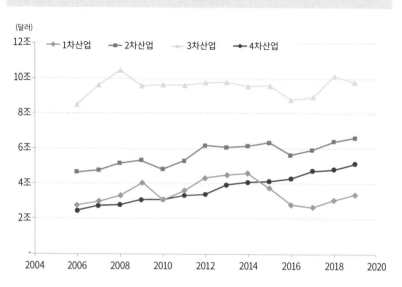

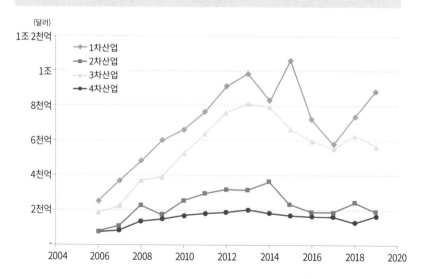

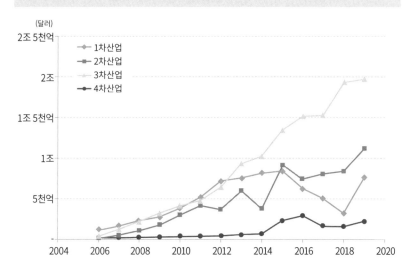

c. 중국

(달러)

- 1차산업
- 2차산업
- 3차산업
- 4차산업

2조 5천억

2조

1조 5천억

1조

5천억

2004 2006 2008 2010 2012 2014 2016 2018 2020

탕으로 선진국의 산업구조는 2차산업과 4차산업군으로 무게중심이 이 동하면서 산업경쟁력이 점차 강화될 것으로 예상된다.

개도국의 경우에는 1차산업에서 석유/가스 섹터와 식음료/담배 섹터 가 서로 방향을 달리하면서 성장기회가 천연자원국과 농업국 간에 갈린 다. 반면, 호텔/레스토랑/레저 섹터의 몰락을 상쇄할 2차산업과 4차산업 기반은 약해 관광의존도가 높은 개도국의 경우 산업경쟁력의 급속한 저 하가 예상된다. 마지막으로 중국의 경우 가장 비중이 큰 3차산업의 대폭 감소가 예상되는 가운데 선진국의 리쇼어링이 대대적으로 진행되면, 세 계 공장으로서의 2차산업 기반이 무너질 위험이 크다. 이를 1차산업과 4차산업에서의 성장기회를 통해 만회할 수는 있겠지만, 전체 산업에서 차 지하는 비중을 감안할 때 가능성은 크지 않아 보인다.

이러한 국제분업 구조의 변화와 함께 리쇼어링에 의한 글로벌 공급사슬 재편은 어떤 분야에서 어떤 새로운 시장수요를 만들어낼까? 이를 상상해 보는 것은 어렵지 않다. 일단 소비지 중심으로 입지된 생산 공장의 경우 리쇼어링에 의한 변화는 미미할 것이다. 단 소비지의 경제상황이 중장기적으로 악화되지 않는다는 전제는 필요하다. 예컨대, 미국에 건립된 현대나 기아의 자동차공장, 유럽의 체코나 터키에서 운영되고 있는 자동차공장의 경우 시장수요가 크게 줄지 않는 한 입지 변경까지 고려할 가능성은 작다.

　그러나 소비지 시장을 쫓아 입지했던 곳이 중국이라면 얘기가 달라진다. 이는 정치경제적 탈중국화, 즉 디커플링의 진전으로 자발적이든 타의에 의하든 중국으로부터의 탈출을 의미하기 때문이다. 중국의 수요시장을 타겟으로 설립한 현지 공장이 정치적 불이익이나 새로운 규제로 제약을 받는 경우 비즈니스 여건은 급격히 나빠진다. 이 경우 소비지에 입지된 공장이나 제3국으로의 수출을 위해 설치된 저임금 해외 오프쇼어링 공장은 공급사슬 재편 과정에서 이전용역, 물류수송, 전기가스와 같은 인프라 시장수요를 리쇼어링 현지에 만들어낸다. 이 동기에서는 리쇼어링을 추진하는 국가 금융 부문의 투자수요가 증가하나 그 부담은 정부재정이 안을 가능성이 크다.

　한편 식량안보, 자원안보, 건강안보 차원에서 독자적 생산역량을 갖추고자 하는 동기의 리쇼어링 수요는 과연 어느 산업군의 성장을 자극할까? 이를 추진할 선진국들은 저임금 오프쇼어링 공장과 비교하여 생산효율이 낮지 않은 자동화공장을 원하게 될 것이다. 이로 인해 두 가지 새로운 경영혁신이 필요해지는데, 하나는 공장이전과 함께 제품혁신으로 오프쇼어링 공장에서 생산하던 제품의 하이엔드 대체품을 만드는 것이고, 다른 하나는 저임금에 의존하지 않는 새로운 생산시스템과 비즈니스 운영체제를 새롭게 구비하는 것이다. 그동안 지지부진했던 4차 산업혁명기반 경영혁신이 공급 주도가 아니라 시장수요 주도로 전환될 가능성이 이 과정에서 크게 증가하게 된다.

결국 디커플링의 진전은 초기에 많은 일회성 자원투입과 비용증가, 교체비용을 발생시키지만 일단 4차 산업혁명 기반, 즉 디지털 트랜스포메이션 기반의 경영혁신이 실질적 시장수요와 맞물리면서 새로운 패러다임 전환의 물꼬를 틀 가능성이 크다. 〈그림 46〉과 〈그림 47〉의 네 가지 시나리오 중 디커플링으로 전환되는 화이트 스완, 블랙 스완 시나리오의 GDP와 시가총액이 기반 다지기 이후 도약의 모습을 띄는 주된 이유이다.

우리가 정의한 4차산업군은 인공지능에만 초점을 둔 협의의 4차 산업혁명 기술보다 포괄 범위가 훨씬 크다. 4차산업군에 포함된 반도체, 제약/바이오, 정보통신서비스, 소프트웨어/서비스, 의료장비/서비스, 비즈니스 서비스/용품 섹터는 엄밀하게는 전통적 2차·3차산업에 정보서비스 산업의 지능형 소프트웨어와 콘텐츠가 결합되어 나타나는 일종의 온오프, 아날로그/디지털 간 융합산업이다. 코로나 이전의 부의 성장이 미국의 서비스산업, 중국의 제조업에 의해 독점되는 양상을 보여 왔다면, 코로나 이후에는 시장의 판도가 4차산업의 비중을 크게 늘리면서 지역적 성장 독점뿐 아니라 소수 산업섹터의 성장 독점이 크게 완화될 것이다.

지난 30여 년간 우리가 살아온 세상은 세계화와 비교우위에 의한 국제

분업을 통해 지구촌 스케일의 생산성 극대화를 추구한 세상이었다. 그러나 효과적인 글로벌 지배구조가 부재한 상황에서 세계화는 극단적 국제 분업으로 이어졌고, 그 결과는 누적되어 국가 사이에 성장 독점의 폐해를 낳았다. 그렇게 누적된 갈등이 표면화될 즈음 코로나 사태가 전 세계를 덮쳤다. 성장 독점의 폐해와 코로나로 인한 경제 마비가 겹치면서 우리는 심한 고통 속으로 빠지고 말았다.

200개가 넘는 국가가 모인 지구촌에서 한두 개 국가가 성장을 독점할 수는 없다. 자본주의 국가경제에서 나타날 수 있는 독과점 폐해를 극복하고자 수많은 규제 장치와 보완정책을 개발하였듯이, 이제는 그 노력을 국가 간 문제해결을 위해 투입해야 할 때다. 세계화와 성장 독점이 가장 강력한 경제성장 엔진임을 감안하면, 탈세계화와 성장 독점의 해소에는 글로벌 생산성 면에서의 손실이 따른다. 그렇더라도 지구촌 세계경제에서 글로벌 스케일의 성장 독점 해소 내지 완화는 불가피하다.

세계화와 성장 독점이 문제라고 해서 무조건적인 탈세계화와 균등 성장이 해답일 수는 없다. 그것은 아직까지 현실 경제에서 검증되지 않은 감정적, 논리적 반발에 더 가깝다. 올바른 결정은 늘 극단의 선택이 아니라 최적의 절충점tradeoff을 찾는 데 있다. 제시된 네 가지 시나리오는 대립되는 두 세상에 대한 우리의 가치판단을 촉구하고 있다. 네 가지 시나리오가 나의 의지와 상관없이 내게 주어지는 환경이 아니라, 내가 주관적 판단으로 선택할 수 있는 대안이 되어야 한다는 말이다. '미래를 예측하는 가장 좋은 방법은 그것을 창조하는 것'이라는 아브라함 링컨과 피터 드러커의 말은 그래서 항상 옳다.[90]

BATTLE for CAPITAL GROWTH

5부

부의 진화,
새로운 세상을
찾아서

12장

성장 독점 시대의
종말과 우리의 과제

01
새로운 가치체계의 재정립

회사의 중요한 일이란 일은 모두 처리할 만큼 정력적이고 유능한 '수퍼 워크홀릭'이 어느 날 갑자기 쓰러졌다. 병원에 처박혀 사회로부터 격리된 그는 자신이 빠진 세상이 제대로 돌아갈 것 같지 않아 매일 밤잠을 설쳤다. 그나마 전화가 있어 하루에 수십 번 응해야 하는 부하직원의 지시요청을 처리할 수 있었다.

그런데 입원 기간이 길어지자 부하직원들의 연락은 급격히 줄기 시작했다. 그러자 부하들에 대한 걱정은 곧 이유 없는 분노로 바뀌었고 이 분노는 다시 불안감으로 변해갔다. 그가 없어도 세상이 잘 돌아가고 있었기 때문이다. 자신이 세상의 중심이라고 생각하며 살아온 그였기에 도무지 이 현실을 인정할 수 없었다.

엎친 데 덮친 격으로 병은 악화되고 입원은 길어졌다. 오랜 치료 끝에 마침내 병은 완치되었다. 그동안 승승장구하면서 번 돈은 병원비로 다 들어갔고, 제자리로 돌아온 그에게 남은 것은 성장 이전의 자신이 전부였다. 성장이 그의 정체성이었기에 성장의 과실이 사라진 그에게 정체성 위기가 왔다. '나는 그동안 무엇을 위해 그렇게 성장을 추구해 왔던가.'

개인, 기업, 국가 간 계약이나 법에 의해 상호신뢰 기반이 견고하게 구축되어 있을 때는 비즈니스만 잘하면 됐다. 성장은 쉬웠고 성장 가도에 거칠 게 없었다. 유능한 개인, 기업, 국가에게 일은 몰렸고 몰린 일은 다시 능력을 키웠다. 이 선순환 고리가 힘을 발휘하자 성장의 기회는 소수에 의해 독점되기 시작했다. 성장의 독점은 여러 가지 폐해를 낳았다. 성장 기회를 잃은 개인, 기업, 국가는 가난과 일자리 부족에 고통스러워 했고, 성장을 독점한 개인, 기업, 국가는 성장 후유증에 시달렸다. 급성장은 했지만 성장의 부작용이 경제·사회·문화 전반에 쌓여 갔다. 성장으로 만든 부는 부의 집중을 가져왔고 집중된 부는 다시 빅브라더의 야욕을 키웠다.

우리의 생명, 건강, 행복을 위협하는 안보 불안, 질병, 각종 비리, 탈법과 부조리는 국가 사회경제의 신뢰기반을 해친다. 여기에 성장과 부의 집중은 빈부격차를 심화시키고 계층 간 대립을 부추긴다. 이러한 신뢰 기반, 공정사회 기반의 붕괴는 막대한 사회적 비용을 초래한다. 아이러니한 것은 자본주의 시장경제하에서는 이러한 부작용과 폐해가 강력한 생산유발 효과를 갖는다는 사실이다. 코로나 바이러스가 거대한 제약/바이오 시장을 만들고 있는 것처럼 말이다.

이로부터 우리는 두 가지 선택에 직면한다. '고소득 고비용 사회'와 '저소득 저비용 사회' 사이에 서는 것이다. 돈을 버느라 몸을 망쳤고 망친 몸을 치료하고 나니 남는 게 없는 수퍼 워크홀릭은 '고소득 고비용 사회'를 상징한다. 반면 공해 없는 자연 속에서 자급자족하며 안빈낙도하는 전원생활은 '저소득 저비용 사회'의 표상이다. 어떤 사회가 '최대다수의 최대 행복'에 가까운 사회인지는 각자 주관적으로 판단할 일이다.

코로나 사태가 발발하고 개인적·사회적 고통이 커지자 진정한 성장의 의미가 무엇인지 다시 생각하게 되었다. 그리고 부단한 세계화 물결 속에서 소수의 국가와 기업으로 생산과 성장이 집중되어 왔음에도 불구하고, 아무런 문제의식 없이 그런 세상 속에 안주하며 살아 온 자신의 모습을 문득 발견한다. 부는 결과이지 결코 목적이 되어서는 안 된다는 자각이 일자 진정한 부의 의미를 다시 생각하게 되었다. 효율만을 극대화한 몰아주기, 경제적 관점에서만 효율극대화를 추구한 국제분업 구조를 다시 짜야겠다는 생각의 계기는 이렇게 마련됐다.

코로나로 가족 간, 동료 간 신뢰관계에 금이 가듯 성장 독점은 고전경제학의 '이익극대화' 이념의 가치를 깨버렸다. 기초까지 무너져 버린 이 시대에서 그나마 다시 딛고 일어설 지지대는 어디에서 찾을 것인가. 부의 정당성을 확보해야 하는 과제는 그런 관점에서 필연이자 희망으로 떠올랐다.

가치창출이 없는 세상은 죽음이다. 가치창출만큼 신성한 것은 없다. 일자리를 제공하고 먹고살 수 있는 양식을 제공한다. 가치창출 활동이 활발해지면 부는 자연스레 축적된다. 정당한 부는 가치창출을 고무하고 격려하나 부당한 부는 가치창출을 저해한다. 부의 정당성은 가치창출 과정의 정당성에서 나온다. 개인, 기업, 국가의 가치창출 의욕이 불공정한 배분이나 대가 없는 배분으로 무력화돼서는 안 된다. 과정과 절차의 투명성이 중요하다. 모두가 인정하는 부의 정당성은 투명성에서 나온다.

우리는 여태껏 자본주의의 모순은 사회주의적 요소를 가미하면 해결되리라고 믿어 왔다. 그런데 코로나 사태와 성장 독점이 제기하고 있는 문제는 알고 보니, 이념의 문제가 아니라 상호신뢰와 원칙과 공감의 문제였다. 개인이, 사회가, 국가가, 그리고 국가의 집합체인 이 지구촌 세계가 어떤 가치목표와 행동원칙에 공감하고 합의할 것인가에 관한 문제였다. '코로나 이전'의 세상에서 '코로나 이후' 세상으로 넘어가는 갈림길에서 우리는 미래를 열어갈 새로운 가치체계의 재정립이라는 거대한 과제를 안게 되었다.

02
새로운 세계 교역질서의 탐구

신자유주의Neoliberalism는 국가권력의 시장개입을 비판하고 시장의 기능과 민간의 자유로운 활동을 중시하는 사상이다. 신자유주의는 자유시장과 규제완화, 재산권을 중시한다. 국가권력의 시장개입은 '준칙을 제정하고, 투명성을 확보하며, 빈부격차 확대와 실업에 대비한 사회안전망 확보와 같은 영역으로 최소화해야 한다'고 주장한다.[91] 이런 신자유주의가 1980년 이후 추진된 세계화의 이념적 배후였기에 탈세계화는 극단적인 신자유주의의 폐지로부터 시작해야 한다는 정서가 있다.[92]

그러나 우리는 국가라는 지배구조하에서 기업들이 서로 경쟁하는 국가경제와 그런 국가경제들이 모여 세계시장에서 서로 싸우는 세계경제라는 이중의 계층 구조에서 살고 있다. 신자유주의를 객관적으로 정확하게 평가하기 위해서는 대상이 국가경제인지, 세계경제인지부터 구분할 필요가 있다. 명시적 지배구조가 존재하는 국가경제에서는 정부가 제 역할을 충실히 수행하는 한 신자유주의는 유효하다. 그러나 지배구조의 실효성은 차치하고 그 존재조차 불분명한 세계경제에서 세계화로 인한 폐해의 주범으로 신자유주의를 지목하는 것은 분명 논쟁의 소지가 있다.

영국이 브렉시트Brexit를 추진하고 트럼프가 보호주의의 시동을 거는 것은 신자유주의가 실패해서가 아니라 신자유주의가 필요로 하는 최소한의 지배구조조차 세계시장에서는 작동하지 않기 때문이다. 탈세계화와 보호무역주의는 과거로의 회기이지 새로운 세계 교역질서로의 전진이 아니다. 올바른 방향은 개별 국가경제에서 제대로 작동하고 있고 또 작동해야 할 신자유주의의 메커니즘을 세계경제에 올바르게 이식하고 장착하는 것이다.

이런 관점에서 최근 많은 논의가 진행되고 있는 SPERISheffield Political Economy Research Institute 블로그의 재세계화reglobalization 제안은 매우 유용하다.[93] 이 블로그에서는 재세계화를 주제로 이론뿐 아니라 현실 경제에서의 실질적 처방에 대해서 전문가들 사이에 심도 깊은 논의가 이루어지고 있다. 이 블로그에 의하면, 세계화의 문제제기는 일찍이 1997년에도 있었다.[94] 세계화 이슈의 소재는 당연히 1980년부터 1995년 사이에 급성장한 일본이었다. 그로부터 다시 10년 후, 글로벌 금융위기로 세계경제가 타격을 입자 금융 부문에서 세계화의 폐해를 막기 위한 지배구조로 '협력적 분점Cooperative decentralization'이 제시되기도 했다.[95]

SPERI 블로그는 재세계화를 정의하면서 재세계화가 국가주의, 고립주의, 보호무역주의가 아니라 '포스트 신자유주의post neoliberalism'로 나아가야 한다고 주장한다. 탈세계화deglobalization는 '현지화localization' 즉 국가주의를 의미하므로 재세계화는 '지역주의regionalization'로 가야 한다고 주장하고 있다. 그러면서 포스트 신자유주의의 개념을 '다자간 협의체제에 의한 교역질서 확립'으로 제안하고 있다.

우리는 지금 코로나 팬데믹으로 인한 국경 폐쇄로 글로벌 공급사슬이 끊긴 무기력한 세상을 경험하고 있다. 이에 놀란 기업들은 글로벌 공급사슬에서 '계란을 한 바구니에 담는 실수'는 절대로 범하지 말아야겠다고 다짐하면서 그들의 소싱 전략sourcing strategy을 전면 재검토하기 시작했다. 이러한 시도는 '코로나 이후' 시대에 대비한 미국의 정책 처방에도 그대로 나타나고 있다.[96]

그 내용은 개략적으로 이러하다. 첫째, 코로나 사태로 안보의식이 다시 깨어남에 따라 식량안보, 자원안보, 건강안보에 영향을 주는 식량, 에너지, 자원, 의료장비와 약품은 자국 내 생산 및 저장용량을 충분히 갖출 것. 둘째, IT 분야에서 스마트폰, 드론, 통신망, CCTV, 줌Zoom 같은 글로벌 미디어 플랫폼에서조차 개인정보 침해, 정보유출, 해킹에 의한 디지털 테러 등 보안문제 해결을 위해 이 분야 공급사슬을 분리할 것. 셋째, 대량소비주도 경제를 위해 제조업 경쟁력을 희생시켰던 과거를 반성하고 산업생산기반을 다시 갖출 것. 넷째, 미중 허니문이 끝나면서 새로운 국제 교역질서가 다시 확립될 때까지 관세와 같은 보호무역주의 시대의 정책도구를 활용할 것. 이와 함께 지적재산권 보호를 위한 견제장치의 마련과 환율 조작을 막기 위한 제재수단을 강구할 것 등이다.

이 중 상당수 정책은 이미 2019년 말 미중 간 체결된 미중 무역합의에 반영되어 있다. 그러나 이외에도 공급사슬 재편의 일환으로 미국, 멕시코, 캐나다 간 무역협정 체결이나 미국의 TPPTransPacific Partnership 참여 등 새로운 재세계화 노력이 다각도로 전개될 것이다. 또한 중국을 우회하여 대만, 필리핀, 인도네시아, 인도와 자유무역협정을 체결하는 것이나 유럽시장을 겨냥한 동유럽, 터키 등과의 무역협정 체결도 재세계화 과정에서 시도될 수 있다.

재세계화는 'Made in China'를 'Made in USA'로 바꾸는 것이 아니다. 'Made in China'를 'Made in World'로 바꾸는 새로운 글로벌 공급사슬로 진화해 나가는 것이다. 디커플링 시나리오에 따라 중국이 재세계화 과정에서 배제되느냐, 성실하고 신뢰할 수 있는 파트너로 변신하느냐는 전적으로 중국의 몫이다. 이 책에서 제시한 '코로나 이후' 시나리오는 미래 세상의 전개 가능성을 제시했을 뿐 어떠한 가치판단도 하지 않았다. 미래 세상의 방향을 모색하고 실행해야 하는 정책기관이나 미래를 준비하는 기업들의 전략적 대응을 촉구하고 있을 뿐이다.

새로운 교역질서와 대응전략을 탐구하는 과정에서 우리에게 필요한 것은 거대담론이 아니라 정책과 전략의 미세 조정이다. 비행기가 10만 미터 상공에서 방향을 잘못 잡아 추락하는 일은 없다. 저고도 비행에서 계기판을 잘못 읽어 안개 낀 산과 충돌하거나 착륙 고도를 정교하게 조정하지 못해 추락한다. 거대담론은 유익하다. 그러나 거대담론이 현실 경제에서는 큰 도움이 되지 않는다. 현실 경제에서 탈세계화와 성장 독점에 대한 유효한 정책은 수십 가지 계기판을 정확히 읽고 조정간을 미세 조정하는 것이다.

나는 재세계화 전략이 글로벌 가치사슬, 즉 GVCGlobal Value Chain의 다각화여야 한다고 주장한다. 즉 다양한 파트너 멤버십Partner membership에 의한 GVC를 영역별로 구축하고, 영역별 GVC에 다수의 국가가 나누어 참여함으로써 성장을 분점하는 것이다. 일명 'GVC의 다각화를 통한 성장의 분점'이다.[97] 삼성SDI가 독일 BMW그룹과 전기차용 배터리셀 공급계약을 체결한 것, 삼성이 저가 스마트폰 생산에 ODMOriginal Design Manufacturing 공급사슬을 구축하는 것, LG화학이 미국 GM과 전기차 합작법인을 설립하는 것 등은 GVC 다각화를 통한 재세계화 전략의 대표적 예가 될 수 있다.[98]

03
성장 분점을 통한 가치창출 극대화

가치창출 없이 성장 없고, 성장 없이 분배 없다. 가치창출이야말로 성장의 원동력이며 지구촌 세계경제의 지속가능성을 결정하는 핵심요인이다. 그런데 지구촌은 점차 비대해져가고 필요한 자원은 한계에 접근해 가고 있으며, 과도한 자원낭비를 통제하는 글로벌 지배구조는 잘 작동하지 않는다. 전통적인 경제학 이론은 규모의 경제를 말하고 있으나 지구촌 스케일에서는 규모의 불경제diseconomy of scale가 세상을 지배하고 있다.

이런 상황에서 지구촌의 지속가능성을 높이기 위해서는 가치창출의 극대화를 통한 실질적 성장을 추구해야 한다. GVC의 다각화를 통해 성장 분점을 추구하면서도 세계경제의 총요소 생산성을 극대화하기 위한 선진국과 선진국 간, 선진국과 개도국 간, 개도국과 개도국 간 새로운 분업구조가 필요하다. 그리고 그 저변의 추력은 IT, 인터넷, 인공지능, 바이오인포메틱스 등 첨단 혁신기술에서 마련해야 한다.

우리는 앞의 3부에서 부의 창출과 성장의 원리가 무엇인지 수많은 메이저리그 기업을 통해서 살펴봤다. 그리고 그 원리와 메커니즘은 경기변동이나 경제 외부적 충격에 의해서도 크게 흔들리지 않는다는 것도 확인했다. 이미 데이터를 통해 살펴보았듯이 미래 산업성장의 추력은 반도체, 제약/바이오, 정보통신서비스, 소프트웨어/서비스, 의료장비/서비스, 비즈니스 서비스/용품 등의 섹터로 구성된 4차산업군에 의해 주도되고 있다. 이는 10장의 〈그림 41〉과 〈그림 42〉에 실증적으로 명확하게 나타나 있다.

그런데 잘 생각해 보자. 우리가 정의한 4차산업군은 어떤 산업들인가? 바로 첨단의 기술혁신이 1차산업군(식음료/담배, 석유/가스), 2차산업군(소재철강, 내구소비재, 화학, 생활용품, 자본재, 항공우주, 건설), 3차산업군(은행, 금융서비스, 전기수도가스, 보험, 소매유통, 미디어, 물류수송, 푸드마켓, 호텔/레스토랑/레저, 무역상사)과 상생결합하면서 부가가치를 창출하고 있는 산업들이 아닌가.

그렇다면 앞서 제시한 재세계화 전략인 'GVC의 다각화를 통한 성장의 분점'은 코로나 이후 시대의 강력한 신성장 모델이 될 수 있다. 새로운 북남모델로서는 개도국이 강한 1차·2차산업과 선진국이 강한 IT 등 첨단혁신기술을 융합하는 '수직결합형 GVC'를 추구하고, 새로운 북북모델로서는 선진국이 강한 3차산업과 첨단혁신기술 간 융합을 추구하는 '수평결합형 GVC'를 새롭게 다양하게 구축하는 것이다.[99] 이렇게 하면 전통적으로 생산과 소비로 구분되었던 성장 독점형 GVC는 다양한 다수의 산업군 또는 소비시장별 GVC 체제로 재편된다.

1차산업과 2차산업이 결합한 기계화 영농, 1차산업과 3차산업이 결합한 기계위탁영농, 1차산업과 4차산업이 결합한 GMO/영농물류와 스마트영농, 2차산업과 3차산업이 결합한 서비타이제이션servitization, 2차산업과 4차산업이 결합한 스마트팩토리, 3차산업과 4차산업이 결합한 스마트 인프라와 스마트 소사이어티는 모두 선진국과 선진국, 선진국과 개도국이 영역별로 새롭게 구축할 수 있는 신성장 동력으로서의 '성장 분점형 GVC'의 후보들이다.

이렇게 재편된 다자에 의한 성장 분점형 GVC 체제에서는 개별 국가들이 유망한 GVC에 참여하기 위해 경쟁을 하게 되고, 이는 다시 GVC 간 경쟁으로 이어진다. 이 성장 분점형 GVC 간 경쟁이 코로나 이후 시대를 이끌 새로운 신성장 모델이 될 수 있다. 이러한 신체제가 갖는 좋은 점은 코로나 이전 시대의 성장 독점형 GVC와 다르게 소수 국가에 의해 지배되는 위험이 적으며, 그 폐해를 규제하기 위한 강력한 중앙집중형 지배구조를 필요로 하지 않는다는 점이다.

GVC 간 자유경쟁 촉진, 개별 GVC의 집단 재산권 중시, 그리고 중앙에서 GVC 간 경쟁에 개입하는 그 어떠한 권력도 배제한다는 측면에서, 성장 분점형 GVC 체제는 세계경제에 적용된 포스트 신자유주의의 모델이다. 탈세계화를 추진하면서 GVC 대신 지역적 속성이 강한 RVC_Rigional Value Chain를 추진하는 것과는 근본적으로 다르다. 새로운 교역질서로서 재세계화 전략을 지원하면서 지구촌 전체의 지속성장을 가능케 한다는 점은 성장 분점형 GVC 전략이 가지고 있는 또 다른 장점이다. 성장 분점형 GVC의 프레임워크하에 기업들이 정교한 성장 모델의 개발에 지금부터 나서야 한다.

04
신뢰, 원칙, 공감이 있는 사회로의 복귀

다달이 월급으로 버는 돈과 주식투자를 통해서 버는 돈은 과연 같을까? 재화나 서비스로 바꾸는 교환가치는 같으나 삶의 의미를 투영하는 단위로서는 너무나 다르다. 내가 받는 월급 100만 원의 가치와 주식투자를 통해 번 돈 100만 원의 의미가 같을 수는 없다. 연봉 1억 원을 받기 위해 낮밤을 가리지 않고 노력한 사람이 평가하는 1억 원의 가치는 땀 200리터와 눈물 100리터쯤 될 수 있다.

그런데 주식투자를 통해 번 1억 원에 대해서는 일관된 평가가 불가능하다. 왜냐하면 주식투자로 1억 원을 벌기 위해 시장과 기업을 분석하고, 분석능력을 키우기 위해 엄청난 노력과 학습을 하며, 자본시장의 움직임에 대한 이론과 분석시스템을 개발하려고 막대한 투자를 했다면, 그 1억 원의 가치는 더 많은 땀과 눈물에 비유될 것이다. 그러나 1억 원이 내부정보를 통해 부당하게 그것도 짧은 시간에 거둔 성과라면 얘기가 다르다.

가치를 창출하고 부를 축적하는 데 들어가는 노력에 심한 불균형이 있다면 부의 정당성은 확보되지 않는다. 우리는 부의 정당성이야말로 우리의 가치창출 능력을 극대화하는 가장 중요한 전제조건임을 안다. 이런 관점에서 보면 우리가 자주 거론하는 부의 불균형이 문제가 아니라 부를 창출하는 데 들어가는 노력의 불균형이 문제인 것이다. 이 불균형이 해소될 수 있다면 더 힘 있는 가치창출과 부의 성장을 꾀할 수 있다.

우리가 겪고 있는 고통은 현실 자체가 아니라 현실에 대한 잘못된 인식에서 비롯되는 경우가 많다. 부의 불균형이 삶의 의욕을 떨어뜨린다고 비난을 하지만 진정 내 삶의 의욕을 무너뜨리는 것은 부를 만드는 노력과 기회의 불평등이었다. 성장 없이 분배를 바라는 것은 삶의 의욕 없이 행복을 바라는 것과 같다. 정의로운 분배는 각자의 윤리의식, 성장의욕, 최대다수 최대행복을 위한 합리적 배분을 통해서만 이루어진다. 코로나 이후 새롭게 전개될 세상은 이런 의미에서 신뢰와 원칙과 공감이 작동하는 사회여야 한다. 그 기반을 마련하는 일은 우리에게 주어진 영원한 숙제이다.

별장 I

산업군별 메이저리그 기업의
흥망성쇠

2006년부터 2019년까지 27개 산업섹터에서 나타난 구조 변화는 성장
성과 안정성의 관점에서 9가지 유형으로 분류할 수 있었다. 〈표 A-1〉은 그

표 A-1. 산업구조 변화의 9가지 유형

	저성장	중성장	고성장
구조 개편	소재철강(1.09), 복합기업(1.00), 석유/가스(1.13), 수도전기가스(1.02), 푸드마켓(0.99)	정보통신서비스(1.28), 미디어(1.25), 화학(1.61), 은행(1.45)	식음료/담배(2.31), 물류수송(2.09), 건설(2.05), 하드웨어/장비(1.86), 소매유통(2.89), 의료장비/서비스(2.60), 호텔/레스토랑/레저(2.53), 금융서비스(2.02)
지속	무역상사(1.16)	제약/바이오(1.64), 내구소비재(1.59), 보험(1.56)	생활용품(3.06), 반도체(2.99), 항공우주(2.72), 자본재(2.58)
신규	·	·	소프트웨어/서비스(6.32), 비즈니스 서비스/용품(3.69)

결과로, 산업군이 안정성 면에서는 구조개편 산업군, 지속성장 산업군, 신규성장 산업군으로, 성장성 면에서는 저성장 산업군, 중성장 산업군, 고성장 산업군으로 나눌 수 있음을 보여준다. 이 별장은 27개 산업섹터가 어떤 산업구조 변화 유형에 속하고 각 산업섹터 내 어떤 루키가 등장했는지, 또 어떤 메이저리거가 제자리를 지키고 어떤 기업이 마이너리거로 퇴출됐는지를 설명하고 있다. 지구촌 메이저리그 기업들의 변화무쌍한 흥망성쇠의 모습을 탐구하는 데 도움이 되었으면 한다.[100]

01
구조개편 산업군

가. 구조개편/저성장 산업군

구조개편/저성장 산업군은 퇴출기업 수 비율이 39%~59%에 달하면서 시가총액의 성장배율이 0.99~1.13 수준에 머물고 있는 산업섹터의 집합이다. 이 산업군에는 성장률이 낮은 순서대로 푸드마켓, 복합기업, 수도전기가스, 소재철강, 석유/가스 섹터가 있다.

구조개편/저성장 산업군에서도 가장 저성장 또는 쇠락하는 섹터는 푸드마켓 섹터이다. 2006년 메이저리거 수는 17개였으나, 9개 기업이 탈락하고 3개 루키가 진입해서 2019년 11개를 유지하고 있다. 섹터의 시가총액은 2006년 2,930억 달러였으나 2019년 2,900억 달러로 오히려 소폭 감소하였다. 〈그림 A-1〉은 지난 13년 동안 푸드마켓 섹터의 변화를 보여 준다. 메이저리거로서 미국 식자재 유통기업인 시스코Sysco, 호주의 수퍼마켓 체인 우워쓰Woolworths, 영국의 테스코Tesco, 일본의 세븐앤아이홀딩스 Seven & I Holdings 등이 있으나 심한 구조개편 압박을 받고 있다.

이렇게 어려운 섹터에 그나마 새로운 바람이라면, 소수지만 루키가 진입했다는 사실이다. 캐나다 최대 편의점체인인 쿠쉬타드Couche Tard와 네덜란드 식품유통기업 로열 아홀드Royal Ahold Delhaize N.V.가 있다. 이 중 로열 아홀드는 2016년 설립된 이후 급성장하고 있는 신생기업이다. 2019년

그림 A-1. 푸드마켓 섹터의 변화 추이

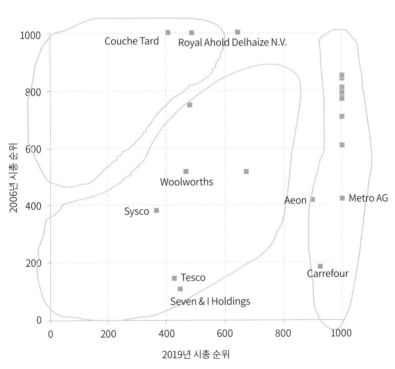

'그랩앤고Grap and Go' 기술을 선보여 아마존 고Amazon Go와의 경쟁을 선포 한 것으로 잘 알려져 있다. 구조개편/저성장의 압박이 심한 섹터라고 하더라도 이렇게 새로운 신기술에 의한 루키가 탄생하고 있는 점은 기업 생태계의 숭고한 특성이 아닐 수 없다.

푸드마켓 섹터에서 순위 경쟁력이 크게 하락하고 있는 기업으로 일본의 유통그룹 이온Aeon, 프랑스 프랜차이즈 매장 까르푸를 들 수 있다. 까르푸 브랜드는 일본에서는 이온 그룹을 통해, 한국에서는 한국 까르푸로 시장진입을 했으나 여러 구조조정 과정을 거쳐 홈플러스로 상호가 변경된 상태이다. 메이저리그에서 탈락한 메트로 그룹Metro AG은 2010년까지 월마트, 까르푸, 테스코에 이어 세계 4위의 식품유통 기업이었다. 그러나 유감스럽게도 2019년 현재 메이저리그 명단에는 이름을 올리지 못했다.

복합기업Conglomerates은 우리에게는 재벌기업이라는 이름으로 더 익숙한 섹터이다. 2006년에서 2019년 사이에 이 섹터에서는 7개 기업이 퇴출되었고, 4개 기업이 진입해서 2019년 현재 15개의 메이저리거가 남아 있다. 시가총액은 8,770억 달러에서 8,810억 달러로 거의 변화가 없으나, 메이저리그 전체가 1.84배 성장한 것에 비하면 '저성장으로 인한 후퇴'가 진행되고 있는 섹터임에 틀림없다. 〈그림 A-2〉는 복합기업 섹터의 변화 추이를 보여주고 있다.

이 저성장 섹터 내에서도 꿋꿋이 경쟁순위를 유지 또는 강화시키고 있는 메이저리거들이 있다. 바로 400위권 안에서 제자리를 굳건히 지키고 있는 기업들이다. 미국의 제너럴일렉트릭GE: General Electric, 유나이티드 테크놀로지스United Technologies, 3M, 허니웰Honeywell International, 다나허 Danaher, 독일의 지멘스Siemens, 네덜란드의 필립스Philips가 바로 그들이다.

한편 이 섹터에도 역시 루키의 진입이 일어나고 있는데, ABB와 CK 허치슨CK Hutchison이 그들이다. ABB는 전력, 자동화 기술, 발전설비, 로봇공학 분야의 세계적인 다국적 기업으로 스위스에 본사를 두고 있다. 미국의 GE, 독일의 지멘스를 위협하고 있는 신생 루키라고 할 수 있다. CK 허치슨은 항구, 소매, 인프라, 에너지, 통신 영역에서 비즈니스를 영위하는 복합

그림 A-2. 복합기업 섹터의 변화 추이

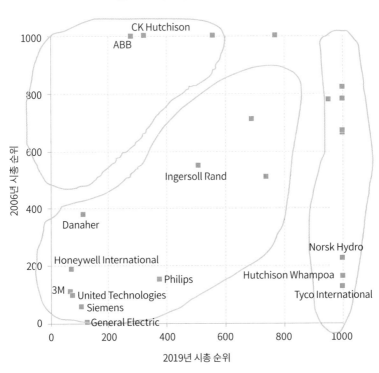

기업으로서 2015년 청쿵그룹Cheung Kong Holdings이 2006년까지 세계 시총 순위 163위를 기록한 허치슨 왐포아Hutchison Whampoa를 합병하여 탄생시킨 기업이다. 이 회사는 소유주인 리카싱Li Ka Shing의 이름으로 더욱 잘 알려져 있다. 리카싱은 중국 기업인이 가장 닮고 싶은 기업인, 홍콩의 수퍼맨, 재신財神, 상신商神, 초인超人으로도 불리는 인물이다.[101]

수도전기가스Utilitie는 공공성이 가장 강한 서비스 섹터이다. 2006년까지만 하더라도 27개 산업섹터 중에서 시총 순위 6위를 기록했던 섹터이다. 2006년에는 이 섹터에 65개 메이저리거가 있었으나 2019년까지 38개 기업이 퇴출되고 21개 기업이 진입해서 2019년 현재 48개 메이저리거가 남았다. 시가총액은 1조 3,620억 달러에서 1조 3,820억 달러로 거의 보합세다. 상업성보다는 공공성이 강한 산업의 특성상 지난 13년간 성장은 상업시장의 성장에 크게 못 미치고 있다. 〈그림 A-3〉은 지난 13년간 이 섹터에서 메이저리거 간 어떤 위치 변화가 있었는지를 보여준다.

이 섹터가 공공적 성격 이외에 갖는 또 다른 특성으로 지역성을 들 수 있다. 〈그림 A-3〉에 나타난 메이저리거들은 모두 한 시장에서 경쟁하기보다는 국가별 지역성에 기반해 사업을 영위하고 있다. 그 결과 메이저리거로서의 경쟁력은 각 기업의 개별 특성보다는 국가별로 이 섹터가 가진 독과점 구조, 시장 규모, 지역 분할과 같은 사업구도에 의해 더 큰 영향을 받고 있다.

지배력이 강한 메이저리거가 미국의 듀크 에너지Duke Energy, 이탈리아의 에넬Enel, 스페인의 이베르드롤라Iberdrola, 영국의 내셔널 그리드National

Grid와 같이 국가별로 나뉘어 있는 점은 바로 이러한 특성을 잘 반영하고 있다. 이 점은 강력한 새로운 루키로서 진입한 차이나 양쯔파워China Yangtze Power와 프랑스 EDF와 엔지ENGIE에서도 잘 드러난다. 이 섹터가 한 국가 내에서 제대로 된 강자 간 경쟁구도를 형성하고 있는 나라는 미국이 유일하다. 글로벌 400위 내 미국의 메이저리거만 해도 듀크 에너지, 넥스트에라 에너지NextEra Energy, 도미니언 리소시스Dominion Resources, 아메리칸 일렉트릭American Electric, 셈프라 에너지Sempra Energy 등 5개 기업이 있다.

그림 A-3. 수도전기가스 섹터의 변화 추이

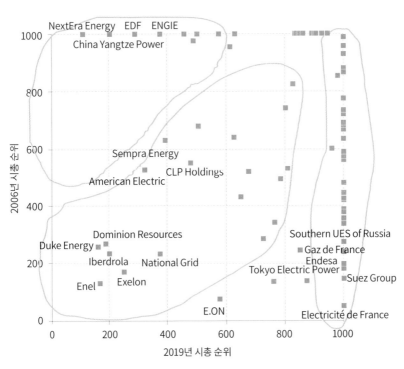

2006년 41개 메이저리거로 출발한 소재철강 섹터는 24개 메이저리거의 퇴출, 14개 루키의 진입을 통해 2019년 현재 31개 메이저리거를 보유하고 있다. 동기간 동안 시가총액은 8,730억 달러에서 9,560억 달러로 약 9% 성장하였다. 그러나 메이저리그 평균성장률이 84%인 점을 감안하면, 상대적으로 약보합세를 보이고 있는 섹터이다. 〈그림 A-4〉는 지난 13년간 이 소재철강 섹터에서 메이저리거 간 어떠한 위치 변화가 있었는지를 보여준다.

그림 A-4. 소재철강 섹터의 변화 추이

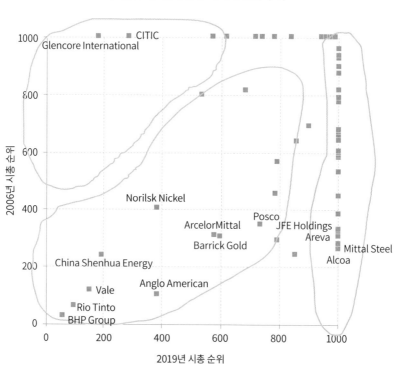

금속재료 및 광산업으로 구성된 이 섹터 내 최강자는 호주 멜버른 소재 BHP 그룹, 영국 런던 소재 리오틴토Rio Tinto, 브라질 채광기업 발리Vale, 중국의 탄광업체 중국신화 에너지China Shenhua Energy, 러시아의 노릴스크 니켈Norilsk Nickel, 영국의 앵글로아메리칸Anglo American 등이다. 이 섹터의 특성상 천연자원에의 접근이 용이한 국가의 기업들이 메이저리거로서 활동하고 있음을 볼 수 있다.

소재철강 분야의 루키로는 스위스의 글렌코어Glencore International와 중국의 중신그룹CITIC이 있다. 현재의 글렌코어는 2013년 기존의 글렌코어와 스위스의 또 다른 광산기업 엑스트라타Xstrata와의 합병으로 탄생한 다국적기업이다. 그리고 중국의 중신그룹은 다양한 분야에 걸쳐 투자사업을 하는 투자기업으로 광산, 석유 등에 투자를 하는 CITIC 리소시스CITIC Resources를 보유하고 있다. 금속재료 분야에서 출발했으나 최근 무게중심을 석유개발로 옮기고 있는 것으로 알려져 있다.

석유/가스 섹터는 2006년까지 은행 섹터 다음으로 시가총액이 큰 섹터였다. 2006년까지 이 섹터에 총 75개의 메이저리거가 활동했으나 지난 13년 동안 그중 약 절반에 해당하는 36개 기업이 마이너리그로 떨어졌고, 22개의 루키가 새롭게 진입하여 2019년 현재 61개의 메이저리거를 보유하고 있다. 시가총액은 3조 1,060억 달러에서 3조 5,210억 달러로 약 13% 성장했지만 메이저리그 전체 평균성장률 84%에는 턱없이 모자라는 수준이다. 〈그림 A-5〉는 이 섹터 내 메이저리거들의 변화 추이를 보여준다.

이 섹터는 전 세계 모든 국가에서 사용하는 석유 에너지의 공급과 관련되어 있다. 따라서 이 섹터 메이저리거들은 에너지 생산량과 소비량이 큰 국가에 주로 분포하고 있다. 2019년 기준 400위 내 메이저리거의 국적을 보면, 미국 10개, 캐나다 4개, 러시아 4개, 중국 2개, 그 외 브라질, 콜롬비아, 프랑스, 홍콩, 인도, 이탈리아, 네덜란드, 노르웨이, 대만, 태국, 영국 각각 1개씩이다.

그림 A-5. 석유/가스 섹터의 변화 추이

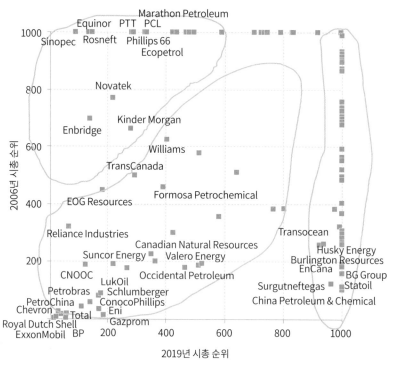

이 섹터 내 최강의 경쟁력을 보유하고 있는 기업으로는 미국의 엑손 모빌ExxonMobil, 세브론Chevron, 코노코필립스ConocoPhillips, 슐럼버거Schlumberger, 네덜란드의 로얄 더치셸Royal Dutch Shell, 중국의 페트로차이나PetroChina와 시노펙Sinopec, 영국의 BP, 프랑스의 토탈Total, 인도의 릴라이언스Reliance Industries, 브라질의 페트로브라스Petrobras, 홍콩의 중국해양석유총공사CNOOC, 노르웨이의 이퀴노르Equinor, 캐나다의 엔브리지Enbridge, 러시아의 로스네프트Rosneft, 루크오일LukOil, 가스프롬Gazprom, 이탈리아의 에니Eni가 있다. 2019년 기준 글로벌 톱 200위를 고수하고 있는 기업들이다. 이 중에서 중국의 시노펙과 노르웨이의 이퀴노르, 러시아의 로스네프트는 루키이다.

나. 구조개편/중성장 산업군

구조개편/중성장 산업군은 퇴출기업 수 비율이 47%~82%에 달하면서, 시총 성장률이 28%에서 61% 범주에 속하는 산업섹터들을 말한다. 이 산업군에는 시총 성장률이 낮은 순서대로 미디어, 정보통신서비스, 은행, 화학 섹터가 속해 있다.

우선 메이저리그 퇴출기업 수의 비율이 가장 높은 미디어 섹터부터 살펴보자. 〈그림 A-6〉은 미디어 섹터 내 일어난 구조개편의 모습을 보여준다. 이 섹터는 2006년 38개의 메이저리거로 출발했으나, 이 중 거의 대부분인 31개 기업이 마이너리그로 퇴출됐고, 오직 7개 기업만이 2019년까지 살아남았다. 여기에 10개의 메이저리거가 신규 진입해 2019년 현재 17개의 메이저리거가 활동 중이다. 동기간 중 퇴출된 기업에는 타임워너Time Warner, 뉴스코프News Corp, 비방디 유니버설Vivendi Universal, 비아콤Viacom, 리버티 미디어Liberty Media, 다이렉트TVDirectv, 엘스비어Reed Elsevier, 맥그로힐McGraw-Hill이 포함되어 있다.

산업섹터 전체로서는 가장 심한 구조조정을 겪고 있는 가운데 굳건하게 제자리를 지키고 있는 메이저리거가 눈에 띈다. 컴캐스트Comcast, 월트 디즈니Walt Disney, 톰슨 로이터Thomson Reuters가 그들이다. 이들과 함께 이

그림 A-6. 미디어 섹터의 변화 추이

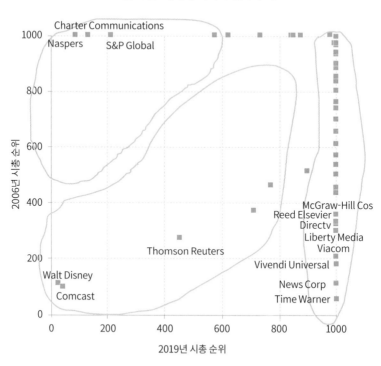

섹터에서 흥미를 끄는 것은 바로 내스퍼스Naspers, 차터 커뮤니케이션즈 Charter Communications, S&P 글로벌S&P Global 같은 루키들이다.

4차 산업혁명의 도래가 화두가 되고 있는 지금, 혹자는 정보통신서비스 섹터가 왜 구조개편/중성장 산업군으로 분류됐는지 이해가 안 된다고 할 수도 있다. 그러나 정보통신서비스 섹터를 이렇게 분류한 것은 우리의 인지가 아니라 지난 13년간의 데이터이다. 2006년 48개 메이저리거를 보유했던 섹터지만, 그 사이 무려 25개 기업이 퇴출되고 12개 루키가 진입해 2019년 현재 35개 메이저리거가 남았다. 메이저리거 수는 줄었지만, 이 섹터의 시가총액은 1조 5,060억 달러에서 1조 9,210억 달러로 28% 성장했다. 섹터 구조개편의 결과가 반영된 것이리라. 〈그림 A-7〉은 지난 13년간 정보통신서비스 섹터의 변화 추이를 보여주고 있다.

2019년 현재 이 섹터에서 메이저리거로서 가장 탄탄한 자리를 굳건히 지키고 있는 기업은 버라이즌Verizon Communications, AT&T, 차이나 모바일 China Mobile이다. 지역성이 강한 정보통신서비스의 특성상 차이나 모바일이 선두그룹을 형성하고 있는 것은 중국 통신시장의 규모 때문이다.

2019년에 400위 내 머물고 있는 메이저리그의 강자를 보면, 미국에는 버라이즌, AT&T, 크라운 캐슬Crown Castle International이 있다. 이 중 크라운 캐슬은 우리에게 다소 생소한데, 이 기업은 4만 개 이상의 이동전화 기지국 타워와 이들 기지국을 연결하는 7만 마일 이상의 광케이블을 임대하는 정보통신 인프라 임대사업자이다. 1994년에 설립됐지만 이 기업이 근년 들어 빠르게 성장한 배경에는 이동통신시장이 5G로 진화하면서 더

많은 소형기지국과 더 큰 용량의 광케이블이 필요해진 상황이 자리 잡고
있다.

미국 외 시장은 국가별로 분리되어 있으며, 일본은 NTT, 소프트뱅크
Softbank, KDDI, 독일은 도이치텔레콤Deutsche Telekom, 사우디아라비아는
사우디텔레콤Saudi Telecom, 영국은 보다폰Vodafone, 프랑스는 오렌지Orange,
스페인은 텔레포니카Telefonica, 캐나다는 ECE, 싱가포르는 싱텔SingTel 등
이 시장을 지배하고 있다.

한때 이 섹터에서 영화를 누리다가 지금은 마이너리그로 떨어진 기업

그림 A-7. 정보통신서비스 섹터의 변화 추이

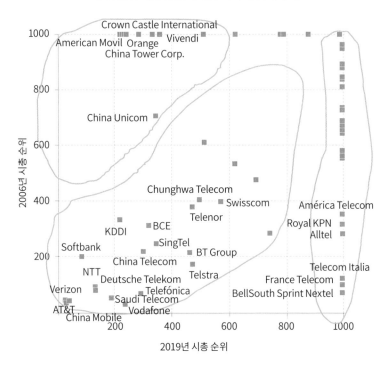

으로는 스프린트 넥스텔Sprint Nextel, 벨사우스BellSouth, 프랑스 텔레콤France Telecom, 텔레콤 이탈리아Telecom Italia, 알리텔Alitel, 로얄 KPNRoyal KPN, 아메리카 텔레콤America Telecom이 있다. 한국기업으로는 2006년까지 시총 순위 673위를 기록했으나 현재 마이너리그로 떨어진 KT, 마이너리그에서 메이저리그 881위로 진입한 SK텔레콤이 있다.

동기간 동안 루키로서 정보통신시장에 진입한 기업 중 흥미로운 기업이 하나 더 있다. 바로 차이나타워China Tower Corp다. 이 기업은 중국의 3개 통신기업인 차이나 모바일China Mobile, 차이나 유니콤China Unicom, 차이나 텔레콤China Telecom이 통신인프라 설비 부문을 합쳐서 만든 기업이다. 설립년도가 2014년인데 2019년 시총 순위 239위를 기록하고 있으니 초고속 승진한 루키인 셈이다. 이 기업이 특히 흥미를 끄는 것은 미국의 루키인 크라운 캐슬과 비즈니스 모델이 같다는 사실 때문이다.

은행 섹터는 2006년까지 메이저리거 수 122개, 시가총액 4조 1,550억 달러로 27개 섹터 중 최대 규모의 섹터였다. 이 섹터는 2019년에도 메이저리거 수 111개, 시가총액 6조 170억 달러로 여전히 최대 규모를 보이고 있지만, 시가총액 비중은 15.3%에서 12%로 크게 떨어졌다. 지난 13년 동안 메이저리그에서 탈락한 은행 수는 70개로 과반수를 훌쩍 넘었는데, 57개의 루키가 새롭게 진입, 대대적인 물갈이가 진행되었다. 이렇게 은행 산업 전반에 걸쳐 대대적인 구조개편이 일어난 가장 큰 이유는 누구나 짐작하듯이 2008년~2009년에 발생한 세계 금융위기 때문이다. 그 다이너믹한 구조개편 과정을 일일이 나열할 수는 없고, 지난 13년간 은행 섹터에서 일어난 구조개편의 모습을 일견해 보면 〈그림 A-8〉과 같다.

은행 섹터에서 진행된 구조개편의 큰 그림을 보기 위해서는 국가별로 나누어 볼 필요가 있다. 이 섹터에서 지난 13년간 메이저리그에 진입한 미국기업은 뱅크오브뉴욕 멜론Bank of New York Mellon, 퍼스트 리퍼블릭 뱅크 First Republic Bank, 시티즌스 파이낸셜 그룹Citizens Financial Group, 헌팅톤 뱅크 Huntington Bank 4개에 불과했지만 파산했거나 마이너리그로 내려앉은 기업은 와코비아Wachovia 외 13개에 달하고 있다. 이러한 대대적인 구조조정은 유럽이라고 예외가 아니었다. 동기간 37개의 유럽계 은행이 메이저리그

그림 A-8. 은행 섹터의 변화 추이

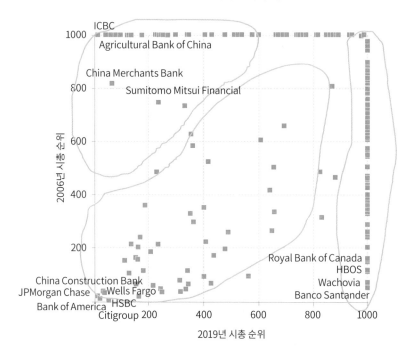

에서 퇴출되었고 8개의 은행이 새롭게 메이저리그로 진입하였다.

한편 동기간 동안 은행 섹터의 메이저리그에 가장 많은 기업을 진출시킨 국가는 중국이다. 메이저리그에 새로 진입한 은행 수는 ICBC, 중국농업은행Agricultural Bank of China, 중국은행Bank of China, 흥업은행Industrial Bank 등 15개에 달하고 있다. 이에 반해 탈락한 기업은 BOC 홍콩BOC Hong Kong이 유일하다.

이렇게 대대적인 구조개편이 진행되다 보니 은행 섹터에 대한 관심은 오히려 어떤 은행이 이 구조개편 가운데서도 꿋꿋하게 제자리를 지키고 있느냐로 쏠리고 있다. 이른바 핵심 메이저리거가 누구냐라는 것이다. 여기에 해당하는 기업으로는 제이피모건 체이스JPMorgan Chase, 뱅크오브아메리카Bank of America, 중국건설은행China Construction Bank, 웰스 파고Wells Fargo, 중국상업은행China Merchants Bank, 커먼웰스 Commonwealth Bank, US 뱅코프US Bank Corp. 외 러시아 최대 은행인 스베르방크Sberbank., 브라질의 브라데스코 은행Banco Bradesco, 프랑스의 BNP 파리바BNP Paribas 등을 들 수 있다. 2006년에 각각 글로벌 시총 순위 4위, 8위를 기록했던 씨티그룹Citigroup 과 HSBC 은행HSBC Holdings은 2019년 50위권으로 하락한 채 변화의 시기를 맞고 있다.

화학 섹터는 규모에 있어서 그리 큰 섹터는 아니다. 2006년 30개의 메이저리거를 보유했으나, 그중 14개가 마이너리그로 퇴출되었고, 다시 신규 루키 12개 기업이 진입하여, 2019년 현재 28개의 메이저리거를 보유한 섹터이다. 시총 면에서는 지난 13년 동안 6,260억 달러에서 1조 70억 달러로 61%라는 괄목할 만한 성장을 기록했다. 그러나 이 기록 역시 메이저리그 전체의 성장률 84%에는 못미처 상대적으로 중성장 산업군으로 분류되었다. 〈그림 A-9〉는 화학 섹터의 변화 추이를 보여준다.

화학 섹터에서 관심을 끄는 메이저리거로 사우디아라비아의 SABIC Saudi Basic Industries, 독일의 바스프 BASF와 바이엘 Bayer, 프랑스의 에어리퀴드 Air Liquide, 일본의 신에츠 화학 Shin-Etsu Chemical, 미국의 에어프로덕트앤케미컬 Air Products & Chemicals을 들 수 있다.

SABIC는 석유화학, 산업용 폴리머, 비료 등을 생산하는 종합화학회사

그림 A-9. 화학 섹터의 변화 추이

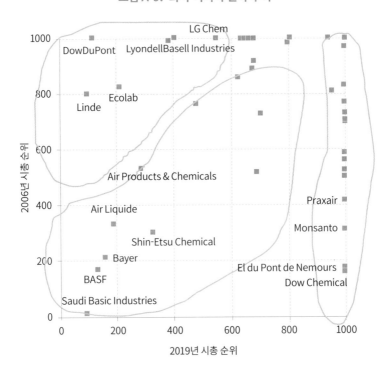

로, 중동 지역에서는 두 번째로 큰 기업이다. 독일의 바스프는 세계 최대의 종합화학 기업으로 화학, 제조, 에너지 분야에서 플라스틱, 농화학제품, 원유, 천연가스 등을 생산 판매한다. 아스피린으로 유명한 독일의 바이엘은 제약 외에도 각종 건강용 제품, 농업용 화학제품 등을 생산하고 있다. 바이엘은 1863년에 설립되어 현재 157년의 역사를 자랑하고 있다.

프랑스의 에어 리퀴드는 산업용 가스를 공급하는 프랑스 다국적기업으로, 독일의 린데Linde에 이어 세계에서 두 번째로 큰 산업용 가스 생산기업이다. 일본의 신에츠 화학은 폴리염화비닐의 최대 생산기업으로서 반도체 실리콘과 포토마스크 기판Photomask substrates을 생산한다. 미국의 에어 프로덕트앤케미컬 역시 산업용 가스와 화학제품을 생산하는 회사로 반도체 재료, LNG 기술 및 장비는 물론 수소연료전지 및 우주선에 들어가는 액화수소와 액화산소를 공급하는 것으로 잘 알려져 있다. 이런 연유로 미국 NASA와는 50년 이상 사업협력 관계를 유지하고 있다.

화학 섹터에서 급부상하고 있는 루키로 독일의 린데 그룹, 미국의 다우 듀폰DowDuPont과 에코랩Ecolab, 영국의 리온델바셀LyondellBasell Industries을 늘 수 있다. 우선 2018년 독일의 린데 AGLinde AG와 미국의 프락스에어Praxair가 합병해서 탄생한 린데 그룹은 전 세계 최대 규모의 산업용 가스회사이다. 미국의 다우 듀폰은 2017년 다우 케미칼과 듀폰이 합병해서 탄생한 농화학기업이다. 에코랩은 세척, 살균, 식품 안전 및 감염예방 제품 등을 생산하는 식품 및 음료가공 분야의 선두기업이다. 영국의 리온델바셀LyondellBasell은 2007년 바셀Basell Polyolefins이 리온델Lyondell Chemical Company을 인수하며 만들어져 에틸렌, 프로필렌, 폴리오레핀 등을 생산한다.

화학 섹터의 메이저리그에서 사라진 기업 중 흥미로운 기업은 다우 케미칼Dow Chemical과 프락스에어Praxair이다. 이들은 메이저리그에서 경쟁력을 잃고 마이너리그로 추락했다기보다는, 구조개편을 통해 각각 다우 듀폰과 린데 그룹이라는 메이저리그 루키로 재탄생했다고 봐야 한다. 이런 관점에서 화학 섹터에서는 산업구조의 개편이 주로 기업분할 및 기업 간 인수합병에 의해 이루어지고 있음을 알 수 있다.

한국기업으로 이 분야에서 가장 큰 두각을 나타내고 있는 기업이 있다. 바로 LG화학이다. LG화학은 2006년에는 메이저리그에 없었으나 지난 13년 동안 급성장하여 2019년 현재 메이저리그 순위 550위에 랭크되어 있다.

다. 구조개편/고성장 산업군

구조개편/고성장 산업군은 퇴출기업 수 비율이 48%~65%에 달하면서, 시총 성장배율은 1.86~2.89에 달하는 산업군이다. 이 산업군은 거의 과반수 이상의 물갈이가 진행되면서도 시가총액은 메이저리그 평균 성장배율 1.84를 상회하는 산업섹터들이다. 이 그룹에는 하드웨어/장비, 금융서비스, 건설, 물류수송, 식음료/담배, 호텔/레스토랑/레저, 의료장비/서비스, 소매유통 섹터가 속해 있다. 이 중 상대적으로 가장 낮은 성장률을 보이는 섹터는 하드웨어/장비 섹터, 가장 높은 성장세를 보이는 섹터는 소매유통 섹터이다.

하드웨어/장비 섹터에는 우리에게 잘 알려진 애플 같은 기업이 많이 포진하고 있다. 그런데 그런 기업 중 모토로라Motorola, 이엠씨EMC, 아카텔Alcatel, 샤프Sharp, 선마이크로시스템즈Sun Microsystems, 리서치인모션Research in Motion, 노텔네트웍스Nortel Networks는 이 섹터 메이저리그에 남지 못하고 마이너리그로 떨어지고 말았다. 이런 식으로 2006년 39개 메이저리거를 보유했던 이 섹터는 20개 기업을 갈아치웠지만 이보다 많은 21개 기업이 새롭게 진입, 2019년에 40개 메이저리거를 보유하고 있다. 절대수에 있어서는 거의 변화가 없지만 내용적으로는 거의 과반수의 물갈이가 진행되었다는 얘기다. 이렇게 해서 이 섹터 시총은 2006년 1조 1,840억 달러에서 2019년 2조 2,080억 달러로 약 86% 상승했다. 〈그림 A-10〉은 하드웨어/장비 섹터의 변화 추이를 일목요연하게 보여준다.

이 분야의 특징 중 하나는 몇몇 간판기업들이 제자리를 굳건히 지키면서 섹터 전체의 시총을 끌어올리고 있다는 것이다. 대표적 기업으로는 미국의 애플Apple, 시스코 시스템즈Cisco Systems를 들 수 있다. 실제로 2006년부터 2019년까지 13년 동안 애플은 시가총액을 580억 달러에서 9,610억 달러로 16배 이상, 시스코 시스템즈는 1,250억 달러에서 2,480억 달러로 약 두 배가량 상승시켜 이 섹터의 성장을 주도했다. 반면 미국의 델 테크놀로지Dell Technologies, HP, 코닝Corning은 이 섹터에서 메이저리거로 버티고는 있으나, 2006년 대비 2019년 시총이 오히려 감소하는 등 주도력을 상당히 잃고 있는 상태이다.

이 섹터 주요 메이저리거 중 일본의 비중은 매우 커서 소니Sony, 무라타제작소Murata Manufacturing, 히타치Hitachi, 호야Hoya, 교세라Kyocera, 파나소닉

Panasonic, 후지필름Fujifilm Holdings 등의 기업을 메이저리그 명단에 올려놓고 있다. 그 외 국가에서는 대만의 홍하이 정밀Hon Hai Precision, 핀란드의 노키아Nokia, 스웨덴의 에릭슨Ericsson이 있으나 노키아와 에릭슨은 미국의 델테크놀로지, HP, 코닝과 마찬가지로 주도력을 상당히 잃은 상태이다.

하드웨어/장비 섹터에서 가장 관심을 끄는 것은 지난 13년 동안 어떤 루키가 메이저리그에 진입하여 얼마나 성장했느냐이다. 메이저리그 순위 700위 내로 성장한 중국기업으로 CCTV 카메라로 잘 알려진 하이크비

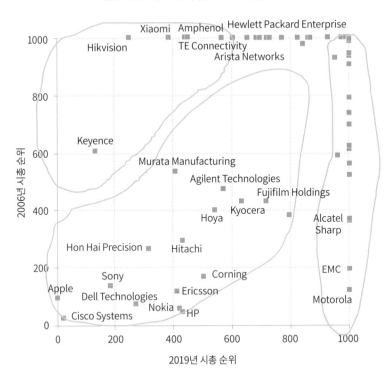

그림 A-10. 하드웨어/장비 섹터의 변화 추이

전Hikvision, 스마트폰 및 전자기기를 생산하는 샤오미Xiaomi, 세계 최대의 LCD, OLED 디스플레이 생산업체인 BOEBOE Technology Group, 스마트폰, 통신장비 및 네트워크 솔루션을 공급하는 중흥통신ZTE이 눈에 띈다.

한편 비교적 잘 알려져 있지 않은 기업 중에 통신/광케이블 생산업체인 미국의 암페놀Amphenol, 네트워크 스위치와 SDNSoftware Defined Network 솔루션을 공급하는 아리스타 네트웍스Arista Networks, HP로부터 분사한 기업용 IT 전문기업 HP 엔터프라이즈Hewlett Packard Enterprise, 산업용 IoT 센서를 공급하는 스위스의 TE 커넥티비티TE Connectivity가 특히 흥미를 끈다. 일본의 키엔스Keyence는 루키는 아니지만 2006년 608위에서 2019년 132위로 476계단이나 급상승한 기업이다. 이 기업의 비즈니스 영역은 TE 커넥티비티와 유사하지만 팹리스fabless라는 점에서 큰 차이가 있다. 즉 반도체 설계 및 기술개발은 직접 하지만 생산은 100% 위탁생산해서 판매한다. 한국기업으로는 삼성 SDISamsung SDI가 2019년 998위로 메이저리그에 진입하였다.

금융서비스 섹터는 2006년만 해도 75개 메이저리거를 보유, 보유기업 수로 볼 때 은행 섹터에 이어 2위였으나 이후 47개 기업이 퇴출되고 53개 기업이 신규 진입해 60% 이상의 물갈이가 이루어진 섹터이다. 시총은 2006년 1조 7,660억 달러에서 2009년 7,880억 달러까지 떨어졌다가 2019년 3조 5,710억 달러로 2006년 대비 두 배 이상 성장하였다. 〈그림 A-11〉은 금융서비스 섹터의 변화 추이를 보여준다.

2008년 세계 금융위기를 거치면서 메이저리그에서 탈락한 대표적 기업으로는 메릴린치Merrill Lynch, 도이치방크Deutche Bank Group, 패니 메이 Fannie Mae, 프레디 맥Freddie Mac, 리만 브라더스Lehman Bros Holdings, 노무라 Nomura 등이 있다. 한편 금융위기를 극복하고 섹터 내 메이저리거로서의 경쟁력을 유지하고 있는 많은 기업이 있다. 대표적 기업이 투자사인 버크 셔 해서웨이Berkshire Hathaway다. 이 기업은 혹독한 금융위기를 겪으면서도 시총 순위를 23위에서 5위로까지 끌어올렸다. 이 외에도 투자 분야에서 모건스탠리Morgan Stanley, 골드만 삭스Goldman Sachs Group, 찰스 슈왑Charles Schwab은 자신의 위치를 선방하고 있는 기업들이다.

그림 A-11. 금융서비스 섹터의 변화 추이

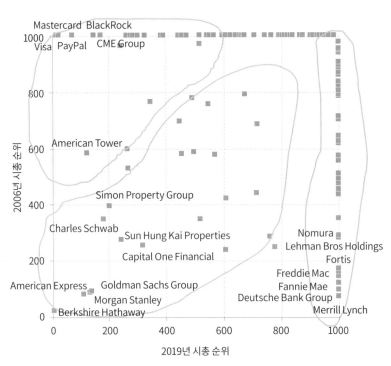

이런 관점에서 흥미로운 분야가 결제서비스 분야와 부동산투자 분야이다. 이 분야에 속한 기업들의 순위 상승과 메이저리그로의 진입이 두드러진다. 결제서비스 분야의 대표적 메이저리거인 비자Visa, 마스터카드Mastercard, 페이팔PayPal은 2019년 현재 100위 안에 랭크될 정도로 급상승했고 아메리칸 익스프레스Amarican Express는 100위권을 유지하고 있다. 부동산투자 분야에서 아메리칸 타워American Tower, 사이먼 프로퍼티 그룹Simon Property Group, 프롤로지스Prologis도 200위권 내 순위를 유지 중이다.

건설 섹터는 물갈이 규모에 있어서 미디어 섹터, 금융서비스 섹터에 버금가는 섹터이다. 2006년 메이저리거 26개 기업 중 17개가 물갈이 되었고, 20개 기업이 신규 진입하여 그 비율은 70%에 육박하고 있다. 시총의 절대 규모는 크지 않지만, 2006년 3,290억 달러에서 2019년 6,750억 달러로 두 배 이상 성장했다. 〈그림 A-12〉를 보면, 거의 대부분 기업이 퇴출라인이나 진입라인에 위치하고 있어 이 섹터의 물갈이 규모가 어떤지 알 수 있다.

이렇게 변화무쌍한 섹터에서는 퇴출기업보다는 살아남은 기업에 관심이 가기 마련이다. 세계 최고의 경쟁력을 보유한 방시Vinci는 2006년 398위에서 2019년 198위로 순위가 오히려 상승했고, 아일랜드의 CRH와 프랑스의 생고뱅Saint-Gobain은 순위는 하락했으나 메이저리거 자리는 잘 지키고 있다. 이 섹터에서 흥미로운 것은 활발한 루키의 출현이다. 이 중 대부분은 중국기업인데, 중국건축China State Construction Engineering, 안휘 콘치 시멘트Anhui Conch Cement, 중국교통건설China Communications

Construction, 중국철도공사China Railway Group, 수낙 차이나 홀딩스Sunac China Holdings를 포함한다.

중국 외 국가에서 돋보이는 루키로는 에어컨 등 건축설비를 생산하는 일본의 다이킨 공업Daikin Industries, 건축재료 분야의 라파즈홀심 LafargeHolcim, 엘리베이터 등 건축설비를 생산하는 핀란드의 코네Kone, 종합건설사인 인도의 L&TLarsen & Toubro, 주택부동산기업인 독일의 보노비아Vonovia 등이 있다.

그림 A-12. 건설 섹터의 변화 추이

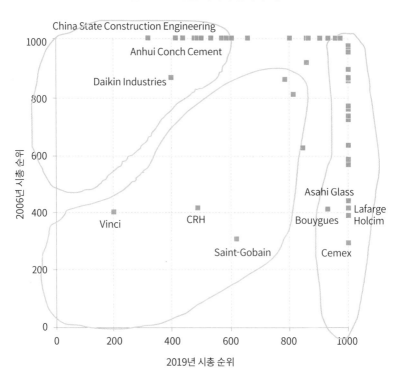

물류수송 섹터의 물갈이 수위는 건설 섹터보다는 조금 낮아서 29개 기업 중 14개 기업이 퇴출되었고, 다시 19개 기업이 진입해서 2019년 현재 34개의 메이저리거를 보유하고 있다. 시총은 5,370억 달러에서 1조 1,230억 달러로 2.1배 성장하였다. 〈그림 A-13〉은 물류수송 섹터의 변화 추이를 보여주는데, 건설 섹터와는 달리 많은 메이저리거가 안정적인 위치를 고수하는 것으로 보인다.

이 섹터의 메이저리거는 크게 철도, 우편, 항공 분야로 나누어 볼 수 있

그림 A-13. 물류수송 섹터의 변화 추이

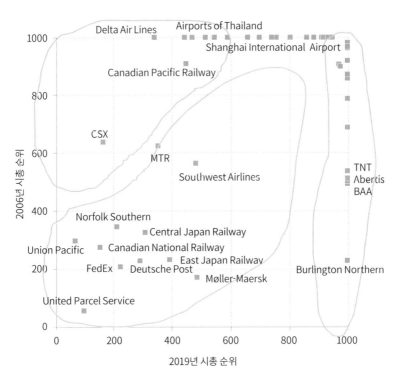

다. 철도 분야의 메이저리거로 북미의 유니언 퍼시픽Union Pacific, CSXCSX Corp, 노포크 서던Norfolk Southern, 캐나다 국립철도Canadian National Railway, 일본의 JR 도카이Central Japan Railway와 JR 동일본East Japan Railway, 홍콩의 지하철 MTR이 있다. 우편 분야에서는 우리에게 익숙한 UPSUnited Parcel Service, 페덱스FedEx 외 도이치 포스트Deutsche Post가 제자리를 굳건히 지키고 있다.

사우스웨스트 항공Southwest Airlines이 자리 잡고 있는 항공 분야에서는 델타항공Delta Air Lines과 유나이티드 컨티넨탈 홀딩스United Continental Holdings가 새롭게 합류하여 루키로 활동 중이다. 유나이티드 컨티넨탈 홀딩스는 미국 2대 항공사인 유나이티드 항공의 지주회사이다. 이외에도 공항운영 분야에서 태국공항Airports of Thailand, 상하이 국제공항Shanghai International Airport, 스페인의 공항공사인 에이나Aena가 루키로 급성장해 두각을 나타내고 있다.

식음료/담배 섹터에서는 22개 기업이 퇴출되고 34개의 기업이 진입해서 메이저리거 수는 39개에서 51개로 크게 증가했다. 이에 따라 시총도 1조 1,330억 달러에서 2조 6,170억 달러로 2.3배 성장했다. 〈그림 A-14〉는 이 섹터의 변화 추이를 보여주고 있는데, 이 섹터에서 잘 알려진 강자로는 네슬레Nestle, 코카콜라Coca-Cola, 펩시콜라PepsiCo가 있다. 이외에 세계 최대 낙농제품 생산업체인 프랑스의 다논Danone, 주류업체인 영국의 디아지오Diageo와 프랑스의 페르노 리카Pernod Ricard, 시리얼 등 온갖 식품을 생산 판매하는 제너럴 밀스General Mills가 있다. 담배 영역에서는 세계 1위의 담배회사 BATBritish American Tobacco와 전통의 담배회사 알트리아 그룹Altria

Group, PMIPhilip Morris International, 아시아 기업으로는 일본담배회사Japan Tobacco와 인도의 ITC가 포진하고 있다.

이 섹터에서 나타나고 있는 신규 진입은 주류 분야에서 중국의 구이저우 마오타이Kweichow Moutai, 의빈 우량예Wuliangye Yibin, 벨기에의 앤호이저부쉬 인베브Anheuser Busch InBev, 미국의 콘스텔레이션 브랜드Constellation Brands, 제과 분야에서 몬델레즈 인터내셔널Mondelez International, KHCKraft Heinz Company, 큐리그 닥터페퍼Keurig Dr Pepper 등이 관심을 끌고 있다.

그림 A-14. 식음료/담배 섹터의 변화 추이

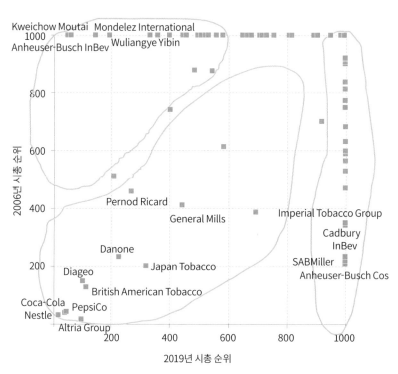

호텔/레스토랑/레저 섹터는 시총 규모에 있어서 무역상사, 푸드마켓, 건설 섹터와 함께 가장 작은 편에 속한다. 〈그림 A-15〉에서 볼 수 있듯이 이 섹터는 2006년 16개 메이저리거로 출발했지만 이 가운데 9개가 탈락하고 11개가 신규 진입해서 2019년 현재 18개의 메이저리거가 활동 중이다. 수가 많지 않음에도 이 섹터 시총의 성장은 괄목할 만하다. 2006년 2,710억 달러에 머물렀던 시총 규모는 2019년까지 6,860억 달러로 성장, 성장배율로는 2.53배에 달했다.

이 섹터에서 메이저리거로서 자리를 탄탄하게 지키고 있는 기업은 비교적 잘 알려진 기업들이다. 대표적으로 맥도날드McDonald's는 2006년 시총 150위에서 2019년 시총 56위로 경쟁력을 높였다. 잘 알려진 커피체인 스타벅스Starbucks 역시 240위에서 106위로 상승하여 브랜드 힘을 보여주고 있다. 호텔 분야에서 카지노 리조트를 운영하는 라스베가스 샌즈Las Vegas Sands와 유명한 호텔체인 메리어트Marriott International는 시총 순위를 크게 상승시켰다. 호화 크루즈선을 운영하고 있는 기업 카니발Carnival은 시총 순위는 하락했으나, 지난 13년 사이에 시총을 193억 달러에서 390억 달러로 끌어올려 제자리를 굳건히 지키고 있다.

그렇다면 이 섹터에 루키로 진입한 기업은 어떤 기업들일까? 테마파크와 호텔 비즈니스를 하는 일본의 오리엔탈 랜드Oriental Land는 동경 디즈니 리조트를 소유한 기업으로 잘 알려져 있다. 홍콩시장에 상장된 갤럭시 엔터테인먼트Galaxy Entertainment는 마카오에 호텔과 카지노를 운영하는 기업이다. 업종으로 라스베가스 샌즈와 유사한 기업이다. 케이터링과 같은 푸드서비스로 잘 알려진 영국의 컴파스 그룹Compass Group은 엄격한 의미로 루키는 아니지만 2006년 904위에서 2019년 386위까지 순위를 끌어올려 루키의 행보를 보였다. 이와 함께 관심이 가는 루키로 얌!브랜즈_{Yum!} _{Brands}가 있다. KFC, 피자헛, 타코벨을 소유한 회사다.

전 세계적으로 진행되고 있는 고령화 추세에 따라 관심이 증폭되고 있는 섹터로 의료장비/서비스 섹터가 있다. 이 섹터 역시 물갈이가 활발해서 2006년 메이저리거의 50% 이상이 교체되었다. 2019년 현재 28개

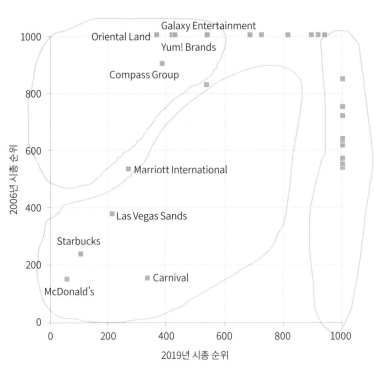

그림 A-15. 호텔/레스토랑/레저 섹터의 변화 추이

의 메이저리거가 있으며, 지난 13년 동안 시총은 6,220억 달러에서 1조 6,170억 달러로 무려 2.6배 성장하였다. 따라서 관심은 퇴출된 메이저리거보다는 제자리를 굳건히 지키면서 성장한 메이저리거와 새롭게 진입한 유망 루키에게 쏠릴 수밖에 없다.

〈그림 A-16〉에 의하면, 이 섹터 단연 최고의 강자는 존슨앤존슨Johnson & Johnson이다. 이 기업의 시총 순위는 2006년 17위에서 2019년 10위로 올라섰다. 이와 함께 최강자의 위치를 점하고 있는 기업으로 유나이티드헬스 그룹UnitedHealth Group과 메드트로닉Medtronic이 있다. 미국의 의료서비스기업 유나이티드헬스 그룹은 2004년 건강보험회사 옥스퍼드 헬스 플랜스Oxford Health Plans, 2007년에 시에라 헬스서비스Sierra Health Services를 인수하여 오늘에 이르고 있다. 메드트로닉은 의료 장비 및 기기를 판매하는 세계 최대 다국적기업으로, 아일랜드 더블린에 본사를 두고 있다. 이 두 기업 모두 2019년 현재 시총 100위 내 위치하고 있다.

이외 주요 메이저리거 집단에는 의료장비/용품업체로서 스트라이커 Stryker, 벡톤 디킨슨Becton Dickinson, 보스톤 사이언티픽Boston Scientific, 백스터 인터내셔널Baxter International이 있고, 의료서비스 업체로 시그나Cigna 와 HCA 헬스케어HCA Healthcare가 있다. HCA 헬스케어는 미국 전역에서 350개 이상의 병원을 운영하고 있고 시그나는 생명 및 의료 분야의 보험회사로 건강증진 프로그램 등의 서비스를 제공하고 있다.

이 분야의 유망 루키로는 바이오텍기업 써모피셔 사이언티픽Thermo Fisher Scientific, 건강보험 및 건강관리서비스 회사 앤섬Anthem, 수술로봇 다빈치를 공급하고 있는 인투이티브 서지컬Intuitive Surgical, 세계 최대 처방전용 렌즈를 생산 보급하는 에실로 룩소티카_{EssilorLuxottica}, 인공심장판막 등을 생산하는 에드워즈 라이프사이언시스_{Edwards Lifesciences}가 있다. 이들 모두 마이너리그에서 메이저리그로 진입해 현재 400위 내 머물고 있는 유망 루키들이다.

구조개편/고성장 산업군에서 최고의 성장률을 보인 섹터는 바로 소매/유통 섹터이다. 2006년 39개의 메이저리거를 보유했으나, 22개 기업이 퇴

그림 A-16. 의료장비/서비스 섹터의 변화 추이

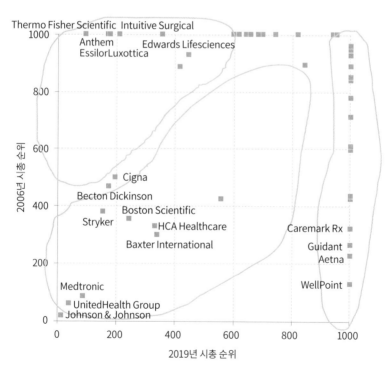

출되고 14개 기업이 신규 진입해 2019년 현재 31개 규모로 줄어든 섹터이다. 그럼에도 이 섹터의 시가총액은 2006년 9,060억 달러에서 2019년 2조 6,210억 달러로 급증, 성장배율 2.89를 기록했다. 〈그림 A-17〉은 소매/유통 섹터의 변화 추이를 보여준다.

〈그림 A-17〉에 의하면, 소매/유통 섹터에서 일어나고 있는 변화는 '많은 기존 사업자의 퇴출 및 경쟁력 약화, 소수의 강력한 루키의 약진'으로 요약할 수 있다. 한때 영광을 누리던 월그린Walgreen, 시어즈Sears Holdings, 페더레이티드 백화점Federated Dept Stores, 스테이플스Staples, 콜스Kohl's, 갭

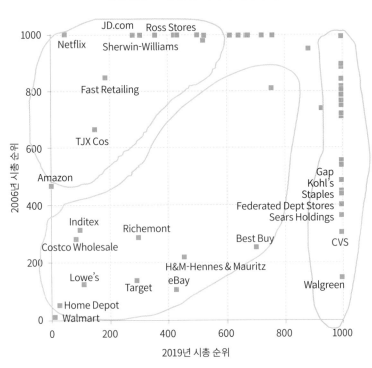

그림 A-17. 소매/유통 섹터의 변화 추이

Gap이 모두 마이너리그로 추락했고, 타겟target, 이베이eBay, H&MHennes & Mauritz, 베스트바이Best Buy는 경쟁력을 잃어가고 있다.

한편 아마존Amazon, 월마트Walmart, 홈 디포Home Depot, 로우스Rowe's, 코스트코Costco Wholesale, 인디텍스Inditex, 리치몬트Richemont는 섹터 내 강력한 경쟁력을 유지하고 있다. 이들과 함께 준準루키로 티제이엑스TJX Cos, 유니클로의 모기업인 일본의 패스트 리테일링Fast Retailing의 약진이 두드러진다. 콘텐츠 유통사업자인 넷플릭스Netflix, 중국의 전자상거래 기업 제이디닷컴JD.com, 미국의 종합 건축자재회사 셔윈 윌리엄즈Sherwin Williams와 대형할인점 로스 스토어즈Ross Stores는 이 섹터에 신규 진입한 루키로 주목받고 있다.

02
지속성장 산업군

가. 지속/저성장 산업군

지속/저성장 산업군에 속하는 섹터로는 무역상사 섹터가 유일하다. 이 섹터는 6개 기업 중 2개가 퇴출되어 물갈이 수준이 낮은 지속성장 산업군으로 분류되었다. 그러나 2019년 현재 섹터 내 기업이 5개밖에 없고, 시총의 성장배율도 1.16배로 메이저리그 1.84배에 크게 못 미치고 있어, 장기적으로 구조조정 압력에 직면할 가능성이 큰 섹터로 보인다. 〈그림 A-18〉

은 이 섹터의 변화 추이를 보여준다. 이 섹터는 퇴출된 영국의 울슬리 Wolseley 외에는 모두 일본기업이며, 루키로 진입한 삼성물산Samsung C&T이 유일한 한국기업이다.

나. 지속/중성장 산업군

이 산업군은 퇴출기업 수 비율이 29%~36%에 불과하면서 시총의 성장배율은 1.56~1.64를 보이고 있는 산업섹터의 집합이다. 메이저리그 전

그림 A-18. 무역상사 섹터의 변화 추이

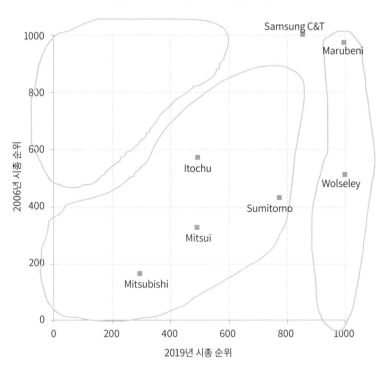

체 성장배율이 1.84인 점을 감안하면, 물갈이 수준이 낮으면서 성장은 평균에 못 미치는 중성장 섹터이다. 이 섹터에는 보험 섹터와 함께 미래 성장 산업 후보로 자주 거론되는 제약/바이오 섹터, 전 세계 자동차 생산업체가 포함된 내구소비재 섹터가 포함된다.

우선 〈그림 A-19〉는 보험 섹터의 변화 추이를 보여준다. 이 섹터에는 2019년 현재 48개 기업이 포진하고 있으며, 시총 1조 8,770억 달러로 은행 섹터의 30%, 금융서비스 섹터의 53% 수준에 머물고 있다. 이 섹터 내

그림 A-19. 보험 섹터의 변화 추이

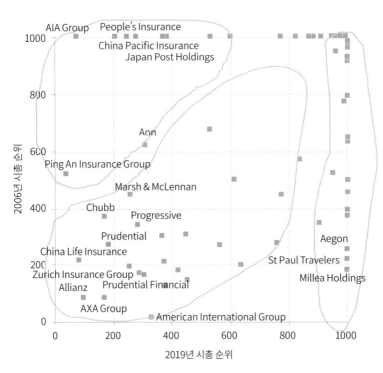

시총 순위 1위 기업은 중국의 평안보험Ping An Insurance Group이고, 홍콩의 루키 AIA 생명AIA Group, 중국의 차이나 생명보험China Life Insurance, 독일의 알리안츠Allianz, 프랑스의 악사 그룹AXA Group, 스위스의 처브Chubb, 영국의 푸르덴셜Prudential이 그 뒤를 잇고 있다.

이 섹터의 특징 중 하나는 200위 내 기업이 아시아와 유럽에 걸쳐 분포되어 있고 미국기업은 200위 후반에서 300위에 자리하고 있다는 점이다. 2019년까지 루키로 진입한 기업은 주로 홍콩, 중국, 일본의 보험기업들이고, 400위 내 미국기업은 트레블러스 보험Travelers이 유일하다.

내구소비재 섹터는 메이저리거 34개를 보유한, 평균 수준의 섹터이다. 지난 13년 동안 구성원의 3분의 2가 바뀌지 않았고, 시총은 7,900억 달러에서 1조 2,600억 달러로 1.59배 성장, 기대만큼의 성장세를 보여주지 못하고 있다. 이 섹터가 특별히 관심을 끄는 것은 우리에게 친숙한 자동차 제조사가 모두 이 섹터에 포함되어 있기 때문이다. 〈그림 A-20〉은 우리가 궁금해 하는 회사들이 어떤 경쟁력 변화 추이를 보이는지 잘 보여준다. 메이저리거 순위 400위 내 있다가 마이너리그로 퇴출된 기업으로는 마쓰시타 전기Matsushita Electric Indl가 유일하다.

주요 메이저리거 기준으로 자동차 부문을 보면, 닛산Nissan Motor, 르노Renault의 퇴조, 현대자동차Hyundai Motor, 혼다Honda Motor, BMWBMW Group, 다임러벤츠Daimler, 토요타Toyota의 강보합, 그리고 폭스바겐Volkswagen Group, 포드Ford Motor, 지엠General Motors의 약진을 읽을 수 있다. 그러나 이것은 상대적 순위 변동 차원에서의 평가이고, 절대적 경쟁력은 토요타, 폭스바겐, 다임러벤츠, 지엠, BMW가 보유하고 있다.

자동차 부분에서 돋보이는 루키로는 이른바 상하이자동차SAIC Motor와 테슬라Tesla가 있다. 일론 머스크가 이끄는 테슬라는 혁신기업으로서 자동차산업계 자체를 크게 흔들고 있고, 상하이자동차는 중국 최대의 자동차 회사로 폭스바겐과의 합작사 설립, 그리고 미국 GM의 대주주라는 점 등으로 높게 평가받고 있다.

이 섹터 내 두각을 나타내는 다른 카테고리로 비디오 게임 부문이 있

그림 A-20. 내구소비재 섹터의 변화 추이

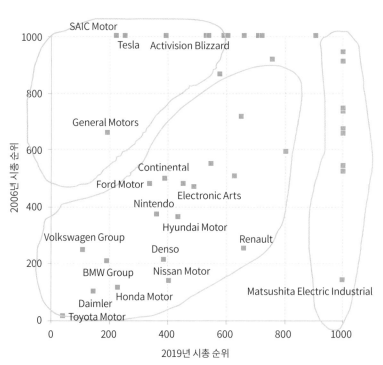

다. 메이저리거로 일본의 닌텐도Nintendo, 미국의 일렉트로닉 아츠Electronic Arts와 루키 액티비전 블리자드Activision Blizzard가 이 섹터 내에서 매우 유망한 위치를 점하고 있다.

최근 국내에서 많은 관심을 끌고 있는 제약/바이오 섹터는 퇴출 기업보다 진입 기업이 많아, 2006년 34개 기업에서 2019년 45개 기업으로 보유 기업 수가 늘었다. 그러나 기대와는 달리 시총은 1조 7,320억 달러에서 2,조 8,470달러로 느는데 그쳐, 성장배율이 1.84보다 낮은 1.64에 머물고 있다. 그 원인이 어디에 있는지를 살펴보는 것은 매우 흥미로운 일이다. 〈그림 A-21〉은 제약/바이오 섹터의 변화 추이를 잘 보여주고 있다.

이에 의하면, 제약/바이오 섹터는 크게 두 가지로 특징 지을 수 있다. 하나는 기존 기업들이 높은 시총 순위에 몰려있다는 점이고, 다른 하나는 루키들의 진입 순위가 높은 순위에서 낮은 순위까지 골고루 퍼져 있다는 점이다. 이 점은 유망성에도 불구하고 이 섹터의 성장배율이 평균 1.84에 못 미치는 1.64에 머물고 있는 이유를 부분적으로 설명해 주고 있다. 즉 〈그림 A-21〉의 좌측하단에 있는 메이저기업들의 시총 증가는 기대만큼 크지 않으면서, 새롭게 루키로 진입하는 기업들의 상당수가 낮은 순위의 시총에 머물고 있기 때문이다.

이 섹터의 터줏대감으로 화이자Pfizer, 로쉐Roche Holding, 노바티스Novatis, 애보트 래버러토리스Abbott Laboratories, 일라이릴리Eli Lilly, 암젠Amgen, 사노피Sanofi, 아스트라제네카AstraZeneca, 글락조스미스클라인GlaxoSmithKline, 브리스톨 마이어스Bristol Myers Squibb, 다케다 제약Takeda Pharmaceutical을 들 수

있다. 한편 루키는 아니더라도 급성장하고 있는 기업으로 생명공학기업 질리드 사이언시즈Gilead Sciences, 노보 노르디스크Novo Nordisk, 머크Merck, 바이오젠Biogen, 엘러간Allergan, 셀진Celgene이 관심을 끈다.

루키 기업으로는 수많은 인수합병을 거쳐 빠르게 몸집을 키우고 있는 머크앤코Merck & Co, 애보트 래버러토리스에서 분사된 애브비AbbVie, 약국체인인 CVS 헬스CVS Health, 호주의 생명공학기업 CSL, 미국의 조에티스Zoetis, 월그린 부츠 얼라이언스Walgreens Boots Alliance가 있고 이들은 향후 큰 성장가능성을 보유하고 있다.

그림 A-21. 제약/바이오 섹터의 변화 추이

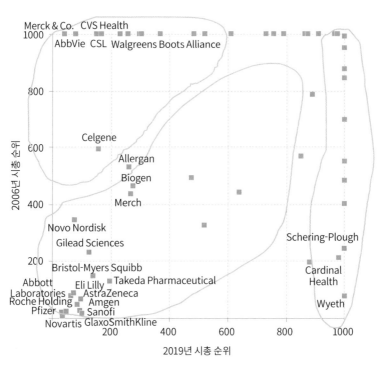

나. 지속/고성장 산업군

지속/고성장 산업군은 퇴출기업 수 비율이 26%~33%로 비교적 안정적인 산업구조를 유지하면서, 성장배율은 최저 2.72배에서 최고 3.06배를 기록하고 있는 산업군이다. 이 산업군에는 자본재, 항공우주, 반도체, 생활용품 섹터가 속해 있다.

이 산업군에서 상대적으로 가장 낮은 성장배율을 보이고 있는 자본재 섹터는 건설, 기계, 전력, 농업 등 다양한 분야의 중장비 및 설비를 생산 공급하는 분야이다. 〈그림 A-22〉는 자본재 섹터의 변화 추이를 보여준다. 이 섹터는 2006년 27개 메이저리거로 출발했으나 꾸준한 시장진입으로 2019년 39개 메이저리거를 보유한 섹터로 성장하였다. 이에 걸맞게 시총 규모도 4,250억 달러에서 1조 970억 달러로 2.6배 성장했다. 〈그림 A-22〉에서 많은 기업이 대각선을 기준으로 좌측상단에 많이 분포하고 있는 것은 이 분야 기업들의 경쟁력이 전반적으로 안정적 상승 국면에 있음을 의미한다.

이 영역의 대표적 메이저리거로는 건설 중장비로 유명한 캐터필러Caterpillar, 농업, 수렵, 건설 중장비 제조업체 존디어Deere & Company, 산업기계를 주로 생산하는 일리노이 툴 웍스Illnois Tool Works가 있다. 전력장비 및 산업기계제어 부문에서는 프랑스의 슈나이더 일렉트릭Schneider Electric, 미국의 에머슨 일렉트릭Emerson Electric, 일본의 미쓰비시 전기Mitsubishi Electric가 자리 잡고 있다. 이 외 CNC와 로봇전문업체인 일본의 화낙Fanuc, 스웨덴의 산업용 장비업체 아틀라스 콥코Atlas Copco, 스웨덴의 볼보그룹Volvo Group이 있다.

이 영역에서 빠르게 성장하고 있는 메이저리거로는 모터 생산업체인 일본전산Nidec, 아일랜드에 본사를 둔 전력장비 등 산업기계 생산업체 이톤Eaton이 있다. 메이저리그로 진입한 루키로는 중국의 고속철 생산업체 중국중처CRRC, 조선업체 중국선박중공업China Shipbuilding Industry Corporation과 발전소용 산업로봇에 특화된 미국의 중장비업체 로퍼 테크놀로지스Roper Technologies가 흥미롭다.

그림 A-22. 자본재 섹터의 변화 추이

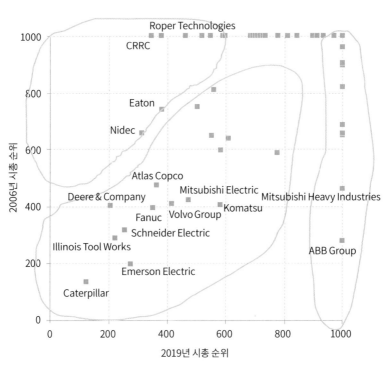

항공우주 섹터는 메이저리그로의 진출입이 비교적 드문 섹터이다. 진입장벽이 높은 안정적인 섹터라는 의미이다. 그래서인지 이 섹터의 시가총액은 2006년에서 2019년까지 2,750억 달러에서 7,490억 달러로 2.72배 성장하였다. 〈그림 A-23〉은 이 섹터의 변화 추이를 보여준다.

앞에서 말한 대로 이 분야는 소수의 메이저리거가 굳건히 자리 잡고 있다. 지배적 사업자로 이 부류에 속한 기업으로는 보잉Boeing, 록히드 마틴Lockheed Martin, 제너럴 다이내믹스General Dynamics, 레이시언Raytheon, 노스롭 그루만Northrop Grumman, 롤스로이스Rolls Royce Holdings, L3 테크놀로지

그림 A-23. 항공우주 섹터의 변화 추이

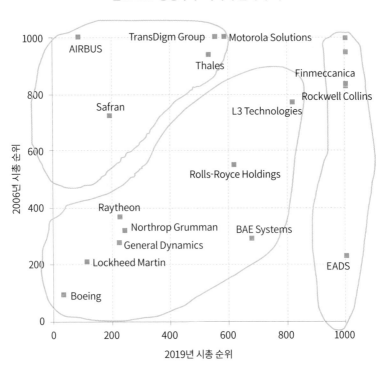

스L3 Technologies가 있다. 한편 메이저리그에 진입하여 순위가 급상승한 루키로는 에어버스AIRBUS, 트랜스다임 그룹TransDigm Group, 탈레스Thales, 모토로라 솔루션Motorola Solutions, 사프란Safran이 있다.

이 영역에서의 최우량기업으로 에어버스와 보잉이 눈에 띈다. 에어버스는 2006년에는 메이저리그 밖에 위치하다가, 2006년과 2019년 사이에 메이저리그에 편입된 기업이다. 그런데 편입 이후 순위가 급상승해서 2019년 시총 순위 89위까지 올랐다. 한편 2006년 96위에 머물렀던 보잉은 13년 동안 꾸준한 순위 상승으로 2019년 메이저리그 순위 35위까지 올랐다. 항공우주산업이 2.72배 상승한 점을 감안하면, 96위에서 35위로의 순위 상승은 탁월한 경영성과를 반영하는 것이다.

이와 대조적으로 2006년에는 메이저리그에 있었으나, 2019년 메이저리그에는 보이지 않는 기업들이 있다. EADS는 네덜란드기업으로 2006년 시총 순위 230위였으나 2019년 메이저리그 명단에는 끼지 못했다. 이탈리아 기업 핀메카니카Finmeccanica, 미국기업 로크웰 콜린스Rockwell Collins, 프랑스기업 다소 항공Dassault Aviation도 2019년까지 마이너리그로 편입되었다.

지속/고성장 산업군에서 흥미로운 섹터로 반도체 섹터가 있다. 첨단 분야이기도 하지만 경쟁력 있는 한국 메이저리거를 보유한 섹터이기 때문이다. 삼성전자Samsung Electronics는 인텔Intel과 함께 이 섹터 최강의 위치를 점하고 있고, SK하이닉스SK Hynix는 루키로 2019년 251위를 차지했다. 사실 SK하이닉스의 전신인 하이닉스반도체Hynix Semiconductor는 2006년

483위에 있었으나 SK그룹에 의해 인수되면서 메이저리그 명단에서 탈락했다. 〈그림 A-24〉는 반도체 섹터의 변화 추이를 보여준다.

그림에서 보듯이, 500위권 내 메이저리거가 탈락한 경우는 SK그룹에 의해서 인수된 하이닉스반도체가 유일하다. SK하이닉스 외 루키로서 메이저리그에 진입한 NXP 반도체NXP Semiconductor는 자동차용 반도체 분야에서 선두업체이고, 미국의 램 리서치Lam Research는 웨이퍼 제조장비 공급 및 서비스를 하는 기업이다. 램 리서치는 2019년 11월 용인시에 연구개발센터를 건립하는 업무협약을 체결한 바 있다. 그밖에 루키로는 반도체 섹터에 진입하여 승승장구하고 있는 기업으로 GPUGraphics Processing Unit를 창안한 엔비디아NVIDIA, 네덜란드의 반도체 장비회사 ASMLASML Holding, 다양한 메모리반도체를 생산하는 미국의 마이크론 테크놀로지Micron Technology, 비메모리 반도체 FPGAField Programmable Gate Array 시장의 강자 자일링스Xilinx가 있다.

그렇다면 높은 진입장벽으로 비교적 안정적인 산업구조를 형성하고 있는 반도체 섹터의 지배기업은 어떤 기업들인가? 200위 내 지배적 기업으로는 삼성전자 17위, 인텔 20위, TSMC 30위, 브로드컴Broadcom 65위, 엔비디아 81위, 텍사스 인스트루먼트Texas Instruments 86위, 퀄컴 104위, ASML 118위로 자리를 굳건히 지키고 있다. 이외 300~400위권에 있는 메이저리거로는 다국적 반도체소자 생산기업인 미국의 아날로그 디바이스Analog Divices, 반도체 장비 및 재료 분야의 강자인 어플라이드 머티어리얼즈Applied Materials, 오랫동안 인텔의 대항마로 자리잡은 AMDAdvanced Micro Devices, 그리고 반도체, 패널 디스플레이, 태양전지 장비업체인 일본의 도쿄 일렉트론Tokyo Electron이 있다.

지속/고성장 산업군에서 가장 높은 성장세를 보이고 있는 섹터는 생활용품 섹터이다. 2006년 24개 메이저리거를 보유했던 이 섹터는 2019년까지 32개의 메이저리거를 보유하는 규모로 확장되었다. 그동안 시총은 5,940억 달러에서 1조 8,190억 달러로 약 3.1배 커지는 급성장세를 보였다. 〈그림 A-25〉는 생활용품 섹터의 변화 추이를 보여주는데, 흥미로운 것은 기존 지배적 메이저리거의 탄탄한 자리지킴과 새로운 강자 루키의 시

그림 A-24. 반도체 섹터의 변화 추이

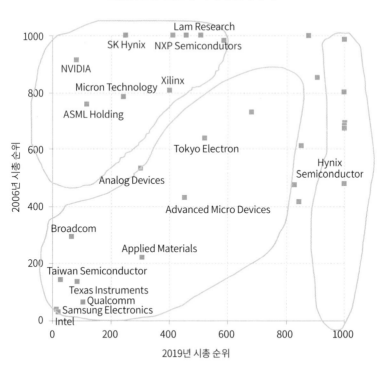

장 진입이 뚜렷이 보인다는 점이다. 이러한 점이 이 섹터가 고성장을 한 원인이 아닌가 한다.

이 섹터의 터줏대감을 살펴보면, 잘 알려진 P&G~Procter & Gamble~, 나이키~Nike~, 유니레버~Unilever~, 로레알~L'Oréal~, 크리스챤 디올~Christian Dior~, 헤르메스~Hermès International~, 콜게이트 파몰리브~Colgate-Palmolive~, 레킷 벤키저~Reckitt Benckiser Group~, 헨켈~Henkel~, 킴벌리 클라크~Kimberly-Clark~, 카오~Kao~ 등이 있다. 이들이 잘 알려져 있는 것은 생활용품이 소비자 밀착형 제품이기도 하지만 이들 기업의 오랜 역사성 때문이기도 하다.

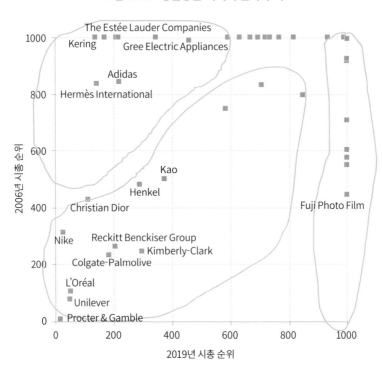

그림 A-25. 생활용품 섹터의 변화 추이

이 영역에 루키로 진입해서 고성장 중인 헤르메스와 아디다스_{Adidas}는 매우 잘 알려진 기업들이다. 루키로 부상하고 있는 기업으로는 구찌로 유명한 글로벌 명품회사 케어링_{Kering}과 유명 화장품회사 에스티로더 컴퍼니즈_{The Estée Lauder Companies}가 돋보인다. 이 섹터 내 루키로 흥미로운 카테고리가 하나 추가되었는데, 바로 가전 분야이다. 이 영역에 중국의 두 기업이 루키로 진입을 했는데, 그리 가전_{Gree Electric Appliances}과 메이디 그룹_{Midea Group}이다. 이 두 기업의 2019년 메이저리그 순위는 각각 208위, 219위이다.

03
신규/고성장 산업군

신규/고성장 산업군은 두 가지 특성을 가진 산업섹터로 정의된다. 하나는 2019년 현재 섹터 내 메이저리거 중 70% 이상이 루키라는 점, 다른 하나는 이들 루키를 중심으로 고성장 견인이 일어나 메이저리그 전체 성장배율 1.84를 훨씬 상회하는 성장배율을 보인 섹터라는 점이다. 소프트웨어/서비스 섹터와 비즈니스 서비스/용품 섹터, 이 두 개의 섹터만이 위 요건을 충족해서 신규/고성장 산업군으로 분류되었다. 그러면 이제부터 두 섹터에서 어떤 생태계 변화가 일어났는지 살펴보자.

우선 비즈니스 서비스/용품 섹터는 2006년만 해도 18개의 메이저리거를 보유한 섹터였다. 그런데 그 이후 10개의 기업이 퇴출되었고 그 두 배가 넘는 23개 기업이 새롭게 진입, 2019년 현재 31개의 메이저리거를 보유하게 되었다. 이에 따라 시가총액은 2006년 3,600억 달러에서 2019년 1조 3,260억 달러로 증가해 3.7배라는 기록적 성장을 보여주었다. 〈그림 A-26〉은 비즈니스 서비스/용품 섹터의 변화 추이를 보여준다.

이 섹터에서 그나마 지배적 위치를 유지하고 있는 기업을 꼽자면 비즈니스 아웃소싱서비스 회사인 ADP_{Automatic Data Processing}, 쓰레기 및 폐기물 처리회사인 웨이스트 매니지먼트_{Waste Management}, 신용평가회사인 무디스_{Moody's}, 급여관리 아웃소싱업체인 페이첵스_{Paychex}, 경쟁적 지위를 점점 잃고 있는 메이저리거인 사무용품 업체 캐논_{Canon}, 소매온라인결제서비스 기업인 퍼스트 데이타_{First Data}가 있다.

이 섹터에 대한 최대 관심은 과연 어떤 업종의 루키들이 진입하여 급성장을 이끌고 있느냐이다. 이 점에서 세계 최대 온라인 B2B 거래 플랫폼을 제공하는 알리바바_{Alibaba}와 온라인 여행예약서비스 회사인 부킹 홀딩스_{Booking Holdings}, 인적자원 전문기업인 리크루트_{Recruit Holdings}의 약진이 돋보인다. 이들 외에도 다양한 기업이 이 섹터에 루키로 진입했는데, 핀테크, 보안서비스, 폐기물 처리, 여행관광, IT 및 비즈니스 아웃소싱, 금융정보서비스, 인증서비스, 차량 경매 등 사업 영역도 폭넓게 분포해 있다.

분야별 루키를 살펴보면, 보안서비스/장비 분야에서 존슨 컨트롤스_{Johnson Controls International}, 베리스크 애널리틱스_{Verisk Analytics}, 팔로알토 네트웍스_{Palo Alto Networks}, 세콤_{Secom}, 핀테크 분야에서 피델리티_{Fidelity National Information}, 글로벌 페이먼츠_{Global Payments}, 플리코 테크놀로지스_{FleetCor}

Technologies, 토탈시스템 서비스Total System Services, 여행관광 분야에서 씨트

립Ctrip.com International, 중국국제여행사China International Travel Service, 익스피

디아Expedia Group, IT/비즈니스 아웃소싱 분야에서 DXC 테크놀로지DXC

Technology, 신타스Cintas, 소덱소Sodexo, 금융정보서비스 분야에서 익스페리

안Experian, IHS 마크잇IHS Markit, MSCIMorgan Stanley Capital International, 폐기

물 처리 분야에서 리퍼블릭 서비시즈Republic Services, 웨이스트 커넥션즈

Waste Connections 등이 메이저리거로 진입하였다.

그림 A-26. 비즈니스 서비스/용품 섹터의 변화 추이

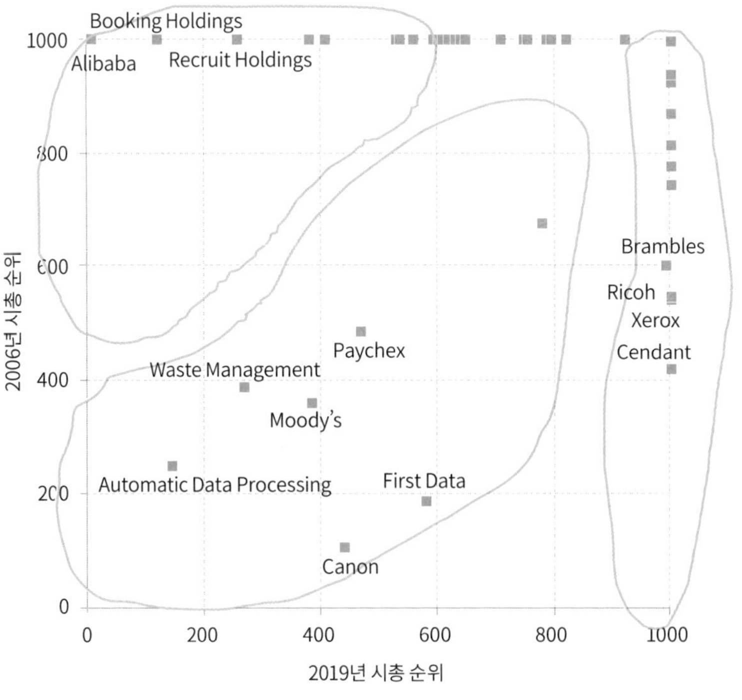

총 27개 산업섹터 중 지난 13년 동안 가장 변화무쌍한 변화를 겪은 섹터는 단연 소프트웨어/서비스 섹터이다. 2006년만 해도 이 섹터의 메이저리거는 20개에 불과했다. 그러나 13년 동안 6개 기업이 퇴출된 반면 무려 45개의 루키가 새롭게 진입, 2019년에는 59개의 메이저리거가 활동하는 산업생태계로 거듭났다. 시가총액으로 보면 2006년 8,030억 달러에서 2019년 5조 760억 달러로 성장하여 규모를 6.32배 키웠다. 단일 섹터로서 가장 빠른 속도로 성장한 것이다. 〈그림 A-27〉은 소프트웨어/서비스 섹터의 변화 추이를 보여준다.

급성장하는 섹터의 특성을 감안할 때 2006년 500위 내 있다가 메이저리거에서 탈락한 기업은 야후Yahoo와 2018년 브로드컴Broadcom에 의해 인수된 CAComputer Associates International, Inc.뿐이다. 이 분야에 2006년 이전에 안착하여 제자리를 굳게 지키고 있는 기업은 2019년 시총 2위인 마이크로소프트Microsoft, 4위 알파벳Alphabet, 43위 오라클Oracle, 59위 SAP, 60위 어도비Adobe, 69위 IBM, 76위 타타 컨설턴시Tata Consultancy Services, 80위 엑센추어Accenture, 156위 인투이트Intuit, 272위 인포시스Infosys, 356위 오토데스크Autodesk, 412위 파이서브Fiserv, 553위 와이프로Wipro가 전부이다.

신규/고성장 산업군의 특성상 지배적 사업자의 약진도 관심대상이지만, 도대체 어떤 유망한 루키들이 이 섹터에 진입해 새로운 시장을 열어가고 있는지가 더 큰 관심이다. 이런 관점에서 루키로 진입해 상위에 랭크된 기업이 어떤 기업들인지 알아보자. 우선 10위 안으로 최상위 랭크된 루키로는 페이스북Facebook과 텐센트Tencent Holdings가 있다. 그리고 72위까지 올라선 세일즈포스닷컴Salesforce.com은 고객관계관리CRM 분야의 클라우드 기반 서비스를 제공하는 기업으로 잘 알려져 있다.

그 밖에 400위 내 루키로는 클라우드 컴퓨팅의 VM웨어VMware, 중국의 검색포탈 바이두Baidu, 엘스비어Reed Elsevier를 사업적으로 재편한 렐엑스RELX, 디지털 워크플로우 전문기업인 서비스나우ServiceNow, 글로벌 클라우드 기반의 인적자원 솔루션업체인 워크데이Workday, DTDigital Transformation와 IT서비스 전문기업인 코그니전트Cognizant, 중국의 온오프연계 상거래업체 메이투안 디엔핑Meituan Dianping, PLMProduct Lifecycle

그림 A-27. 소프트웨어/서비스 섹터의 변화 추이

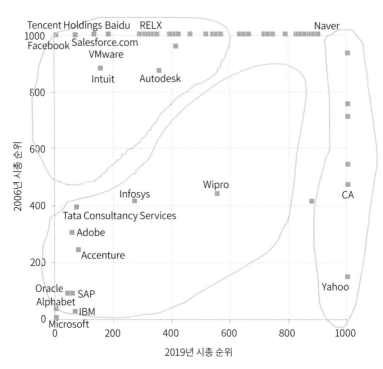

Management 솔루션 및 플랫폼업체 다소시스템즈Dassault Systems, 전 세계 25개국에 205개 데이터센터를 보유한 에퀴닉스Equinix, 검색포탈, 이메일, 전자상거래를 서비스하는 중국의 IT기업 네트이즈NetEase, 결제서비스업체인 월드페이Worldpay 등이 있다.

별장 II

제품 컨포먼스
우수기업 명단

표 A-2. '소비재' 부문 제품 컨포먼스 우수기업 순위

순위	기업명	국적	산업섹터	매출성장률	PSR	PC
1	버텍스 파마 Vertex Pharmaceuticals	미국	제약/바이오	25%	14.3	3.58
2	항서제약 Jiangsu Hengrui Medicine	중국	제약/바이오	23%	15.6	3.54
3	알리바바 Alibaba	중국	비즈니스 서비스/용품	37%	9.3	3.42
4	구이저우 마오타이 Kweichow Moutai	중국	식음료/담배	18%	17.7	3.13
5	넷플릭스 Netflix	미국	소매유통	23%	10	2.33
6	페이스북 Facebook	미국	소프트웨어/서비스	25%	9.2	2.3
7	의빈 우량예 Wuliangye Yibin	중국	식음료/담배	18%	11.4	2.07
8	일루미나 Illumina	미국	제약/바이오	14%	14.2	1.96
9	트랜스얼반 Transurban Group	호주	물류수송	22%	9	1.96
10	태국공항 Airports of Thailand	태국	물류수송	12%	16.3	1.91
11	테슬라 Tesla	미국	내구소비재	72%	2.2	1.58
12	타운가스 Towngas	홍콩	수도전기가스	19%	7.2	1.38
13	선저우 인터내셔널 그룹 Shenzhou International Group Holdings	홍콩	생활용품	19%	6.3	1.16
14	마이크로소프트 Microsoft	미국	소프트웨어/서비스	14%	8	1.16
15	파리공항 Aeroports de Paris	프랑스	물류수송	29%	3.8	1.1
16	알파벳 Alphabet	미국	소프트웨어/서비스	16%	6.3	1.02
17	알렉시온 Alexion Pharmaceuticals	미국	제약/바이오	14%	6.9	0.96

18	씨트립 Ctrip.com International	중국	비즈니스 서비스/용품	18%	5.2	0.92
19	CSL	호주	제약/바이오	11%	7.5	0.81
20	아마존 Amazon	미국	소매유통	21%	3.9	0.81
21	BAT British American Tobacco	영국	식음료/담배	25%	2.8	0.7
22	POWERGRID Power Grid of India	인도	수도전기가스	21%	3.2	0.67
23	셀젠 Celgene	미국	제약/바이오	13%	4.3	0.57
24	바이두 Baidu	중국	소프트웨어/서비스	15%	3.9	0.58
25	패스널 Fastenal	미국	소매유통	13%	4	0.53
26	리치몬트 Richemont	스위스	소매유통	18%	2.9	0.52
27	AIS Advanced Info Service	태국	정보통신서비스	15%	3.4	0.51
28	DP 월드 DP World	UAE	물류수송	19%	2.5	0.49
29	네이버 Naver	한국	소프트웨어/서비스	16%	3	0.47
30	닌텐도 Nintendo	일본	내구소비재	14%	3.4	0.46
31	지보단 Givaudan	스위스	생활용품	10%	4.2	0.41
32	아틀란시아 Atlantia	이탈리아	물류수송	13%	3.1	0.4
33	RBI Restaurant Brands International	캐나다	호텔/레스토랑/레저	13%	3.2	0.4
34	비방디 Vivendi	프랑스	정보통신서비스	17%	2.3	0.39
35	애브비 AbbVie	미국	제약/바이오	11%	3.5	0.38
36	에자이 Eisai	일본	제약/바이오	12%	2.9	0.34

37	VF	미국	생활용품	11%	2.8	0.29
38	패스트 리테일링 Fast Retailing	일본	소매유통	10%	2.9	0.29
39	CNNP China National Nuclear Power	중국	수도전기가스	10%	2.7	0.27
40	이리실업그룹 Inner Mongolia Yili	중국	식음료/담배	10%	2.3	0.24

표 A-3. '생산재' 부문 제품 컨포먼스 우수기업 순위

순위	기업명	국적	산업섹터	매출성장률	PSR	PC
1	워크데이 Workday	미국	소프트웨어/서비스	33%	14.9	4.96
2	오토데스크 Autodesk	미국	소프트웨어/서비스	30%	14.3	4.28
3	서비스나우 ServiceNow	미국	소프트웨어/서비스	24%	16.5	3.93
4	텐센트 홀딩스 Tencent Holdings	중국	소프트웨어/서비스	34%	10	3.37
5	카타르산업 Industries Qatar	카타르	화학	23%	13	3
6	도이치 보넨 Deutsche Wohnen	독일	건설	31%	9.4	2.9
7	콘초 리소시스 Concho Resources	미국	석유/가스	45%	5.6	2.51
8	세일즈포스닷컴 Salesforce.com	미국	소프트웨어/서비스	27%	9.1	2.42
9	인투이티브 서지컬 Intuitive Surgical	미국	의료장비/서비스	12%	16.5	2
10	크라운 캐슬 인터내셔널 Crown Castle International	미국	정보통신서비스	22%	9.1	1.98
11	인투이트 Intuit	미국	소프트웨어/서비스	19%	10.4	1.93
12	자일링스 Xilinx	미국	반도체	16%	11.8	1.89

13	레드햇 Red Hat	미국	소프트웨어/서비스	17%	9.5	1.63
14	우드사이드 페트롤리엄 Woodside Petroleum	호주	석유/가스	36%	4.5	1.61
15	키엔스 Keyence	일본	하드웨어/설비	10%	14.8	1.55
16	보노비아 Vonovia	독일	건설	26%	5.4	1.41
17	컨티넨탈 리소시스 Continental Resources	미국	석유/가스	34%	4	1.37
18	EOG 리소시스 EOG Resources	미국	석유/가스	38%	3.5	1.34
19	다소시스템즈 Dassault Systems	프랑스	소프트웨어/서비스	14%	9.6	1.33
20	코닝 Corning	미국	하드웨어/설비	11%	2.4	0.26
21	VM웨어 VMware	미국	소프트웨어/서비스	14%	8.6	1.19
22	마이크로칩 테크놀로지 Microchip Technology	미국	반도체	25%	4.7	1.17
23	포커스 미디어 인포메이션 테크놀로지 Focus Media Information Technology	중국	하드웨어/설비	17%	7	1.17
24	ASML 홀딩 ASML Holding	네덜란드	반도체	17%	6.6	1.15
25	노바텍 Novatek	러시아	석유/가스	26%	4	1.03
26	중국신박중공업 China Shipbuilding Industry Corporation	중국	자본재	27%	3.5	0.97
27	페이첵스 Paychex	미국	비즈니스 서비스/용품	12%	7.9	0.96
28	벡톤 디킨슨 Becton Dickinson	미국	의료장비/서비스	27%	3.6	0.96
29	펨비나 파이프라인 Pembina Pipeline	캐나다	석유/가스	29%	3.3	0.95
30	네트이즈 NetEase	중국	소프트웨어/서비스	26%	3.5	0.91

31	옥시덴탈 페트롤리엄 Occidental Petroleum	미국	석유/가스	32%	2.6	0.85
32	노릴스크 니켈 Norilsk Nickel	러시아	소재철강	26%	3.1	0.81
33	에퀴닉스 Equinix	미국	소프트웨어/서비스	11%	7.4	0.8
34	페트로나스 케미칼스 Petronas Chemicals	말레 이시아	화학	23%	3.5	0.79
35	브로드컴 Broadcom	미국	반도체	13%	5.9	0.79
36	아날로그 디바이스 Analog Devices	미국	반도체	11%	6.8	0.73
37	하이크비전 Hikvision	중국	하드웨어/설비	11%	6.5	0.69
38	트랜스다임 그룹 TransDigm Group	미국	항공우주	11%	6.2	0.69
39	사프란 Safran	프랑스	항공우주	30%	2.3	0.68
40	테나리스 Tenaris	룩셈 부르크	석유/가스	28%	2.2	0.64
41	익스페리안 Experian	아일랜드	비즈니스 서비스/용품	12%	5.4	0.63
42	IHS 마크잇 IHS Markit	영국	비즈니스 서비스/용품	11%	5.4	0.58
43	CNOOC China National Offshore Oil Corporation	홍콩	석유/가스	23%	2.5	0.56
44	사우디 아라비안 마이닝 Saudi Arabian Mining	사우디 아라비아	소재철강	12%	4.7	0.56
45	마라톤 오일 Marathon Oil	미국	석유/가스	20%	2.4	0.5
46	KLA텐코 KLA-Tencor	미국	반도체	10%	4.7	0.48
47	암페놀 Amphenol	미국	하드웨어/설비	12%	3.8	0.47
48	헤스 Hess	미국	석유/가스	14%	3.1	0.45

49	애너다코 페트롤리엄 Anadarko Petroleum	미국	석유/가스	18%	2.5	0.44
50	시카 Sika	스위스	건설	14%	2.9	0.42
51	코노코필립스 ConocoPhillips	미국	석유/가스	20%	2	0.41
52	셰니에르 에너지 Cheniere Energy	미국	석유/가스	19%	2.1	0.41
53	인텔 Intel	미국	반도체	11%	3.7	0.39
54	르그랑 Legrand	프랑스	자본재	15%	2.7	0.39
55	벌컨 머티어리얼즈 Vulcan Materials	미국	건설	10%	3.7	0.37
56	도쿄 일렉트론 Tokyo Electron	일본	반도체	17%	2.2	0.36
57	포모사 플라스틱 Formosa Plastics	대만	화학	12%	2.9	0.35
58	모토로라 솔루션 Motorola Solutions	미국	항공우주	11%	3.2	0.34
59	무라타제작소 Murata Manufacturing	일본	하드웨어/설비	14%	2.4	0.33
60	신에츠 화학 Shin-Etsu Chemical	일본	화학	11%	2.8	0.3

표 A-4. '금융' 부문 제품 컨포먼스 우수기업 순위

순위	기업명	국적	산업섹터	매출성장률	PSR	PC
1	3i 그룹 3i Group	영국	금융서비스	67%	23.2	15.59
2	유니베일 로담코 Unibail-Rodamco	네덜란드	금융서비스	39%	12.6	4.93
3	홍콩증권거래소 Hong Kong Exchanges	홍콩	금융서비스	11%	22.2	2.46
4	인터렉티브 브로커스 그룹 Interactive Brokers Group	미국	금융서비스	25%	9.1	2.28
5	마스터카드 Mastercard	미국	금융서비스	13%	16.5	2.11
6	CME 그룹 CME Group	미국	금융서비스	13%	14.7	1.93
7	차이나 머천트 시큐리티스 China Merchants Securities	중국	금융서비스	24%	8	1.87
8	하이통 증권 Haitong Securities	중국	금융서비스	38%	3.8	1.43
9	중신증권 Citic Securities	중국	금융서비스	26%	5.3	1.39
10	디지털 리얼티 Digital Realty Trust	미국	금융서비스	15%	8.4	1.29
11	TD 어메리트레이드 TD Ameritrade Holding	미국	금융서비스	24%	5.3	1.26
12	찰스 슈왑 Charles Schwab	미국	금융서비스	22%	5.3	1.18
13	사우디 브리티시 뱅크 Saudi British Bank	사우디 아라비아	은행	15%	6.9	1.03
14	페이팔 PayPal	미국	금융서비스	12%	8.1	1
15	인더스인드 뱅크 Indusind Bank	인도	은행	21%	4.5	0.96
16	런던증권거래소 London Stock Exchange	영국	금융서비스	12%	8	0.96
17	퍼스트 리퍼블릭 뱅크 First Republic Bank	미국	은행	19%	4.6	0.89

18	선완훙위안 그룹 Shenwan Hongyuan Group	중국	은행	10%	8.5	0.85
19	AIA 그룹 AIA Group	홍콩	보험	24%	3.1	0.74
20	쿠웨이트 뱅크 National Bank of Kuwait	쿠웨이트	은행	16%	4.5	0.71
21	삼포 Sampo	핀란드	보험	22%	2.7	0.59
22	카타르 중앙은행 Qatar National Bank	카타르	은행	17%	2.9	0.48
23	싱가포르 은행 United Overseas Bank	싱가포르	은행	14%	3.1	0.43
24	노던 트러스트 Northern Trust	미국	은행	14%	3	0.41
25	미쓰비시 에스테이트 Mitsubishi Estate	일본	금융서비스	20%	2	0.38
26	에미레이드 NBD Emirates NBD	UAE	은행	13%	2.6	0.35
27	제이피모건 체이스 JPMorgan Chase	미국	은행	12%	2.8	0.34
28	아메리칸 익스프레스 American Express	미국	금융서비스	15%	2.2	0.33
29	CMSK China Merchants Shekou Industrial Zone Holdings	중국	금융서비스	14%	2.2	0.31
30	노바스코샤 은행 Bank of Nova Scotia	캐나다	은행	13%	2.1	0.26
31	중국상업은행 China Merchants Bank	중국	은행	10%	2.4	0.24

별장 III

공정 컨포먼스
우수기업 명단

표 A-5. 공정 컨포먼스 우수기업 순위

순위	기업명	국적	산업섹터	자산이익률	PSR	SC
1	내스퍼스 Naspers	남아프리카	미디어	38%	16.1	6.08
2	베리사인 VeriSign	미국	소프트웨어/서비스	31%	18.6	5.69
3	버텍스 파마 Vertex Pharmaceuticals	미국	제약/바이오	34%	14.3	4.85
4	구이저우 마오타이 Kweichow Moutai	중국	식음료/담배	23%	17.7	4.03
5	해천미업 Foshan Haitian Flavouring and Food	중국	식음료/담배	23%	13.9	3.17
6	엔비디아 NVIDIA	미국	반도체	31%	9.7	2.99
7	인투이트 Intuit	미국	소프트웨어/서비스	28%	10.4	2.95
8	비바 시스템즈 Veeva Systems	미국	소프트웨어/서비스	14%	21.7	2.94
9	항서제약 Jiangsu Hengrui Medicine	중국	제약/바이오	18%	15.6	2.85
10	포커스 미디어 인포메이션 테크놀로지 Focus Media Information Technology	중국	하드웨어/장비	41%	7	2.85
11	콜로플라스트 Coloplast	덴마크	의료장비/서비스	32%	8.1	2.63
12	이타우사 Itaúsa	브라질	복합기업	16%	15.4	2.46
13	노보 노르디스크 Novo Nordisk	덴마크	제약/바이오	36%	6.6	2.36
14	인투이티브 서지컬 Intuitive Surgical	미국	의료장비/서비스	14%	16.5	2.32
15	선전 마인드레이 바이오메디컬 일렉트로닉스 Shenzhen Mindray Bio-Medical Electronics	중국	의료장비/서비스	16%	14.4	2.29
16	라간 프리시전 LARGAN Precision	대만	자본재	19%	11.8	2.22

17	매치 그룹 Match Group	미국	소프트웨어/서비스	23%	9.7	2.21
18	텍사스 인스트루먼트 Texas Instruments	미국	반도체	32%	6.9	2.21
19	태국공항 Airports of Thailand	태국	물류수송	14%	16.3	2.2
20	아이덱스 랩 IDEXX Laboratories	미국	의료장비/서비스	25%	8.5	2.15
21	얼라인 테크놀로지 Align Technology	미국	의료장비/서비스	19%	11.3	2.14
22	키엔스 Keyence	일본	하드웨어/장비	14%	14.8	2.12
23	페이스북 Facebook	미국	소프트웨어/서비스	23%	9.2	2.08
24	헤르메스 Hermès International	프랑스	생활용품	20%	10.2	2.04
25	얌!브랜즈 Yum! Brands	미국	호텔/레스토랑/레저	37%	5.5	2.03
26	모건스탠리 캐피탈 인터내셔널 MSCI	미국	비즈니스 서비스/용품	15%	13.4	2
27	어도비 Adobe	미국	소프트웨어/서비스	14%	13.9	1.92
28	상하이 국제공항 Shanghai International Airport	중국	물류수송	14%	13.1	1.87
29	의빈 우량예 Wuliangye Yibin	중국	식음료/담배	16%	11.4	1.82
30	S&P 글로벌 S&P Global	미국	미디어	21%	8.5	1.78
31	카타르산업 Industries Qatar	카타르	화학	14%	13	1.78
32	자일링스 Xilinx	미국	반도체	15%	11.8	1.77
33	일루미나 Illumina	미국	제약/바이오	12%	14.2	1.68
34	몬스터 비버리지 Monster Beverage	미국	식음료/담배	21%	7.9	1.67

35	360 시큐리티 테크놀로지 360 Security Technology	중국	소프트웨어/서비스	12%	13.4	1.66
36	코파트 Copart	미국	비즈니스 서비스/용품	21%	7.8	1.64
37	양하고분 Jiangsu Yanghe Brewery	중국	식음료/담배	18%	8.8	1.61
38	룰루레몬 애스레티카 Lululemon Athletica	캐나다	소매유통	23%	6.8	1.57
39	노주노교 Luzhou Lao Jiao	중국	식음료/담배	17%	8.9	1.54
40	앤시스 Ansys	미국	소프트웨어/서비스	13%	12.1	1.53
41	타타 컨설턴시 Tata Consultancy Services	인도	소프트웨어/서비스	27%	5.6	1.51
42	EMS 케미 EMS-Chemie Holding	스위스	화학	24%	6	1.45
43	VM웨어 VMware	미국	소프트웨어/서비스	16%	8.6	1.4
44	체크포인트 소프트웨어 Check Point Software	이스라엘	소프트웨어/서비스	14%	9.8	1.39
45	ITC	인도	식음료/담배	17%	8	1.38
46	에드워즈 라이프사이언시스 Edwards Lifesciences	미국	의료장비/서비스	14%	10	1.36
47	하이크비전 Hikvision	중국	하드웨어/장비	20%	6.5	1.31
48	맥도날드 McDonald's	미국	호텔/레스토랑/레저	18%	7.1	1.27
49	메틀러-토레도 인터내셔널 Mettler-Toledo International	미국	복합기업	20%	6.2	1.23
50	맥심 인티그레이티드 프로덕트 Maxim Integrated Products	미국	반도체	18%	6.5	1.2
51	KLA텐코 KLA-Tencor	미국	반도체	25%	4.7	1.18
52	아리스타 네트웍스 Arista Networks	미국	하드웨어/장비	11%	11.1	1.18
53	CSL	호주	제약/바이오	16%	7.5	1.18

54	케이던스 디자인 Cadence Design	미국	소프트웨어/서비스	14%	8.5	1.17
55	브라운 포맨 Brown-Forman	미국	식음료/담배	15%	7.6	1.15
56	워터스 Waters	미국	의료장비/서비스	16%	7.1	1.14
57	아시안 페인트 Asian Paints	인도	화학	15%	7.5	1.13
58	하이디라오 인터내셔널 홀딩 Haidilao International Holding	중국	호텔/레스토랑/레저	15%	7.8	1.13
59	텐센트 홀딩스 Tencent Holdings	중국	소프트웨어/서비스	11%	10	1.13
60	리제네론 제약 Regeneron Pharmaceuticals	미국	제약/바이오	21%	5.4	1.11
61	무디스 Moody's	미국	비즈니스 서비스/용품	14%	8.1	1.11
62	TSMC Taiwan Semiconductor	대만	반도체	17%	6.5	1.11
63	선저우 인터내셔널 그룹 Shenzhou International Group Holdings	홍콩	생활용품	17%	6.3	1.07
64	나이키 Nike	미국	생활용품	18%	5.8	1.06
65	조에티스 Zoetis	미국	제약/바이오	13%	8.2	1.06
66	페라리 Ferrari	이탈리아	내구소비재	17%	6.3	1.06
67	마이크로소프트 Microsoft	미국	소프트웨어/서비스	13%	8	1.04
68	트위터 Twitter	미국	소프트웨어/서비스	12%	8.8	1.04
69	부킹 홀딩스 Booking Holdings	미국	비즈니스 서비스/용품	18%	5.7	1.01
70	스카이웍스 솔루션 Skyworks Solutions	미국	반도체	23%	4.1	0.96
71	베리스크 애널리틱스 Verisk Analytics	미국	비즈니스 서비스/용품	10%	9.4	0.96

72	시오노기 Shionogi	일본	제약/바이오	17%	5.6	0.94
73	포티브 Fortive	미국	자본재	22%	4.1	0.93
74	안타 스포츠 Anta Sports Products	중국	생활용품	17%	5.3	0.9
75	필립모리스 인터내셔널 Philip Morris International	미국	식음료/담배	20%	4.5	0.9
76	패스널 Fastenal	미국	소매유통	21%	4	0.83
77	알파벳 Alphabet	미국	소프트웨어/서비스	13%	6.3	0.83
78	일렉트로닉 아츠 Electronic Arts	미국	내구소비재	16%	5.3	0.83
79	게버릿 Geberit	스위스	건설	17%	4.9	0.83
80	ASML 홀딩 ASML Holding	네덜란드	반도체	12%	6.6	0.8
81	콘스텔레이션 소프트웨어 Constellation Software	캐나다	소프트웨어/서비스	13%	6	0.79
82	콜게이트 파몰리브 Colgate-Palmolive	미국	생활용품	20%	3.8	0.76
83	호야 Hoya	일본	하드웨어/장비	15%	4.9	0.75
84	램 리서치 Lam Research	미국	반도체	27%	2.7	0.73
85	인포시스 Infosys	인도	소프트웨어/서비스	18%	3.9	0.72
86	갤럭시 엔터테인먼트 Galaxy Entertainment	홍콩	호텔/레스토랑/레저	15%	4.6	0.7
87	아트라스 콥코 Atlas Copco	스웨덴	자본재	20%	3.3	0.68
88	캐나다 국립철도 Canadian National Railway	캐나다	물류수송	11%	6.2	0.67
89	화낙 Fanuc	일본	자본재	11%	6	0.67
90	레스메드 ResMed	미국	의료장비/서비스	12%	5.7	0.66

91	스트라이커 Stryker	미국	의료장비/서비스	13%	4.9	0.65
92	알트리아 그룹 Altria Group	미국	식음료/담배	13%	5.2	0.65
93	바이오젠 Biogen	미국	제약/바이오	17%	3.7	0.64
94	가민 Garmin	스위스	하드웨어/장비	13%	5	0.64
95	로스 스토어즈 Ross Stores	미국	소매유통	26%	2.5	0.63
96	시스코 시스템즈 Cisco Systems	미국	하드웨어/장비	13%	4.9	0.62
97	얼타 뷰티 Ulta Beauty	미국	소매유통	20%	3.1	0.61
98	인텔 Intel	미국	반도체	16%	3.7	0.61
99	파이서브 Fiserv	미국	소프트웨어/서비스	11%	5.8	0.61
100	일리노이 툴 웍스 Illinois Tool Works	미국	자본재	17%	3.5	0.61
101	노릴스크 니켈 Norilsk Nickel	러시아	소재철강	20%	3.1	0.61
102	노바텍 Novatek	러시아	석유/가스	15%	4	0.59
103	애질런트 테크놀로지스 Agilent Technologies	미국	하드웨어/장비	12%	4.8	0.59
104	아마데우스 IT 그룹 Amadeus IT Group	스페인	소프트웨어/서비스	10%	5.7	0.59
105	애플 Apple	미국	하드웨어/장비	16%	3.7	0.58
106	암젠 Amgen	미국	제약/바이오	13%	4.6	0.58
107	스타벅스 Starbucks	미국	호텔/레스토랑/레저	15%	3.7	0.56
108	3M	미국	복합기업	15%	3.8	0.56
109	유니온 퍼시픽 Union Pacific	미국	물류수송	10%	5.5	0.55

110	케어링 Kering	프랑스	생활용품	12%	4.5	0.55
111	익스페리안 Experian	아일랜드	비즈니스 서비스/용품	10%	5.4	0.55
112	에스티 로더 컴퍼니 The Estée Lauder Companies	미국	생활용품	13%	4.3	0.55
113	콘스텔레이션 브랜드 Constellation Brands	미국	식음료/담배	12%	4.6	0.54
114	홈 디포 Home Depot	미국	소매유통	25%	2.1	0.53
115	오릴리 오토모티브 O'Reilly Automotive	미국	소매유통	16%	3.3	0.53
116	로슈 홀딩 Roche Holding	스위스	제약/바이오	13%	3.8	0.51
117	인디텍스 Inditex	스페인	소매유통	16%	3.2	0.51
118	어플라이드 머티어리얼즈 Applied Materials	미국	반도체	21%	2.5	0.51
119	로레알 L'Oréal	프랑스	생활용품	10%	4.8	0.5
120	시마노 Shimano	일본	내구소비재	11%	4.7	0.5
121	크로락스 Clorox	미국	생활용품	15%	3.2	0.49
122	로크웰 오토메이션 Rockwell Automation	미국	자본재	14%	3.4	0.49
123	셀진 Celgene	미국	제약/바이오	11%	4.3	0.49
124	중국국제여행사 China International Travel Service	중국	비즈니스 서비스/용품	13%	3.6	0.48
125	허시 Hershey	미국	식음료/담배	16%	3	0.47
126	브리스톨 마이어스 스퀴브 Bristol-Myers Squibb	미국	제약/바이오	14%	3.3	0.47
127	도쿄 일렉트론 Tokyo Electron	일본	반도체	21%	2.2	0.47

128	페트로나스 케미칼스 Petronas Chemicals	말레이시아	화학	13%	3.5	0.47
129	액티비전 블리자드 Activision Blizzard	미국	내구소비재	10%	4.6	0.47
130	렐엑스 RELX	영국	소프트웨어/서비스	11%	4.3	0.46
131	펩시코 PepsiCo	미국	식음료/담배	17%	2.7	0.46
132	암페놀 Amphenol	미국	하드웨어/장비	12%	3.8	0.46
133	HCL 테크놀로지 HCL Technologies	인도	소프트웨어/서비스	18%	2.6	0.45
134	LG생활건강 LG Household & Health Care	한국	생활용품	13%	3.4	0.45
135	월트디즈니 Walt Disney	미국	미디어	11%	4	0.44
136	엑센추어 Accenture	아일랜드	소프트웨어/서비스	16%	2.7	0.44
137	완화 화학 그룹 Wanhua Chemical Group	중국	화학	18%	2.4	0.44
138	유니레버 Unilever	네덜란드	생활용품	16%	2.6	0.42
139	서니 옵티컬 테크놀로지 그룹 Sunny Optical Technology Group	중국	하드웨어/장비	11%	3.6	0.41
140	운남백약그룹 Yunnan Baiyao Group	중국	제약/바이오	11%	3.5	0.4
141	폭스 Fox	미국	미디어	16%	2.4	0.39
142	VF	미국	생활용품	14%	2.8	0.38
143	리오틴토 Rio Tinto	영국	소재철강	15%	2.5	0.37
144	신타스 Cintas	미국	비즈니스 서비스/용품	11%	3.3	0.37
145	넷앱 NetApp	미국	하드웨어/장비	12%	3.1	0.37
146	NXP 반도체 NXP Semiconductors	네덜란드	반도체	10%	3.5	0.36

147	백스터 인터내셔널 Baxter International	미국	의료장비/서비스	10%	3.4	0.35
148	EOG 리소시스 EOG Resources	미국	석유/가스	10%	3.5	0.35
149	허니웰 인터내셔널 Honeywell International	미국	복합기업	11%	3.1	0.35
150	AIS Advanced Info Service	태국	정보통신서비스	10%	3.4	0.35
151	코그니전트 Cognizant	미국	소프트웨어/서비스	13%	2.5	0.34
152	모토로라 솔루션 Motorola Solutions	미국	항공우주	10%	3.2	0.33
153	오토존 AutoZone	미국	소매유통	14%	2.3	0.33
154	이리실업그룹 Inner Mongolia Yili	중국	식음료/담배	14%	2.3	0.33
155	TE 커넥티비티 TE Connectivity	스위스	하드웨어/장비	16%	2.1	0.33
156	이베이 eBay	미국	소매유통	11%	2.9	0.32
157	시카 Sika	스위스	건설	11%	2.9	0.32
158	얌 차이나 홀딩스 Yum China Holdings	중국	호텔/레스토랑/레저	15%	2	0.31
159	와이프로 Wipro	인도	소프트웨어/서비스	10%	3	0.31
160	SGS	스위스	비즈니스 서비스/용품	11%	2.9	0.3
161	인피니온 테크놀로지 Infineon Technologies	독일	반도체	10%	3	0.3
162	신에츠 화학 Shin-Etsu Chemical	일본	화학	11%	2.8	0.3
163	오르스테드 Orsted	덴마크	석유/가스	10%	2.7	0.29
164	에머슨 일렉트릭 Emerson Electric	미국	자본재	11%	2.5	0.28
165	국전남서 NARI Technology Development	중국	자본재	10%	2.8	0.28

166	카오 Kao	일본	생활용품	11%	2.6	0.28
167	크노르 브렘즈 Knorr-Bremse	독일	하드웨어/장비	10%	2.6	0.27
168	호멜 푸드 Hormel Foods	미국	식음료/담배	12%	2.3	0.26
169	아스텔라스 파마 Astellas Pharma	일본	제약/바이오	11%	2.2	0.24
170	샌드빅 Sandvik	스웨덴	자본재	11%	2.1	0.23
171	아디다스 Adidas	독일	생활용품	11%	2	0.23

BATTLE for
CAPITAL GROWTH

미주

1. Dan Western, "The 25 Richest People in the World 2020", https://wealthygorilla.com/top-20-richest-people-world/(2020년 1월 현재)

2. 2020년 1월 현재 달러환율 $1=1,160원을 적용했다. 참고로 2020년도 한국의 국가예산규모는 약 512조 원이다.

3. 톰슨 로이터 홈페이지, https://www.thomsonreuters.com/en/about-us/company-history.html 와 Wikipedia, Thomson Reuters, https://en.wikipedia.org/wiki/Thomson_Reuters 참조.

4. Wikipedia, Steve Ballmer, https://en.wikipedia.org/wiki/Steve_Ballmer 참조.

5. Wikipedia, Wheeler Dealers, https://en.wikipedia.org/wiki/Wheeler_Dealers 참조.

6. 지불의사willingness to pay는 어떤 물품에 대해 구매자가 기꺼이 지불할 의사가 있는 최대 금액을 말한다.

7. 창업자금의 출처는 대부분 자기자본이므로, 이 사례에서 금융기관으로부터의 부채는 일단 없다고 가정한다.

8. J. C. Larreche, 《The Momentum Effect》, Wharton School Publishing, 2008 중 p.18 참조.

9. 산업혁명을 1차에서 4차로 구분하는 방식에 대해서는 클라우스 슈밥Klaus Schwab의 저서 《클라우스 슈밥의 제4차 산업혁명The Fourth Industrial Revolution, World Economic Forum》(송경진 역, 새로운현재, 2016년 4월) 참조.

10. 상세한 내용은 토머스 프리드먼T. L. Friedman의 저서 《세계는 평평하다The World Is Flat– A Brief History of the Twenty-First Century》(이건식 역, 21세기북스, 2013년 2월) 참조.

11. 클라우스 슈밥 저, 《클라우스 슈밥의 제4차 산업혁명》(송경진 역, 새로운현재, 2016년 4월) 참조.

12. 데이터, 정보, 지능, 지혜의 정보계층구조에 관해서는 장석권 저, 《데이터를 철학하다》(흐름출판, 2018년 7월) 참조.

13. A. D. Karakas, "Destiny of the 'Hockey Stick' Economic Growth", *The Economics*

Review, September 12, 2019. https://theeconreview.com/2019/09/12/destiny-of-the-hockey-stick-economic-growth/

14. R. J. Gordon, "Is U.S. Economic Growth Over? Faltering Innovation Confronts the Six Headwinds", *NBER Working Paper* 18315, August 2012.

15. 이렇듯 잘못된 지표 사용으로 인한 해석 오류에 관해서는 장석권 저, 《데이터를 철학하다》 (흐름출판, 2018년 7월)의 pp.52~54를 참조하기 바란다.

16. 이 중 대부분은 R. J. Gordon, "Is U.S. Economic Growth Is Over? Faltering Innovation Confronts the Six Headwinds", *NBER Working Paper* 18315, August 2012 참조.

17. 국제금융협회, '코로나19로 악화되는 가계부채 부담', 보고서, 2020년 3월 26일 발표.

18. IMF, COVID-19 crisis will cost economy $9 trillion over two years, https://www.youtube.com/watch?v=knoJczU07ic.

19. 〈조선일보〉, "대전차 로켓포까지 등장한 '코로나 봉쇄반대' 무장시위", 김수경 기자, 2020년 5월 12일 기사, 〈연합뉴스〉, "스위스서 코로나19 봉쇄조치 항의 시위 열려", 임은진 기자, 2020년 5월 10일자 기사, 〈서울신문〉, "방역 모범국 독일도… 봉쇄 해제 시위", 베를린AP 연합뉴스, 2020년 5월 10일 기사 참조.

20. 매슬로우의 욕구 5단계 이론에 대해서는 https://wonderfulmind.co.kr/maslows-theory-of-human-needs/를 참조하기 바란다.

21. 이 책에서는 GDP와 시가총액 간 단위를 맞추기 위해 GDP로 US$로 표시된 명목(Nominal) GDP를 사용한다. 따라서 데이터 소스에 따라서 실질(Real) GDP를 사용하거나, PPP Purchasing Power Parity 기반의 GDP를 사용하는 경우와는 차이가 있을 수 있다. US$로 표시된 명목 GDP는 국가 간에 합산할 때, 당시 환율의 차이가 계산에 그대로 반영될 수 있고, 인플레이션을 감안한 실질(Real) GDP와는 물가상승률만큼의 오차가 발생할 수 있다. 더욱이 그 데이터가 PPP, 즉 구매력평가 지수를 반영하는 경우 기준이 되는 상품바스켓에 따라 달라질 수 있다. 데이터를 해석할 때 이에 대한 영향을 감안해 해석하고 이해할 필요가 있다.

22. Wikipedia, Major League Baseball, https://en.wikipedia.org/wiki/Major_League_Baseball.

23. Wikipedia, ShinSoo Choo, https://en.wikipedia.org/wiki/Shin-Soo_Choo.

24. Wikipedia, List of stock exchange, https://en.wikipedia.org/wiki/List_of_stock_exchanges. 이 중 Tokyo Stock Exchange는 2013년 Osaka Securities Exchange와 합병하여 Japan Exchange Group이 되었다.

25. 임주연 기자, "Who Is?" 서정진 셀트리온 회장, 〈비즈니스 포스트〉, 2020년 1월 17일자 기사.

26. Forbes Global 2000에 대해서는 포브스 홈페이지, https://www.forbes.com/

global2000/#20c49477335d 참조.

27. 포브스 글로벌 2000 방법론에 관한 자료 참조. 예로, A. Murphy, 2018 Global 2000 Methodology: How We Crunch the Numbers, *Forbes*, June 6, 2018.

28. 중국은 분석 목적상 아시아 국가가 아니라 별도의 대륙으로 분리하였음.

29. InTouch Manufacturing Services, Made in China 2025, https://www.slideshare.net/ InTouchQuality/made-in-china-2025-74429963 참조.

30. EU Chamber of Commerce in China, "China Manufacturing 2025 – Putting Industrial Policy of Market Forces", 2017, www.europeanchamber.com.cn.

31. 제로섬 게임과 포지티브섬 게임에 대한 이해를 위해서는 Steven Pinker, "2011: What Scientific Concept Would Improve Everybody's Cognitive Toolkit?", Edge, https://www.edge.org/response-detail/10135 참조.

32. 자세한 내용은 크라운 캐슬 홈페이지, https://www.crowncastle.com/about-us와 Wikipedia, Crown Castle, https://en.wikipedia.org/wiki/Crown_Castle 참조.

33. Wikipedia, China Tower, https://en.wikipedia.org/wiki/China_Tower 참조.

34. 상세한 내용은 Wikipedia의 AB InBev 설명자료, https://en.wikipedia.org/wiki/AB_InBev 와 회사 홈페이지, https://www.ab-inbev.com/ 참조.

35. Wikipedia, AbbVie Inc., https://en.wikipedia.org/wiki/AbbVie_Inc. 참조.

36. Wikipedia, Thermo Fisher Scientific, https://en.wikipedia.org/wiki/Thermo_Fisher_ Scientific 참조.

37. Wikipedia, Naspers, https://en.wikipedia.org/wiki/Naspers 참조.

38. Wikipedia, Wachovia, https://en.wikipedia.org/wiki/Wachovia 참조.

39. Wikipedia, HBOS, https://en.wikipedia.org/wiki/HBOS 참조.

40. Wikipedia, Merrill (company), https://en.wikipedia.org/wiki/Merrill_(company) 참조.

41. Wikipedia, Deutsche Bank, https://en.wikipedia.org/wiki/Deutsche_Bank 참조.

42. Britannica, WarnerMedia, https://www.britannica.com/topic/Time-Warner-Inc 참조.

43. Forbes, Sprint, https://www.forbes.com/companies/sprint/#a8eb89d2f3f8, Sam Byford, "Sprint Nextel is now Sprint Corporation as SoftBank completes takeover, https://www.theverge.com/2013/7/10/4512622/softbank-completes-sprint-takeover 참조.

44. Wikipedia, Wyeth, https://en.wikipedia.org/wiki/Wyeth 참조.

45. Wikipedia, Électricité de France, https://en.wikipedia.org/wiki/%C3%89lectricit%C3%A9_ de_France 참조.

46. 기초적 설명은 https://www.managementstudyguide.com/expectancy-theory-motivation. htm 참조.

47. 장석권, "컨버전스 서비스 아키텍처와 컨포먼스 경쟁 이론의 모색," 〈정보통신정책연구〉, 제 12권 제1호(2005. 3), pp.1~23.

48. 그림 속의 시가총액은 실제 $B/50으로 도식화한 것이다. 다른 지표와의 변화 추이 비교를 위해 스케일다운한 것이다.

49. Amazon Web Services, https://en.wikipedia.org/wiki/Amazon_Web_Services, Wikipedia.

50. Dynamic Capability에 관한 학술적 내용은 D. J. Teece, et al., "Dynamic Capabilities and Strategic Management", *Strategic Management Journal*, Vol. 18, Issue 7, pp.509~533 참조.

51. 포브스 데이터에서 매출액, 영업이익, 자산 규모는 전년 회계연도의 값이며, 시가총액은 당해 연도 3월~5월 사이의 특정일 값임을 상기할 필요가 있다.

52. R. Amit and C. Zott, "Value Creation in e-Business", *Strategic Management Journal*, Vol. 22, pp.493~520, 2001.

53. 이제부터 거론되는 우수기업에 대한 정보는 Wikipedia, 기업의 홈페이지, Forbes의 기업 설명 등을 참고하였다.

54. 비방디에 대한 상세한 내용은 Wikipedia, Vivendi, https://en.wikipedia.org/wiki/Vivendi 참조.

55. 자세한 내용은 Wikipedia, Restaurant Brands International, https://en.wikipedia.org/wiki/Restaurant_Brands_International 참조.

56. Wikipedia, Tenaris, https://en.wikipedia.org/wiki/Tenaris 참조.

57. Wikipedia, Xilinx, https://en.wikipedia.org/wiki/Xilinx 참조.

58. Wikipedia, Nornickel, https://en.wikipedia.org/wiki/Nornickel 참조.

59. Wikipedia, Keyence, https://en.wikipedia.org/wiki/Keyence 참소.

60. Wikipedia, Murata Manufacturing, https://en.wikipedia.org/wiki/Murata_Manufacturing 참소.

61. Wikipedia, Corning Inc., https://en.wikipedia.org/wiki/Corning_Inc. 참조.

62. Wikipedia, Industries Qatar, https://en.wikipedia.org/wiki/Industries_Qatar 참조.

63. Wikipedia, Petronas, https://en.wikipedia.org/wiki/Petronas 참조.

64. Wikipedia, Formosa Plastics Corp, https://en.wikipedia.org/wiki/Formosa_Plastics_Corp 참조.

65. Wikipedia, Experian, https://en.wikipedia.org/wiki/Experian 참조.

66. Wikipedia, IHS Markit, https://en.wikipedia.org/wiki/IHS_Markit 참조.

67. Wikipedia, BD (company), https://en.wikipedia.org/wiki/BD_(company) 참조.

68. Wikipedia, AIA Group, https://en.wikipedia.org/wiki/AIA_Group 참조.

69. Wikipedia, Digital Realty, https://en.wikipedia.org/wiki/Digital_Realty 참조.

70. Wikipedia, TD Ameritrade, https://en.wikipedia.org/wiki/TD_Ameritrade 참조.

71. Wikipedia, Charles Schwab Corporation, https://en.wikipedia.org/wiki/Charles_Schwab_Corporation 참조.

72. Wikipedia, PayPal, https://en.wikipedia.org/wiki/PayPal 참조.

73. Wikipedia, Mitsubishi Estate, https://en.wikipedia.org/wiki/Mitsubishi_Estate 참조.

74. Wikipedia, Verisign, https://en.wikipedia.org/wiki/Verisign 참조.

75. Wikipedia, Match Group, https://en.wikipedia.org/wiki/Match_Group 참조.

76. Wikipedia, Monster Beverage, https://en.wikipedia.org/wiki/Monster_Beverage 참조.

77. Wikipedia, Lam Research, https://en.wikipedia.org/wiki/Lam_Research 참조.

78. Wikipedia, Coloplast, https://en.wikipedia.org/wiki/Coloplast와 Wikipedia, Idexx Laboratories, https://en.wikipedia.org/wiki/Idexx_Laboratories 참조.

79. Wikipedia, Lululemon Athletica, https://en.wikipedia.org/wiki/Lululemon_Athletica 와 Wikipedia, Ross Stores, https://en.wikipedia.org/wiki/Ross_Stores와 Wikipedia, The Home Depot, https://en.wikipedia.org/wiki/The_Home_Depot 참조.

80. Wikipedia, Naspers, https://en.wikipedia.org/wiki/Naspers 참조.

81. 글로벌 GDP(t−1)은 년도 t−1의 글로벌 GDP를, MCAP(t)는 년도 t에 관찰된 메이저리그 시가총액을 나타낸다.

82. 회귀분석결과, 결정계수는 0.54여서, 회귀식이 전체 변이 중 54%의 설명력을 갖는 것으로 분석되었다.

83. 여기에서 정의한 4차산업은 전통적 산업구분으로는 2차산업, 또는 3차산업에 속하는 산업섹터 중에서 4차 산업혁명과의 연관성이 가장 높은 산업섹터들을 별도로 그룹화한 것이다.

84. 실제로 정액성장에서는 매년 성장률이 점차 감소하는 반면, 정률성장에서는 GDP가 성장함에 따라 연간 GDP 증가량이 점차 늘어난다. 따라서 정액성장과 정률성장은 성장패턴에 대해 가정하는 바가 다르고, 세계 GDP 성장이 점차 가속화하지 않는 이상, 장기간의 성장패턴을 평균성장률로 모델링하는 것보다 정액성장으로 모델링하는 것이 바람직하다.

85. 화이트 스완, 그레이 스완, 블랙 스완이라는 용어를 사용하게 된 의미에 대해서는 경제용어에 관한 해설, 〈매일경제〉 2019년 3월 28일자 기사(https://news.imaeil.com/Economy/2019032811430602658)를 참조하기 바람.

86. 1단계 무역합의안의 골자는 (1) 2년간 총 2천억 달러의 미국상품을 중국이 구매한다, (2) 미국은 중국산 제품 1,600억 달러에 대한 관세를 부과하지 않고, 다른 1,200억 달러 규모에 부과해온 15%의 관세는 7.5%로 줄인다, (3) 미국기업에 대한 기술이전 강요를 금지하고, 지

적재산권 보호를 강화하며, 금융시장 개방 확대와 위안화 평가절하 중단을 약속한다는 것이다.

87. Gita Gopinath, "The Great Lockdown: Worst Economic Downturn Since the Great Depression", April 14, 2020. IMF Blog를 참조하여 추정한 것임. https://blogs.imf. org/2020/04/14/the-great-lockdown-worst-economic-downturn-since-the-great-depression/

88. 2020년 글로벌 GDP 성장률은 IMF의 Global Economic Outlook을 위시하여, 글로벌 금융기관, 산업협회, 그리고 각종 언론을 통해 보도된 2020년 1분기, 2분기 GDP 성장률 추정치를 종합 검토하여 추정한 결과임.

89. 이에 관해서는 마지막 장에서 심도 깊게 논의한다.

90. Rom Petersen, "The best way to predict the future is to create it. 12 reasons why", BarnRaisers, https://barnraisersllc.com/2013/12/22/12-reasons-predict-future-create/ 참조.

91. 두산백과, 신자유주의, https://terms.naver.com/entry.nhn?docId=1119158&cid=40942&categoryId=31645 참조.

92. J. Best, "Security, economy, and our addiction to neoliberalism", SPERI Blog, 2020년 2월. http://speri.dept.shef.ac.uk/2020/02/03/security-economy-and-our-addiction-to-neoliberalism/.

93. M. Bishop and T. Payne, "Reglobalization in action— Part 1: Rehearsing the concept", Speri Blog, 2019년 10월. http://speri.dept.shef.ac.uk/2019/10/15/reglobalisation-in-action-part-1-rehearsing-the-concept/

94. D. Rodrik, "Has Globalization Gone Too Far", Institute for International Economics, March 1997.

95. Eric Helleiner, 《The Status Quo Crisis》, Oxford University Press, August 2014.

96. A. Friedberg, "The United States Needs to Reshape Global Supply Chain," FP, 2020년 5월, https://foreignpolicy.com/2020/05/08/united-states-reshape-global-supply-chains-china-reglobalization/.

97. 장석권, "GVC Strategy for Manufacturing Renaissance", Industrial Transformation Conference, 2019년 12월.

98. 〈조선비즈〉 2019년 11월 21일자 기사와 〈시사포커스〉 2019년 12월 6일자 기사 등 참조.

99. 전통적인 남남모델은 선진국에 의한 저개발국의 개발원조, 북남모델은 선진국의 저개발국에의 기술이전을 의미했다. 여기에서 말하는 북남모델은 선진국과 개도국이 수직적으로 연결된 공급사슬을 형성하는 것, 북북모델은 선진국과 선진국이 수평적으로 연결된 이종

산업 간 산업융합을 통해 새로운 가치사슬을 형성하는 것을 의미한다.

100. 별장에 등장하는 기업에 관한 정보는 해당 기업의 홈페이지, 포브스 Global 2000의 기업 설명, 위키피디아에 나오는 기업 설명, 그리고 일반 신문에 나오는 정보도 일부 참고하였다. 기업에 대한 자세한 정보는 이들 사이트를 참고하기 바란다.

101. 블로그, https://blog.naver.com/ys02789/220356757608 참조.

참고문헌

1. 장석권 저, 《데이터를 철학하다》, 흐름출판, 2018. 7.
2. 울프 필칸 저, 《트렌드와 시나리오》, 박여명 역, 김경훈 감수, 리더스북, 2009. 9.
3. 토머스 프리드먼 저, 《세계는 평평하다》, 이건식 역, 21세기북스, 2013. 2.
4. 클라우스 슈밥 저, 《클라우스 슈밥의 제4차 산업혁명》, 송경진 역, 새로운현재, 2016. 4.
5. EU Chamber of Commerce in China, "China Manufacturing 2025 - Putting Industrial Policy of Market Forces," *a Research Report*, 2017.
6. D. J. Teece, et al., "Dynamic Capabilities and Strategic Management," *Strategic Management Journal*, Vol. 18, Issue 7, pp.509~533.
7. R. Amit and C. Zott, "Value Creation in eBusiness," *Strategic Management Journal*, Vol. 22, pp.493~520, 2001.

글로벌 1000대 기업의
흥망성쇠로 보는 부의 미래

미래 자본 전쟁

지은이 | 장석권

1판 1쇄 인쇄 | 2020년 7월 29일
1판 1쇄 발행 | 2020년 8월 17일

펴낸곳 | (주)지식노마드
펴낸이 | 김중현
표지 디자인 | 블루노머스디자인
본문 디자인 | 제이알컴
등록번호 |제313-2007-000148호
등록일자 | 2007. 7. 10
(04032) 서울특별시 마포구 양화로 133, 1201호(서교동, 서교타워)
전화 | 02) 323-1410
팩스 | 02) 6499-1411
홈페이지 | knomad.co.kr
이메일 | knomad@knomad.co.kr

값 22,000원

ISBN 979-11-87481-85-0   03320

이 도서의 국립중앙도서관 출판예정도서목록(CIP)은 서지정보유통지원시스템 홈페이지(http://seoji.nl.go.kr)와
국가자료종합목록구축시스템(http://kolis-net.nl.go.kr)에서 이용하실 수 있습니다.
(CIP제어번호 : CIP2020030912)

* 잘못 만들어진 책은 구입하신 서점에서 교환해 드립니다.